Han Sen

Ein Chinese mit dem Kontrabass

Han Sen

Ein Chinese mit dem Kontrabass

Mit einem Nachwort
von Gerd Ruge

Claassen

2. Auflage 2001

Der Claassen Verlag ist ein Unternehmen der
Econ Ullstein List Verlag GmbH & Co. KG, München

ISBN 3-546-00277-6

Redaktion: Gerhard Seidl
Satz: Franzis print & media GmbH, München
Druck: Bercker, Kevelaer

Inhalt

Meine Heimat ist Berlin

Berlin, 1979.

Nach langer Fahrt war ich mit meiner Frau und meiner Tochter endlich in der Crusemarkstraße angekommen, einer stillen Wohngegend in Pankow. Ich stieg aus dem Auto und blickte an der Fassade des dreistöckigen Hauses nach oben. Hier wohnte sie also: Johanna Zorn, die ehemalige Berliner Freundin und Gesinnungsgefährtin meines Vaters aus den späten zwanziger und frühen dreißiger Jahren. An ihr Gesicht konnte ich mich nach fast einem halben Jahrhundert nicht mehr erinnern. Doch ihr Name war beinahe in jedem Gespräch meines Vaters über seine und meine Berliner Jahre aufgetaucht. Ohne sie konnte ich mir meine Kindheit hier gar nicht vorstellen. Johanna Zorn, die ich einfach Jonna nannte, war damals ständig bemüht gewesen, meinen allein stehenden und politisch engagierten Vater in meiner Erziehung zu unterstützen. Und sie war es auch, die ihn auf die Idee brachte, mich in die Odenwaldschule zu schicken …

Noch konnte ich es gar nicht richtig glauben, dass ich wieder in Berlin war, endlich, nach Jahrzehnten zähen Ringens und geduldigen Wartens. Nur noch wenige Augenblicke, und ich würde diese legendäre Frau wiedersehen, würde einem vertrauten Teil meiner Berliner Kindheit wieder begegnen, ja dem ganzen alten Berlin, meiner Heimat, die Jonna in meinem Herzen verkörperte. Mit jedem Schritt, jeder Treppenstufe, jeder Etage, die ich mich ihrer Wohnung näherte, wuchs meine innere Spannung. Bildfetzen aus der Vergangenheit flitzten vor meinem inneren Auge vorüber, Erinnerungen aus der Kindheit und wie ich mir dieses Treffen mit Jonna vorstellte. Was alles hätten wir uns zu erzählen, welche schönen Erinnerungen aus vergangenen Tagen würden zu uns zurückkehren? Ganz sachte, mit einem nur für mich hörbaren Pochen in der Brust, drückte ich auf die Klingel. Dann vernahm ich Schritte in der Wohnung, die Tür öffnete sich, und schon lagen Jonna und ich uns in den Armen. In diesem Moment war ich endlich ganz in meiner Heimatstadt angekommen, nach sechsundvierzig Jahren, nach einer tausende von Kilometern langen Odyssee über Meere und durch viele Länder. Und ich fragte mich, was alles geschehen war, seit ich Berlin 1933 mit gerade einmal acht Jahren verlassen musste? Welch ungeheure und unüberwindliche Kraft hatte mich Chinesen wohl jahrzehntelang hierher zurückgezogen?

Meine Eltern stammten aus der chinesischen Zentralprovinz Sichuan, wo sie in Gutsbesitzerfamilien aufwuchsen. Mein Vater, Hsieh Yun San, wurde am 12. Juni 1900 im Dorf Puxingcang, im Landkreis Bishan, geboren und ging in Shanghai zur Schule. Schon in frühen Jugendjahren interessierte er sich für Politik. Vor allem faszinierte ihn die kommunistische Idee, die in der russischen Oktoberrevolution einen ersten auch politisch einschneidenden Erfolg für sich verbuchen konnte. Während der »Bewegung Vierter Mai«, einer antijapanischen Massendemonstration, die am 4. Mai 1919 von der Universiät Peking ausging und schließlich ganz China durchzog, war er Mitglied des Shanghaier Studentenverbandes. Er rief Arbeiter, Händler und Studenten zum Streik auf und organisierte Demonstrationen zum Boykott japanischer Waren. Hintergrund dieser Kundgebungen waren die Entwicklungen in China zu Beginn des 20. Jahrhunderts: der Niedergang der kaiserlichen Dynastien, die Schwäche der bürgerlichen Regierung, die Macht der feudalen Großgrundbesitzer, deren von Kriegsherrn befehligte Privatarmeen das Land ins Chaos stürzten, und der zunehmende Einfluss, den die Japaner in China gewannen. Als nach dem Ersten Weltkrieg auch noch die Siegermächte in Versailles Japan auf Kosten Chinas begünstigten, kam es zur »Bewegung Vierter Mai«. 1921 schließlich wurde die Kommunistische Partei Chinas gegründet, die einige Zeit mit der Nationalen Volkspartei des liberalen Politikers Sun Yat-sen zusammenarbeitete. Nach dessen Tod übernahm Chiang Kai-shek deren Führung und bekämpfte die Kommunisten praktisch von Beginn an. Dieser Konflikt wurde erst mit dem Ende des Bürgerkriegs 1949 entschieden: Mao und die Rote Armee siegten, Chiang Kai-shek flüchtete auf die Insel Taiwan.

Am 31. Oktober 1919 fuhr mein Vater mit anderen chinesischen Werkstudenten per Schiff nach Paris und im Frühling 1920 weiter nach England, wo er unter anderem eine militärische Grundausbildung erhielt. Im Frühling 1923 zog er nach Deutschland, um in Göttingen – und später in Berlin – Mathematik, Recht und Nationalökonomie zu studieren. Abgeschlossen hat mein Vater sein Studium nie, da ihm seine politischen Aktivitäten dazu schon bald keine Zeit mehr ließen. In Deutschland lernte er Zhou Enlai kennen, der einmal Stellvertreter von Mao Zedong bis zu dessen Tod im Jahr 1976 werden sollte. Die Universität von Göttingen besuchten seinerzeit über fünfzig chinesische Studenten, darunter auch Zhu De, der später viele Jahre lang Oberbefehlshaber der kommunistischen Streitkräfte Chinas war. Die Bekanntschaft mit politisch engagierten Landsleuten wie Zhou Enlai und Zhu De, die über Jahrzehnte eine führende Rolle im Roten China spielten, übte einen starken Einfluss auf die politische Karriere meines Vaters aus.

Meine Mutter, Cheng Qiying, wurde am 27. Januar 1904 in Wanxian, einem kleinen Ort am Jangtsekiang in der Provinz Sichuan geboren. Von 1924 bis 1926 studierte sie in Göttingen und Berlin Philosophie und kannte, wie auch mein Vater, Zhu De. Anschließend kehrte sie nach China zurück und kam erst im Herbst 1929 als Auslandsstudentin ein zweites Mal nach Deutschland, wo sie ab 1931 für den Internationalen Sozialistischen Kampfbund (ISH) und dessen Zeitung *Der Funke* arbeitete. Obwohl sie bei ihrer Arbeit für den ISH auch mit Mitgliedern der Kommunistischen Partei Chinas (KPCh) in Kontakt kam, trat sie der Partei nicht bei.

Meine Eltern kannten sich wohl schon in China, heirateten aber erst in Berlin, wo ich am 6. März 1925 zur Welt kam. An meine Mutter kann ich mich nicht erinnern, da ich zu klein war, als meine Eltern sich trennten. Ich war ein Jahr alt, als meine Mutter nach China fuhr. Zurück nach Deutschland, allerdings nicht zu meinem Vater und mir, kam sie erst 1929 wieder. Warum meine Eltern sich getrennt haben und wie es dazu kam, dass ich bei meinem Vater blieb, habe ich nie erfahren. War meine Mutter tatsächlich nicht kinderlieb, wie mein Vater behauptete, oder hatte er sie durch sein dominantes Auftreten zu sehr verletzt und damit in die Flucht getrieben? Alles, was mir mein wortkarger Vater über meine Mutter später erzählte, war, dass sie sehr hübsch und klug, jedoch kein sehr guter Mensch gewesen sei und sich nicht um mich kümmern wollte. Obwohl meine Mutter noch längere Zeit in Berlin wohnte, kann ich mich nur an einen einzigen Besuch von ihr erinnern. Sie saß meinem Vater gegenüber am Küchentisch, und die beiden hatten eine heftige Auseinandersetzung, die mich verschüchterte. Beim Abschied gab sie mir ein Stück Marzipan. Mein Vater sagte daraufhin, ich solle das Stück nicht nehmen, er würde mir ein viel größeres Marzipanstück kaufen. Erst Jahre später erfuhr ich von ihm, dass es sich bei der Dame um meine Mutter gehandelt hatte. In all den Jahren nach ihrem Verschwinden hat sie mich nie besucht, auch nie versucht, Kontakt mit mir aufzunehmen. Das war schon seltsam für mich, immerhin war sie doch meine Mutter. Später beneidete ich manchmal andere Kinder, wenn ich sah, wie sich ihre Mütter um sie kümmerten. Dennoch trug ich mindestens bis 1929 den Namen, den sie mir gegeben hatte: Anton Chen. Das geht aus der polizeilichen Abmeldung vom 5. April 1929 hervor, als das Kind Anton Chen, geboren am 6. März 1925, Geburtsort Berlin, Staatsangehörigkeit chinesisch, von Berlin in die Odenwaldschule bei Heppenheim umzog. Chen war der Familienname meiner Mutter. Später bekam ich von meinem Vater, der für einen Chinesen völlig untypisch ganz welliges Haar hatte, den Vornamen Han Sen, der aus zwei chinesischen Hieroglyphen besteht und »geboren in China« bedeutet, dem Klang nach wahrscheinlich aber dem deutschen Namen Hans ähneln sollte. Standardnamen wie Fritz, Ruth, Hans usw., wie sie im Westen üblich sind, gibt es in China nicht. Dort denkt sich jeder für sein Kind einen einzigartigen Namen aus, der entweder aus einem oder aus zwei Hieroglyphen besteht und etwas Poetisches oder Originelles ausdrücken soll, eben so wie der Name »geboren in China« für mich, der ich in Berlin das Licht der Welt erblickte. Da der Familienname meines Vaters Hsieh war, wurde aus mir Hsieh

Han Sen. Familiennamen stehen bei den Chinesen in der Regel vor dem Vornamen. 1925 trat mein Vater in den chinesischen kommunistischen Jugendverband ein, 1926 wurde er Mitglied der chinesischen kommunistischen Partei – dies war auch in Deutschland möglich, da hier viele revolutionär gesinnte junge Chinesen lebten. Von ihr bekam er die Aufgabe, im Ausland die chinesische revolutionäre Bewegung zu propagieren und die Verbindung der chinesischen kommunistischen Partei mit den kommunistischen Parteien Europas zu fördern. Auf einem der wenigen Bilder, die aus dieser Zeit erhalten geblieben sind, ist er zusammen mit Ernst Thälmann zu sehen. Es ist das Jahr 1927, im Berliner Sportpalast findet eine kommunistische Massenkundgebung mit zehntausend Teilnehmern statt zur Unterstützung der chinesischen Revolution und »gegen den imperialistischen Massenmord in China«. Nach seiner Rede überreicht mein Vater Ernst Thälmann eine Fahne des allchinesischen Gewerkschaftsverbands – ein Geschenk des Kantoner Streikkomitees – und eine Fahne des chinesischen Bauernverbands.

Als allein Stehender, dazu noch politisch aktiver Mann, konnte mich mein Vater nicht selbst aufziehen und musste mich ständig in fremden Familien unterbringen. So lebte ich als kleiner Knirps einige Zeit bei einem religiösen, kinderlosen polnischen Ehepaar, das im oberen Stock eines großen Mietshauses wohnte. Ob ich damals besonders aufmüpfig war, weiß ich nicht, doch an die Prügel, die mir gelegentlich mit einer Reisigrute verabreicht wurden, kann ich mich gut erinnern. Abends wurde ich von meinen Pflegeeltern oft allein in der Wohnung zurückgelassen, und ich hatte Angst, besonders in den ersten Minuten meines Alleinseins. Mein Gitterbett, über dem drohend die verhasste Rute mit winzigen bunten Papierfähnchen an den Zwei-

gen hing, stand nicht weit vom Fenster entfernt, und nachdem die Gaslampen gelöscht waren und der Schlüssel sich
in der Tür gedreht hatte, schaute ich mit Tränen in den Augen auf die Menschen und Fahrzeuge, die sich unten auf
der beleuchteten Straße wie kleine Ameisen bewegten. So
hatte ich wenigstens das Gefühl, nicht ganz allein auf der
Welt zu sein. Und irgendwann war ich dann so müde, dass
ich einschlief. Die seltenen Besuche meines Vaters waren
wie Feiertage für mich, die Verabschiedung jedes Mal eine
kleine Tragödie. Auf die Idee, mich bei meinem Vater über
die raue Behandlung durch die Pflegeeltern zu beschweren,
kam ich leider nicht. Mein Aufenthalt bei ihnen endete
ganz unerwartet, als mein Vater zufällig von mir erfuhr,
dass mich meine polnische Betreuerin an Sonntagen regelmäßig in die Kirche mitnahm. Das konnte er mit seiner
atheistischen Einstellung keinesfalls billigen.

Zu guter Letzt nahm mich mein Vater zu sich in die
Langenbeckstraße am Volkspark Friedrichshain, wo er
bei einer älteren jüdischen Rentnerin, einer Kommunistin,
ein kleines Zimmer gemietet hatte. Die Frau war den ganzen Tag zu Hause und kümmerte sich um mich. Ich nannte
sie einfach Oma Sarah oder Omi. Oma Sarah wünschte
sich, nach ihrem Tod feuerbestattet zu werden. Dafür
zahlte sie regelmäßig einen bestimmten Betrag in irgendeine Versicherung ein, die ihr die Einzahlungen mit Marken quittierte. Diese Marken durfte ich dann immer in ein
Heftchen einkleben. Noch heute kann ich mich an den
Geschmack erinnern, den sie an meinem Gaumen hinterließen, nachdem ich sie abgeleckt hatte. Und da ist noch
ein anderer Geschmack, den ich mit Oma Sarah ver-
knüpfe: der Geschmack ihrer Kartoffelpuffer. So gut wie
bei ihr schmeckten sie mir nie wieder. Manchmal
wünschte ich sie mir schon zum Frühstück, mit selbst ge-
machtem Apfelmus – eine Delikatesse.

In unserer Wohnung trafen sich oft Kommunisten, Deutsche wie Chinesen, darunter waren auch Zhou Enlai und Zhu De, die später so wichtige Positionen in der Kommunistischen Partei Chinas innehaben sollten. Vor den Gästen – vom Vater wusste ich, dass sie Kommunisten waren, also »gute« Leute – blätterte ich emsig in den Büchern und Zeitschriften meines Vaters herum und zeigte stolz auf »Onkel Lenin«, wann immer ich auf sein Bild stieß. Andere Kinder hätten den Gästen vielleicht ein kleines Gedicht aufgesagt oder ein Lied vorgesungen, um den stolzen Eltern eine Freude zu machen.

Unter Vaters Parteigenossen war auch eine »Tante Jonna«, in Wirklichkeit hieß sie Johanna Zorn, die Freunde in der Odenwaldschule hatte und deshalb viel über diese nicht ganz gewöhnliche Schule wusste. Gegründet worden war das Landerziehungsheim 1910 in Oberhambach von Paul Geheeb, einem bekannten pädagogischen Reformer. Ziel der Odenwaldschule war es, durch demokratische Schülerselbstverwaltung, Koedukation, informelle Verhältnisse zwischen Schülern und Lehrern und Integration von akademischen und praktischen Fähigkeiten Jungen und Mädchen zu selbstständigen, lebenstüchtigen und guten Menschen zu erziehen. Die Erzählungen Frau Zorns über diese fortschrittliche pädagogische Einrichtung brachten meinen Vater auf die Idee, mich in dieses Landerziehungsheim zu schicken, und so kam ich am 5. April 1929 in den Odenwald. Es war eine große, in einer wunderbaren Naturumgebung gelegene Internatsschule für Kinder von drei bis neunzehn Jahren. Als wir dort ankamen, ging mein Vater zum Direktor und ließ mich in einem Wartezimmer zurück. Ich tippelte auf den Bänken entlang, die an den Wänden standen und schaute mir Bilder an, die dort aufgehängt waren. Schließlich kamen zwei sieben- oder achtjährige Mädchen mit einer Lehrerin in den Raum und entdeckten mich. »Schaut mal«, sagte die Frau, »da ist ein neuer Junge. Spielt doch mit ihm!« Von da an war ich in der Odenwaldschule aufgenommen.

Ich kam in die Kindergarten-Gruppe, wo wir Knirpse zusammen mit unserer holländischen Erzieherin Agaath wie in einer großen, freundlichen Familie lebten. In ihren wunderbaren »Briefen aus der Odenwaldschule« aus den Jahren 1930/1931 – 1985 abgedruckt in der *Neuen Sammlung* – schreibt Agaath Hamaker-Willink in ihrem liebenswerten, nicht ganz perfekten Deutsch:

»Ich bin gerne mit den Kleinen allein. Bei schönem Wetter sind wir den ganzen Tag draußen ... Wir sitzen da in der schönen warmen Sonne, im Schutz des Waldes und blicken über das Tal und wir sind dann eine kleine glückliche Familie und wir amüsieren uns köstlich miteinander ...

Es sind neun Kinder, vier Knaben und fünf Mädchen. Ich betreue erstens ein kleiner, richtiger Chineser – Han-Sen-Shien ... Er spricht aber kein Chinesisch, sondern richtig Berlinerisch ...

Mein kleiner Chineser hat wie jeder richtiger Chineser drei Namen: Han-Sen-Shien. Er ist ein lieber, guter, sanftmütiger Kerl, der von jedermann geliebt wird. Es wundert mich, weil er von Groß und Klein so sehr geliebt ist, daß er nicht ein bißchen verzogen ist. Man kann von ihm nicht sagen, daß er sich selber nicht spürt, er ist völlig wach, ja sogar gerieben, aber dieses im Mittelpunkt des Interesses Stehen hat bis jetzt keinen erkennbaren Einfluß ausgeübt ...

Während ich die schöne Aussicht genoß, hatten meine Kinder eine greifbarere Freude an großen Felsblöcken und dem hohen Gras. Plötzlich wurden sie aufge-

15

schreckt von einigen Knallen in der Nähe. Wie kleine Küchlein drängten die Kinder gegen mich und wollten gerne schnell, schnell nach Hause … Weil ihre Angst wirklich sehr groß war, stand ich auf und mit in jeder Hand ein kleines ängstliches Händchen und an beiden Seiten meines Kleides einen festen Griff zogen wir ab. Hinter mir hörte ich plötzlich eine Stimme, die, obwohl nicht ganz fest, so doch Mut machend sagte: ›Aber du brauchst doch keine Angst zu haben, Häschi, ich bin doch da!‹ Als ich mich umdrehte, sah ich, wie Han-Sen-Shien sein Arm schützend um Häschi herumschlug. Und ich fühlte mich reich und glücklich …

Die Himbeersträucher sind hier so reich und freigiebig, als ob sie gezogen sind, aber ob es böse Absicht ist, weiß ich nicht, sie sind alle umringt von Brennesseln. Dennoch will Han-Sen sie pflücken, und natürlich fängt er darauf an, laut zu weinen mit einem großen runden Mund, und mit Tränen, welche mitten über seine Wangen fließen …

Mein kleiner Chineser bewundert meine Seeländische Brosche so sehr, daß er fortwährend mit seinen kleinen braunen Fingern dran herumstochert. Er seufzt vor Bewunderung und sagt jedesmal, auf die verschiedenen Kügelchen und Knöpfchen zeigend: ›Es ist schön, aber es wäre doch um so viel schöner, wenn das alles kleine Lichtchen waren, rot und gelb und grün!‹ …

Jetzt sind die Kleinen schon längst zu Bett und ich bin mit der Uhr, der Schleierlampe und den Blumen allein. Das ganze Haus ist übrigens ausgestorben, denn es ist Tanzabend im Goethehaus. Sogar ein Teil unserer Kinder ist … zum Tanz gegangen … Die andere Hälfte war ein bißchen eifersüchtig, aber ließ sich trösten mit einem chinesischen Lied, was ich gesungen habe. Han-Sen-Shien stand auf sein Kopf vor Freude. ›Woher hast du

16

ERRATUM

Bedauerlicherweise ist uns beim Druck der zweiten Auflage ein
Fehler unterlaufen.
Auf Seite 202 muss die fehlende letzte Zeile lauten:

zwungenen Selbstmord nicht aus. Nach Gao Gangs

Wir bitten diese Auslassung zu entschuldigen.

Ihr
Claassen Verlag

das? Kommst du auch aus China? Oh, wie schrecklich schön!!!‹...
Die Kinder waren alle krank. Den ersten Tag waren sie einfach rührend in ihrer Krankheit. Sie verlangten nur, daß ich da war, um so ein bißchen liebkost zu werden. Sie lagen tief unter der Decke und ich sah nur noch ein bißchen struppige Haare ... Han-Sen möchte eine Wärmflasche an den Füßen, und Erik brauchte zwei frische Taschentücher mit eine Tierchen drauf und er möchte sein Bärli und drei Puppen ins Bett. Und weiter waren alle mäusestill. Die Kleinen diktieren solche reizenden Brief. Höre mal ... von Han-Sen-Shien: ›... Ich war krank und da hast du mir gerade einen Brief geschickt. Jetzt bin ich nicht mehr krank. Einmal haben wir ein Rübenmännchen gemacht für Wolfgang. ... Die Arme waren aus Bohnen und der Bauch war eine Rübe und die Füße waren aus Zucker und der Kopf war eine Nuß und Achat hat ein Gesicht drauf gemalt. Oft gehen wir in Achats Zimmer und wir essen sehr oft Rüben, aber heute haben wir keine Rüben gegessen. Wir pflücken sehr oft Blumen ...‹
Und jetzt mein Geburtstag ... Connie fragte: ›Kannst du nicht immer hier bleiben?‹ Ich antwortete, daß das leider nicht möglich war, weil ich heiraten möchte und da fragte sie, ob es denn nicht möglich wäre, daß auch mein Mann hier käme. Die Kinder, d. h. meine Kleinen hörten dieses Gespräch, und das war zum ersten Male, daß sie über mein Weggehen hörten. Sie sagten oder fragten nichts, aber abends riefen sie mich in ihr Zimmer, weil sie etwas fragen möchten. Es dauerte furchtbar lang, bis die Frage herauskam. Sie schoben sich näher heran, lehnten sich ganz dicht an mich und endlich flüsterte Han-Sen mir ganz leise ins Ohr: ›Kannst du dich denn nicht mit uns verheiraten?‹«

17

Wir Kinder verbrachten tatsächlich viel Zeit im Wald, machten lange Spaziergänge, pflückten Blumen, malten, kneteten kleine Tonfiguren, sangen Lieder, lernten, unsere Betten und Sachen in Ordnung zu bringen und anständig am Tisch zu sitzen und zu essen. Von Zeit zu Zeit wurden wir der Reihe nach zur Erzieherin gerufen, um ihr unsere Briefe an die Eltern zu diktieren. Dabei erklärte sie mir vergebens, dass ich nicht jeden Brief an meinen Vater mit »Schick mir ein Paketchen!« oder »Bitte kauf mir ein Tretauto!« beenden sollte. In der freundlichen, menschlichen Atmosphäre der Odenwaldschule hatte ich zum ersten Mal das Gefühl, ein richtiges Zuhause zu haben. Nicht wie in der polnischen Familie, wo jeden Tag ein neues unangenehmes Erlebnis auf mich wartete. Agaath, unsere Kindergärtnerin, hatte eine unermessliche Geduld, wir konnten sie mit unseren tausend Fragen und unserer kindlichen Neugier und Ungeduld nicht aus der Fassung bringen und bekamen von ihr immer ein liebes Wort zu hören, auch wenn wir etwas falsch machten oder unartig waren. Sie war jung und kam mir eher wie eine große Schwester vor. Ich kam mit allen meinen Kameraden gut aus, aber befreundet war ich, wie ich mich heute erinnere, hauptsächlich mit Mädchen. Meine besten Freundinnen waren Lisl Bauer, eine kesse und kluge kleine Wienerin, und die lebenslustige und sportliche Häschi Brenning, die Tochter eines Mitarbeiters, wie wir in der Schule die Lehrer nannten. Außerdem hatte ich noch eine ältere Freundin, Lisi – in Wirklichkeit hieß sie Viola –, die sich gerne mit den Kleinen aus meiner Gruppe beschäftigte.

Die Häuser der Odenwaldschule trugen alle Namen von berühmten Männern – Platon-Haus, Goethe-Haus, Pestalozzi-Haus, Humboldt-Haus und andere mehr. Wir Kleinen wohnten hoch oben im Pestalozzi-Haus und mussten zum Essen jedes Mal die lange Treppe mit den unendlich vielen Stufen hinunterlaufen, bis wir ins Goethe-Haus gelangten, in dem alle Schüler in einem großen Speisesaal zusammen ihre Mahlzeit einnahmen.

In der Schule wurde sehr viel Wert auch auf die Entwicklung der künstlerischen Fähigkeiten gelegt. Wir Kleinen bastelten und zeichneten viel. Wenn uns eine geknetete Tonfigur gut gelang, wurde sie in einem speziellen Ofen gebrannt. Ich machte einmal einen Mann mit erhobener geballter Faust. Agaath fragte mich, warum die Faust so groß wäre und der Mann überhaupt die Faust geballt hielte, worauf ich ihr geduldig erklärte, dass dies der kommunistische Gruß sei. Diese Antwort kam für sie unerwartet und machte sie stutzen, doch dann fing sie herzlich an zu lachen. Ich verriet ihr, die Tonfigur wäre als Geschenk für meinen Vater gedacht.

Nicht vergessen habe ich auch einen Ski-Ausflug unserer Kindergarten-Gruppe, bei dem wir zusammen mit unseren zwei Kindergärtnerinnen und einem großen Pferdeschlitten an einem Tag eine für uns beträchtliche Entfernung zurücklegten und abends todmüde, aber in freudiger Stimmung ins Bett fielen.

Am Nikolausabend stellten wir unsere Stiefelchen vor die Tür, und wenn wir am nächsten Morgen aufwachten, waren kleine Geschenke darin, etwas Naschzeug, Nüsse und Äpfel. Ostern wurden im Wald Eier versteckt, die wir dann suchen durften. In den warmen Monaten des Jahres spielten wir Kleinen oft nackt auf den Wiesen und im Wald – dies gehörte zum freien Erziehungsprinzip der Odenwaldschule. Wir fanden es herrlich, die warmen Sonnenstrahlen direkt auf der Haut zu spüren oder uns auf weiches Moos zu legen. Viel Quatsch haben wir immer beim Duschen gemacht. Während die Älteren sich das Wasser über die Haut rinnen ließen, haben wir Kleineren uns die Bäuche eingeseift, damit sie schön glitschig wurden, und sind dann auf dem Bauch über den gefliesten Boden geglitten. Die Kunst bestand dabei darin, rechtzeitig zu wenden, um jeweils mit den Füßen an der gegenüberliegenden Wand anzukommen und sich dort gleich wieder abzustoßen. So ging es hin und her, hin und her. Schmerzhaft wurde es nur, wenn andere Jungs sich einen Spaß erlaubten und Sand durch die Badezimmerfenster hereinwarfen. Das konnte ganz schön bremsen.

Langweilig wurde es uns in der Odenwaldschule nie, es war immer etwas los. Von Lehrern und Schülern wurden Theaterstücke aufgeführt und Konzerte gegeben. In der Aula bekamen wir gelegentlich auch Filme zu sehen. Der einzige Film, an den ich mich noch erinnern kann, war komischerweise ein russischer. Er hieß *Der Weg ins Leben* und handelte von einer sowjetischen Erziehungsanstalt für Vagabunden. Selbst wenn ich manchmal Sehnsucht nach Berlin hatte, nach meinem Vater, den ich nur in den Sommerferien sah, war ich hier doch geborgen wie in einer richtigen Familie.

Umso schwerer fiel mir die Rückkehr nach Berlin und zu Oma Sarah drei Jahre später: 1932 war mein Vater jedoch nicht mehr imstande, für meinen Aufenthalt in der Odenwaldschule zu zahlen, und so hatte ich keine Wahl. Als »Berufsrevolutionär«, der mein Vater nun war, hatte er kein festes Einkommen, und die finanzielle Lage meines Großvaters in China, die sich inzwischen aus mir unbekannten Gründen bedeutend verschlechtert hatte, schloss eine finanzielle Unterstützung seinerseits aus. Der Abschied von der Odenwaldschule war nicht einfach. Ich hatte mich so an die Kinder aus meiner Gruppe und die netten Erzieherinnen gewöhnt, und nach dem, was ich zuvor in Pflegefamilien erlebt hatte, wusste ich das Leben in der Odenwaldschule gebührend zu schätzen. Andererseits konnte ich jetzt wieder mit meinem Vater zusammenleben. Ich wohnte bei ihm, sah ihn am frühen Morgen, wenn er die Wohnung verließ, und spätabends, wenn ich zur Zeit seiner Rückkehr nicht schon schlief. Manchmal war er mehrere Wochen abwesend. Worin seine Arbeit bestand, wusste ich nicht. An meine neuen Lebensverhältnisse gewöhnte ich mich relativ schnell. Ich war sieben Jahre alt, und obwohl ich meine schönen Erlebnisse in der Odenwaldschule nicht vergessen konnte, gefiel mir hier die Freiheit, die ich bei Oma Sarah genoss. Da ich vorübergehend keine Schule besuchte, hatte ich eine Menge Zeit. An warmen Sommertagen tobte ich fast den ganzen Tag auf der Straße oder im Friedrichshain mit gleichaltrigen Spielgefährten herum. Wir spielten Räuber und Gendarm, liefen barfuß durch die Gegend, und Oma Sarah musste abends mit einem stumpfen Küchenmesser immer den Asphalt von meinen Fußsohlen abkratzen. Im Winter gingen wir zum Schlittschuhlaufen in die Kunsteisbahn am Ende der Langenbeckstraße oder fuhren auf den Hügeln des Friedrichshains Schlitten, wagten es sogar, ganz flach rückwärts auf dem Schlitten liegend unter einem Stahlgeländer durchzuflitzen, das so niedrig war, dass es beim Durchfahren fast unsere Nasenspitze berührte. Das nannten wir die »Todesbahn«, und wer sie bewältigte, konnte sich vor den anderen damit brüsten. Nur wer schwache Nerven besaß, ließ sich gewöhnlich kurz vor dem Passieren des Geländers vom Schlitten fallen. Ich gehörte zu den Waghalsigen, was mir meine Freunde jedoch nicht anrechnen wollten. Sie meinten, mit meiner kleinen Nase hätte ich es leichter als sie, diese Mutprobe zu bestehen. Dennoch gehörte ich zu ihnen wie alle anderen der Spielkameraden auch, wir waren eine richtige kleine Straßen-Gang.

In unserer Wohnung fanden immer wieder Treffen von Parteigenossen meines Vaters statt. Und gelegentlich

nahm mich mein Vater zu kommunistischen Massen-
kundgebungen und Demonstrationen mit, was für mich
immer ein großes Ereignis war. Mir gefiel, wie man revolutionäre Lieder sang, mit geballter Faust marschierte und
rote Fahnen trug, die lustig im Winde flatterten. Von einer
dieser Kundgebungen brachte ich ein kleines rundes Ab-
zeichen mit der Aufschrift »Antifaschistische Aktion«
nach Hause. Ich glaube, es war im Jahr 1932, als die KPD
sich vergeblich bemühte, zusammen mit der SPD einen
Block gegen die Errichtung einer faschistischen Diktatur
zu bilden. Die Zeit war unruhig, hektisch, ja angespannt,
das spürte ich, und der Faschismus in Deutschland ging
unaufhaltsam seinem Sieg entgegen. Für mich sichtbares
Indiz, dass die Nazis kurz vor ihrem Ziel standen, war,
dass die SA-Leute in aller Öffentlichkeit bewaffnet mit
Kleinkalibergewehren durch die Straßen marschieren
konnten, ohne von der Polizei daran gehindert zu werden.
   Ich konnte nach der Odenwaldschule schon gut lesen,
und mein Vater versorgte mich mit politischer Literatur.
Das waren hauptsächlich ins Deutsche übersetzte sowjet-
russische Erzählungen für Kinder, etwa *Die Uhr* von Pan-
telejew, sowie Zeitschriften und Broschüren, die von deutschen Pionierorganisationen herausgegeben wurden. An
zwei Gedichtzeilen kann ich mich noch gut erinnern:

Im Süden, Westen, Norden, Osten,
Überall rote Schulvorposten!

Was mit dem Begriff »Schulvorposten« gemeint war, war
mir nicht ganz klar, aber es klang irgendwie romantisch
und heldenhaft. Ich sang gerne, und einige Lieder, die wir
in den dreißiger Jahren auf kommunistischen Veranstaltungen anstimmten, sind bis jetzt in meinem Gedächtnis
haften geblieben, darunter »Wir sind die junge Garde des

Proletariats« oder das »Lied vom Roten Wedding« mit den mir unvergesslichen Zeilen: »...hier wird nich jemeckert, hier jibt's gleich Dampf, und was wir führen ist Klassenkampf...«

1933 – Adieu Deutschland

Das Jahr 1933 brachte nichts Gutes. Noch bevor Hitler am 30. Januar Reichskanzler wurde, erhielten wir mehrmals Besuch von der Polizei. Über was die Polizisten mit meinem Vater sprachen, wusste ich nicht, aber es hatte zweifellos etwas mit seiner politischen Tätigkeit zu tun. Wenn mein Vater sich nicht in Berlin befand, was zu der Zeit oft der Fall war, wohnte ich abwechselnd bei verschiedenen seiner Freunde, meistens jedoch unweit vom Friedrichshain bei der Familie Zimmerlich, mit deren Tochter Lore ich so gerne spielte. Sie sah aus wie ein frecher Junge und war wie eine richtige Schwester für mich. Überhaupt wurde ich in ihrer Familie wie ein eigenes Kind behandelt. Vor allem Alice Zimmerlich sorgte sich um mich, als wäre ich ihr Sohn. Bei ihr merkte ich, wie sehr mir doch eine Mutter fehlte, die sich täglich um mich kümmerte, mich hin und wieder in den Arm nahm und an sich drückte oder mich am Abend ins Bett brachte und zudeckte. Wenn ich krank war, setzte sie sich neben mich und spielte mit mir Karten. Sogar Schlittschuhe bekam ich von den Zimmerlichs geschenkt, gleichzeitig mit Lore. Und bald flitzten wir damit zusammen übers Eis. Auch Ausflüge machten wir hin und wieder. So ruderten wir an einem warmen Frühlingstag einmal mit dem Boot über den Wannsee.

Ein anderes Mal lebte ich bei Bekannten in unmittelbarer Nähe des Reichstags, wodurch ich von meinem Fenster aus Zeuge des Reichstagsbrands wurde. Es war ein großer Brand, der den Nachthimmel über der Stadt ganz hell werden ließ und mich als Kind besonders faszinierte. Was da loderte und warum, erfuhr ich erst später von meinem Vater. Er erklärte mir in vereinfachter Form, die Nazis hätten den Reichstag selbst angezündet, um den Kommunisten die Schuld für den Brand in die Schuhe zu schieben und sie dann zu verhaften. Später gab er mir das »Braunbuch« zu lesen, ein von den Kommunisten herausgegebenes Werk über den Reichtagsbrand und den sich daran anschließenden Prozess. Es stärkte noch meinen kindlichen Hass auf die Nazis.

Nach dem 30. Januar – ich war noch keine acht Jahre alt – wurde das Leben noch ungemütlicher. Auf der Straße wurde ich mehrmals Zeuge, wie die neue braune Macht jüdische Ladenbesitzer in aller Öffentlichkeit schikanierte. Zwei, drei SA-Leute kamen mit Farbeimern und Pinseln die Straße entlang, beschmierten die Fenster der Geschäfte mit Parolen wie: »Kauft nicht bei Juden!« und malten den Davidsstern auf die Glasscheibe. Wenn der Ladenbesitzer vor die Tür trat und sich beschweren wollte, beleidigten und schlugen sie ihn. Manchmal gingen die Scheiben des Geschäfts auch zu Bruch. Die anderen Passanten, die auf der Straße stehen geblieben waren und die Szene verfolgt hatten, schüttelten verwundert den Kopf und wisperten sich etwas zu, dann gingen sie jedoch weiter ohne einzugreifen. Vielleicht hatten sie einfach Angst. Auch zu Razzien kam es jetzt häufiger. Dabei fuhren Lastwagen vor, mehrere SA-Männer sprangen ab, stürmten in einen Hauseingang, und wenige Minuten später flogen

Bücher von oben auf die Straße. Kurz darauf wurde meist ein Mann aus dem Haus gezerrt, dessen Gesicht blutig geschlagen war, und wie ein Stück Vieh auf den Lastwagen geladen. Dann fuhren sie wieder ab, und eine seltsame Stille breitete sich in der Straße aus.

Auch zu uns kamen die Nazis jetzt öfter, suchten verbotene politische Literatur und schmissen dabei alle unsere Sachen auf einen großen Haufen mitten im Zimmer. Im Vergleich zu den Razzien, die ich auf der Straße beobachtet hatte, ging es bei uns jedoch verhältnismäßig ruhig zu: Hier flogen keine Sachen zum Fenster hinaus, und mein Vater wurde nicht auf der Stelle verprügelt und auf einem Lastwagen weggeschleppt. Manchmal wurde mein Vater kurz vor diesen unangenehmen Besuchen auch auf sehr geschickte Weise von kleinen, kessen Jungs gewarnt, die – wie ich vermutete – im Auftrag der kommunistischen Partei handelten. Diese Jungs erinnerten mich an jene Burschen, die abends die Kartenspieler an der Parkecke warnten, wenn die Schupos auf ihren schnellen leisen Autos – wir Kinder nannten sie »Schupoflitzer« – angesaust kamen, um das verbotene Kartenspiel zu beenden und die Spieler zu bestrafen. Gefunden wurde bei uns niemals etwas, doch die Nazis mussten natürlich gewusst haben, dass mein Vater Kommunist war. Gewöhnlich stand ich während der Razzien in einer Ecke des Zimmers und beobachtete die SA-Leute verängstigt. Andererseits beruhigte mich, dass sie sich um mich überhaupt nicht kümmerten und meinen Vater nicht schlugen. Ich befürchtete nur die ganze Zeit, dass sie bei ihrer Suche doch irgendwelche verbotenen Sachen entdecken würden, dann hätten sie einen vermeintlichen Grund gehabt, so mit ihm umzuspringen wie mit den anderen Opfern.

Die Straßen waren jetzt voller SA-Männer, viele von ihnen bewaffnet. Hätten sie Soldatenuniformen getragen, man hätte meinen können, das Land befände sich im Kriegszustand. Sie marschierten in Reih und Glied übers Pflaster und grölten das Horst-Wessel-Lied und andere Nazi-Märsche. Es war erst der Anfang der braunen Exzesse. Ich kleiner Nichtarier hatte eigenartigerweise unter der wachsenden nationalsozialistischen Stimmung nicht zu leiden, vielleicht weil Chinesen in Deutschland keine nationale Minderheit darstellten und deshalb kein offizielles Objekt rassistischer Verfolgung waren. Wenn mich Kinder auch gelegentlich mit »Chinese« hänselten, so war dies in Deutschland nicht schlimmer als später während meines Aufenthalts in der Schweiz, im Gegenteil. Meine kleinen Freunde in der Langenbeckstraße jedenfalls blieben bis zu meiner Abfahrt nett zu mir.

Wahrscheinlich genoss mein Vater als Ausländer eine gewisse Immunität, denn sonst hätte er für seine Gesinnung und politische Tätigkeit sicher längst im Gefängnis oder in einem Konzentrationslager gesessen. Ich nahm aber an, dass er sich trotzdem vor den Nazis versteckte, denn manchmal verschwand er für mehrere Wochen. Eines Tages im August jedoch holte er mich ins Zimmer, machte ein ernstes Gesicht und erklärte mir, wir müssten Deutschland aus politischen Gründen in kürzester Zeit verlassen. Mit im Zimmer stand eine mir unbekannte junge Frau, die er mir als Genossin Margot vorstellte. Sie würde, so mein Vater, zusammen mit uns in die Schweiz fahren. Das Wort »Stiefmutter« benutzte er nicht, vielleicht absichtlich, um keine negativen Assoziationen auszulösen. Ich musterte sie von Kopf bis Fuß, und für eine Genossin fand ich sie vollkommen »geeignet«. Sie war fast so groß wie mein Vater, kräftig gebaut und doch schlank, hatte welliges, langes braunes Haar und braune Augen. Ich erwiderte ihr freundliches, warmes Lächeln und nannte sie von nun ab einfach Margot. Wie mein Vater mir später erzählte, stammte Margot aus einer polnischen Arbeiterfamilie und war Stenotypistin von Beruf. Ihre Muttersprache war Deutsch.

In den letzten Tagen, die ich in Berlin verbrachte, spielte ich wie gewöhnlich mit meinen kleinen Freunden aus der Langenbeckstraße. Es war warm, und wir rannten wie die Wilden in der Gegend herum, spielten Versteck und balgten uns auf den Wiesen des Volksparks Friedrichshain. Ich durfte ihnen nicht mitteilen, dass ich sie bald für immer verlassen würde, und das verstärkte meine traurigen Gefühle. Doch zeigte ich sie nicht. Einer von den Jungen schenkte mir eine Nummer der *Grünen Post*, in der eine Anleitung für den Bau eines großen Segelflugzeug-Modells abgedruckt war. Ich habe das Segelflugzeug zwar nie gebaut, bewahrte jedoch die Zeitung noch lange als Andenken an die Langenbeckstraße in Berlin auf.

Deutschland müssen wir auf ganz offizielle Weise verlassen haben, das heißt mit echten Pässen, denn in der Schweiz trugen wir noch längere Zeit unsere alten Namen.

Unser erstes Reiseziel war Basel. Wir wurden dort bei einem jungen Schweizer Kommunisten untergebracht, der mit einer sehr hübschen schwarzen jungen Frau zusammenlebte. Sie hieß Madeleine. Unser Gastgeber hatte ein etwas ungewöhnliches Hobby: Er schnitt mit einer Laubsäge gerne große Muster aus, mit denen er die Wände der Wohnung dekorierte. Schon kurze Zeit nach unserer Ankunft schmückten riesige chinesische Hieroglyphen aus Sperrholz, die mein Vater mit einem dicken Pinsel vorgemalt hatte, die Zimmerwände. Während mein Vater und Margot tagsüber selten in der Wohnung blieben, verbrachte ich die meiste Zeit mit Madeleine. Oft nahm sie mich mit, wenn sie ihre Schweizer Freundin besuchte, mit der sie vor Jahren in einem Zirkus als Akrobatin gearbeitet hatte. Vor mir als Zuschauer übten die beiden verschiedene akrobatische Kunststücke, um, wie sie sagten, in Form zu bleiben. Zu Mittag aßen Margot, mein Vater und ich täglich in einem kleinen, billigen, von einer nicht sehr feinen Klientel besuchten Restaurant. Dafür zahlte die Internationale Rote Hilfe, eine kommunistische Hilfsorganisation zur Unterstützung von Flüchtlingen in verschiedenen Ländern. Das Menü war immer das Gleiche. Es bestand aus Nudelsuppe, Bratkartoffeln mit Salat, einem kleinen Stück Fleisch und irgendeinem Getränk. Abends tippte Margot manchmal auf ihrer Remington-Reiseschreibmaschine, was mein Vater ihr diktierte. Er schrieb für europäische kommunistische Zeitschriften Artikel über die politische Lage in China.

In Basel gefiel es mir überhaupt nicht. Mir fehlte mein Berlin, in dem mir alles lieb und vertraut war: die kessen kleinen Jungs in der Langenbeckstraße, mit denen ich das Lied

Drei Chinesen mit 'nem Kontrabass
saßen auf der Straße und erzählten sich was ...

sang, während sie sich mit den Zeigefingern Schlitzaugen machten, was bei mir nicht nötig war; die Straßensänger, die regelmäßig das Lied »Waldeslust!« anstimmten und denen ich vom Fenster aus kleine Geldstücke in den Hof werfen durfte, eingewickelt in ein Stück Papier, damit sie nicht weiterkullerten ... Ja, mir fehlte eigentlich alles Gute und Schlechte dieser Großstadt, an die ich so gewöhnt war. Manchmal kam es mir so vor, als hätte mir jemand den Boden unter den Füßen weggezogen. Hier in Basel war mir alles fremd. Dazu sprach man noch ein abscheuliches Kauderwelsch, Schwyzerdütsch genannt, das ich nur schwer – oft auch gar nicht – verstehen konnte. Ein ganz klein bisschen interessanter wurde das Leben für mich, als ich der Basler Pioniergruppe beitrat, einer Schweizer kommunistischen Kinderorganisation. Dort sangen wir Lieder, gaben eine Wandzeitung heraus und machten Ausflüge in die Umgebung. Aber das dauerte nicht lange, denn eines schönen Tages bekam mein Vater von den Schweizer Behörden in Basel die offizielle Ausweisung zugestellt. Offensichtlich hatten sie Wind von der Gesinnung und der politischen Tätigkeit meiner Stiefmutter und meines Vaters bekommen. Das veranlasste meine Eltern, Basel so schnell wie möglich zu verlassen. Als neuen Aufenthaltsort entschieden sie sich für Genf. Berlin wäre mir zwar lieber gewesen, aber ich freute mich dennoch, einfach weil dies eine Abwechslung versprach. Von der Partei erhielten wir auch neue Pässe, die uns eine andere Identität gaben. Ich hieß von nun an Ling Han Sen, geboren am 6. 11. 1925, während mein Vater den Namen Ling Ching-Siu bekam. An einem sonnigen Frühsommertag des Jahres 1934 machten wir von unserem neuen Wohnort aus einen Ausflug zum Mont Salève, zu jenem Berg, der auf allen Genfer Ansichtskarten zu sehen ist und sich doch schon jenseits der Grenze auf französischem Gebiet befindet. Auf dem Rückweg ließen wir unsere neuen – lies falschen – Pässe beim Überschreiten der französisch-schweizerischen Grenze von den Schweizer Grenzpolizisten abstempeln. Ihnen fiel nichts daran auf.

Viel wohler fühlte ich mich in Genf jedoch auch nicht. Wir wohnten dort zuerst in einer schäbigen Mietwohnung im sechsten Stock eines alten Gebäudes. Da ich kein Wort Französisch verstand, fühlte ich mich hier noch isolierter als in Basel. Wenn ich mit Margot am Ufer des Genfer Sees spazieren ging und mich andere Kinder oder Erwachsene ansprachen, was gelegentlich passierte, konnte ich immer nur mit den Worten »Je ne parle pas français«, die mir Margot beigebracht hatte, antworten. Ich ging nicht zur Schule, stattdessen unterrichtete mich Margot in allen Fächern so gut sie konnte. Sie bemühte sich überhaupt sehr um mich, viel mehr als mein Vater, war nett zu mir und wuchs allmählich in die Rolle einer guten Stiefmutter hinein. Ich mochte sie mit jedem Tag mehr. Sie war warmherzig, geduldig und kümmerte sich rührend um mich. Manchmal erzählte sie mir auch Geschichten, die sie selbst erfand, voller Fantasie und schönen Bildern. Dennoch nahm meine Sehnsucht nach meinen deutschen Freunden, nach meiner Berliner Heimat mit jedem Tag zu. Das ging sogar so weit, dass ich eines Tages, als ich alleine im Bad vor dem Spiegel stand, das Horst-Wessel-Lied sang, weil es mir aus meinen letzten Wochen in Deutschland noch im Ohr war und ich damit ein Stück Heimat verknüpfte: »Die Fahne hoch, die Reihen fest geschlossen ...«

Schrecklich! Wenn dies mein Vater damals gehört hätte – ich weiß nicht, was er mit mir gemacht hätte. Und ich selbst mochte die Nazis ja auch nicht. Und das nicht nur wegen der Erziehung meines Vaters. Die Nazis waren schließlich schuld daran, dass ich Berlin verlassen musste.

Einen Tag vor Weihnachten 1933 war in Deutschland der sensationelle Prozess um den Reichstagsbrand gegen den bulgarischen Kommunisten Georgi Michajlow Dimitrow und seine zwei Kameraden beendet worden. Dimitrows scharfsinnige Verteidigung, in der er das NS-Regime beschuldigte, den Brand selbst gelegt und die Verhandlung politisch missbraucht zu haben, machte ihn weltweit bekannt. Die Bulgaren wurden freigesprochen, aus Deutschland ausgewiesen und von der Sowjetunion mit offenen Armen aufgenommen. Von meinem Vater angefeuert, hatte ich den Verlauf des Prozesses mit echtem

Interesse verfolgt. Im April 1934 schrieb ich einen begeisterten Brief an Dimitrow, den ich mit »Pionier Hans« unterschrieb. In seiner Antwort vom 28. Juni 1934 schrieb Dimitrow, der spätere Ministerpräsident der Bulgarischen Volksrepublik:

Mein lieber Pionier Hans!
Ich habe mich über Deinen Brief ganz besonders gefreut, und das Gedicht, in dem Du Deine Gedanken über den Faschismus und über den Sieg des Kommunismus ausgedrückt hast, hat mir gefallen.
Du möchtest gern wissen, wie es mir im Gefängnis gegangen ist. Die Nazis haben mich Tag und Nacht mit vielen kleinen und großen Gemeinheiten gequält. Das Schlimmste war aber die Handfesselung. Fünf Monate lang waren meine Hände Tag und Nacht eng aneinander geschlossen. Mit gefesselten Händen musste ich lesen und sogar schreiben und nachts konnte ich nicht richtig schlafen, weil die Hände immer abstarben. Viele Genossen und Freunde haben mir ins Gefängnis geschrieben. Aber die Briefe wurden mir nicht gegeben. Auch die Pakete mit Lebensmitteln, die mir meine alte Mutter aus Bulgarien schickte, durfte ich nicht bekommen. Mit allen diesen Quälereien wollten sie mich kleinkriegen.
Aber ich wusste, dass ich meine Pflicht als Revolutionär, als Soldat der proletarischen Revolution erfüllen musste. Ich habe alles getan, um bei Kräften zu bleiben, ja, um sogar im Gefängnis noch zu lernen. Weil ich keine richtige Bewegung hatte, habe ich jeden Tag leichte Gymnastik gemacht. Aus der Gefängnisbibliothek habe ich mir Bücher kommen lassen und vor allem die Geschichte Deutschlands studiert. Alles, was mir besonders wichtig erschien, habe ich mir mit gefesselten

Händen abgeschrieben. Später vor Gericht habe ich etwas davon brauchen können. Ich habe mich auch bemüht, die französische und englische Sprache weiter zu lernen. Ich habe viel gelesen und studiert, um die moralischen und physischen Schmerzen leichter zu überwinden, sowie um die Gefängniszeit nach Möglichkeit auszunützen. So ist es den Nazis nicht gelungen, mich unterzukriegen.

Du schreibst in Deinem Brief, dass es in Genf keine Pioniergruppe gibt. Das war im April. Ich hoffe, dass Du als guter Pionier inzwischen dafür gesorgt hast, dass die antifaschistischen Kinder sich zu einer Pioniergruppe zusammenschließen. Ich habe Briefe von Pioniergruppen aus anderen Ländern bekommen, wo die revolutionären Kinder sich tüchtig an der Kampagne für die gefangenen antifaschistischen Kämpfer beteiligen. Wir müssen jetzt in der ganzen Welt für die Befreiung von Ernst Thälmann kämpfen. Du als deutscher Pionier kannst den Schweizer Kindern besonders gut erklären, wer Ernst Thälmann ist und warum man ihn befreien muss in dem Sinne der Broschüre, die ich verfasst habe und die in deutscher Sprache schon erschienen ist. Sei bereit!

G. Dimitroff

Das Original dieser Antwort, das in meiner Familie lange wie eine revolutionäre Reliquie behütet wurde, überlebte viele Reisen und Jahre, bis es in den achtziger Jahren verloren ging. Nur eine von meinem Vater abgeschriebene Kopie existiert heute noch.

Ähnlich wie in Basel nahmen wir unsere Mahlzeiten regelmäßig in einer von linken Organisationen finanzierten Essstube ein, in der Genfer Emigrantenküche. Hier speisten – genauer gesagt, wurden gratis gespeist – hauptsächlich politische Emigranten und Flüchtlinge aus Deutschland und Italien: Sozialisten, Anarchisten, Kommunisten, Parteilose und einfach Abenteurer. Während wir auf das Mittag- oder Abendessen warteten, fanden hier heiße Debatten zwischen den Anhängern verschiedener linker politischer Richtungen statt. Es war nicht nur eine Essstube, sondern ein Treffpunkt, wo man sich mal richtig in seiner Muttersprache – wenn man Deutscher respektive deutsch-sprechender Chinese oder Italiener war – unterhalten konnte. Die meisten Besucher der Emigrantenküche konnten kein – oder nur sehr schlecht – Französisch, da sie sich gewöhnlich im engen Emigrantenkreis bewegten. Das führte dazu, dass auch ich längere Zeit nach meiner Ankunft in Genf nur Deutsch sprach.

Abwechslung kam in mein Leben, als ich zusätzlich zur Verpflegung in der Emigrantenküche bei einer reichen, älteren dänischen Dame, Frau Hörup, täglich zum Mittagessen kommen durfte. Über eine ihrer vielen Bekannten hatte sie von mir und meinen Lebensverhältnissen gehört und wollte etwas Gutes für mich tun. Sie war sehr idealistisch und setzte sich viele Jahre für die Unabhängigkeit Indiens von der britischen Krone ein. Frau Hörup war persönlich befreundet mit Mahatma Gandhi, Jawaharlal Nehru und anderen führenden indischen Persönlichkeiten. Auf eigene Kosten gab sie regelmäßig eine kleine Zeitschrift über den indischen Befreiungskampf heraus, die in ihrer Wohnung auf einem einfachen Abziehapparat vervielfältigt wurde. Nachdem wir eine Auseinandersetzung über den Aufstand der österreichischen Schutzbündler hatten, den sie als unnötiges Blutvergießen betrachtete, spürte ich zu meiner Enttäuschung, dass sie für die Linken, besonders für die Kommunisten, nicht viel übrig hatte. Andererseits war sie feinfühlig genug, in ihren Aussagen die Kommunisten nie direkt zu erwähnen, da sie von den Ansichten meines Vaters gewusst haben musste.

Als aktive Kommunisten gehörten meine Eltern der Emigrationsgruppe der KPD in Genf an und waren gleichzeitig Mitglied der Genfer Parteiorganisation. Für Letztere erledigte Margot gelegentlich Arbeiten an der Schreibmaschine, aber im Vergleich zu Deutschland schien hier nicht viel los zu sein. Uns besuchten keine Genossen, es fanden keine Diskussionen oder Besprechungen in unserer Wohnung statt, auf den Straßen marschierten keine Demonstranten, kurz gesagt, es passierte nichts, was ich in irgendeiner Weise unter dem Begriff »Revolution« einordnen konnte. Wie ich die Sache sah, bestand die einzige Beschäftigung meiner Eltern nun darin, Artikel über die kommunistische Bewegung in China zu verfassen. Redaktionell bearbeitet wurden die Artikel von Margot, da mein Vater trotz seines längeren Aufenthalts in Deutschland die deutsche Sprache immer noch nicht gut genug beherrschte. Das Material für seine Artikel bekam mein Vater per Post aus China, zusammen mit chinesischen Zeitungen, zwischen deren Seiten die politischen Informationen, geschrieben auf hauchdünnem Papier, kunstvoll verpackt waren. Es waren hauptsächlich Berichte über die Kampfhandlungen der chinesischen kommunistischen Verbände in verschiedenen Regionen Chinas, über den 1934 begonnenen berühmten Langen Marsch, mit dem die chinesische Rote Armee unter der Führung von Mao Zedong und Zhu De der Vernichtung durch die technisch weit überlegenen Regierungstruppen Chiang Kai-sheks entging. Die Artikel meines Vaters wurden in verschiedenen linken Zeitschriften veröffentlicht, darunter in der Schweizer *Rundschau*, der Nachfolgerin der *Internationalen Pressekorrespondenz* nach deren Verbot in Deutschland. Die *Rundschau* enthielt Berichte über die Arbeiterbewegung in den verschiedenen Ländern der Welt. Das Pseudonym meines Vaters war Tschi Hua.

Im Spätherbst 1934 erhielt mein Vater erneut eine amtliche Mitteilung. Diesmal betraf sie mich. Ich wurde von den Schweizer Schulbehörden als schulpflichtig erklärt. Margot brachte mich in die zugewiesene Schule »La Roseraie«. Dort erhielt ich gleich einen kompletten Satz Schulbücher für die dritte Klasse, Hefte und Schreibzeug. Da ich kein Französisch verstand, setzte mich der junge Lehrer einfach in die letzte Reihe, wo ich tagelang ungestört Bilder malen durfte und an keinem Unterricht teilnahm. In den Pausen spielte ich mit anderen Kindern auf dem Schulhof, so gut dies ohne Worte möglich war. Besonders nett zu mir waren einige ältere Schülerinnen aus den Mädchenklassen. Sie sprachen mit mir, versuchten, sich mit Gesten verständlich zu machen, doch halfen ihnen weder Bitten noch Ermunterungen, ein einziges Wort aus meinem Mund herauszulocken. Das dauerte so lange, bis ich ihnen eines Tages plötzlich auf Französisch antwortete. Da lachten meine Kameraden laut und meinten, ich hätte mich die ganze Zeit stumm gestellt. Tatsächlich aber hatte sich mein französischer Wortschatz mit jedem Tag vergrößert, und zuletzt hatte es nur noch einen kleinen Schubs gebraucht, um meine innere Hemmung zu überwinden. Kurz danach wurde unser junger Lehrer durch einen älteren Herrn, der gut Deutsch sprach, ersetzt. Während meine Klassenkameraden an der Tafel Rechenaufgaben lösten, erklärte er mir auf Deutsch die französische Grammatik. Dank seiner systematischen Hilfe wurde ich mit der französischen Sprache immer vertrauter, und ich holte auch in den anderen Fächern schnell auf. Meine eigentliche Muttersprache blieb jedoch Deutsch.

Manchmal geschah es auch, dass mich ältere Kinder hier wegen meines exotischen Aussehens ärgerten. Sie machten Schlitzaugen und riefen spöttisch »Chinese« hinter mir her. Etwas, was man eigentlich in Deutschland erwarten würde, erlebte ich erst in der Schweiz am eigenen Leib. Ich ließ mir ihre Gemeinheiten jedoch nicht so ohne weiteres gefallen, sondern ging hin und setzte mich zur Wehr. Dabei kam es meist zu kleineren Schägereien, bei denen ich regelmäßig den Kürzeren zog, einfach weil ich kleiner war als die anderen und alleine gegen sie antrat. Dennoch ging ich stolz aus diesen Kämpfen hervor. Ich hatte mich immerhin gewehrt. Auch wenn mir dies eine blutende Nase eingebracht hatte.

Durch den Besuch der Schule, den Umgang mit anderen Kindern und die erworbenen Sprachkenntnisse änderte sich mein ödes Leben, das bisher im begrenzten Familienkreis stattgefunden hatte, völlig. Meine Eltern sah ich nun seltener. Oft stand ich am Morgen sehr früh auf, um noch vor dem Unterricht im Schulhof mit meinen neuen Freunden ein zu jener Zeit populäres Spiel zu spielen, bei dem man in kurzer Zeit eine Menge Glasmurmeln gewinnen – oder auch verlieren – konnte. Es bestand darin, mit einer Murmel aus einer Distanz von mehreren Metern in eine Gruppe von Glaskugeln zu zielen und eine von ihnen durch einen Volltreffer aus der Gruppe zu sprengen. Bei gutem Wetter konnte ich nach der Schule stundenlang mit meinen Schulkameraden auf einer großen Wiese Fußball spielen, während ich meine Schulaufgaben erst spätabends erledigte. Oft schlief ich schon, wenn meine Eltern nach Hause kamen. Wie immer verschwiegen sie mir, wo und wie sie die Zeit verbracht hatten, und es interessierte mich auch gar nicht. Wenn jedoch wieder mal eine Drucksache mit darin verborgenen illegalen politischen Berichten aus China ankam, setzten sich beide an den Tisch, und ich konnte beobachten, wie ein neuer Zeitungsartikel entstand. Je weniger ich meine Eltern sah, umso mehr freute ich mich über die seltenen Anlässe, zu denen mein Vater, der sonst eher streng und schweigsam und sehr schwer zugänglich war, mir etwas mehr Aufmerksamkeit schenkte. So nahm er mich an warmen Tagen manchmal zum Gemüsegarten der Emigrantenküche außerhalb der Stadt mit, wo jeder Besucher der Essstube von Zeit zu Zeit Gartenarbeit zu verrichten hatte. Im kleinen Bach, der am Rand des Gartens floss, fing ich winzige Fische, während mein Vater die Gemüsebeete harkte. In dieser gemütlichen Umgebung wurde mein Vater, ein von Natur aus schweigsamer Mensch mit einem ständig besorgten Gesichtsausdruck, etwas fröhlicher und offener und erzählte mir kleine Erlebnisse aus seiner Kindheit. So entstand zwischen uns wenigstens vorübergehend ein wärmeres Verhältnis, das ich sonst im Alltag häufig vermisste.

Schön waren die Sommertage in Genf. Ich hatte endlich ein eigenes Fahrrad, mit zwei Übersetzungen, ein altes gebrauchtes, das immer glänzte und dank meiner Wartung wie ein Uhrwerk funktionierte. Damit konnte ich noch nach dem Schulunterricht an einen der Badestrände am Genfer See fahren, um dort für zwanzig Rappen den Rest des Tages im Wasser zu verbringen. In den Ferien stand ich tagelang auf der Montblanc-Brücke, von der aus viele kleine Angler wie ich ihre Angelleinen in die Rhône warfen und von Zeit zu Zeit einen Barsch herauszogen. Das Wasser unter der Brücke war so klar, dass ich die Fische auch in der Tiefe gut sah und ihnen den Haken mit dem Köder einfach vors Maul halten konnte.

Als ich im Sommer 1936, ganz in mein Angeln vertieft, von der Brücke ins Wasser schaute, tippte mir unvermittelt jemand sanft auf die Schulter und fragte mich auf Deutsch: »Junger Mann, bist du früher nicht mal in der

Odenwaldschule gewesen?« Ich drehe mich um, konnte mich jedoch nicht an die Dame erinnern, die mich noch von der Odenwaldschule gekannt haben musste. Wie sich später herausstellte, war es Lisbeth Haas, Paul Geheebs Sekretärin in Deutschland und in der Schweiz. Die Frage, dazu noch auf Deutsch gestellt, kam so überraschend, dass ich nicht gleich die rechte Antwort fand. Deshalb sagte ich einfach: »Ja, stimmt schon. Na und?«

»Weißt du«, erhielt ich zur Antwort, »die Schule befindet sich jetzt nur zehn Kilometer von Genf entfernt in Versoix. Sie hat nur einen anderen Namen: Sie heißt Institut Monnier.« Da die fortschrittliche Erziehungsphilosophie seines Landerziehungsheims im faschistischen Deutschland nicht geduldet wurde, war Paul Geheeb im April 1934 gezwungen gewesen, seine Schule im Odenwald zu verlassen und zusammen mit zwei Dutzend Schülern und ein paar Lehrern zu emigrieren. Ein weiterer gewichtiger Grund bestand darin, dass Paul Geheebs Frau Edith Jüdin war: Sie war die Tochter des jüdischen Industriellen Max Cassirer, der die Schule lange Jahre finanziell unterstützt hatte. In der Schweiz fand die kleine Gruppe im Privatinternat Institut Monnier am Genfer See Unterkunft. Als Ausländer hatte Paul Geheeb von den Schweizer Behörden keine Erlaubnis zur Eröffnung einer eigenen Schule bekommen. Deshalb plante er, im Institut Monnier eine Schule vom humanistischen Typ der Odenwaldschule aufzubauen. Der Besitzer des Instituts, Herr Gunning, erhoffte seinerseits, durch Ausnutzung des internationalen Rufs von Paul Geheeb wieder zu Geld zu kommen.

Wenige Tage darauf setzte ich mich auf mein Fahrrad und besuchte Versoix, wo ich mich außer an Paulus – so nannten wir in der Odenwaldschule liebevoll den Direktor Paul Geheeb, weil er mit seinem langen weißen Bart wie ein alter Philosoph aussah – und seine Frau Edith an niemanden mehr erinnern konnte. Die Geheebs umarmten mich herzlich. Ich konnte es zuerst gar nicht glauben, dass ich hier »meine« Schule, ein Stück meiner Heimat, wieder gefunden hatte, waren doch bereits vier Jahre seit meinem Verlassen der Odenwaldschule vergangen. Es war wie ein unglaublich schöner Traum, von dem man fürchtet, jeden Moment aufwachen zu können. Vor allem zu Edith Geheeb, die wir alle Tante Edith nannten, hatte ich ein sehr gutes Verhältnis gehabt, sie hatte ein großes Herz und immer ein offenes Ohr für meine kleinen Sorgen. In gehobener Stimmung kehrte ich nach Genf zurück. Ich konnte nicht ahnen, dass ich schon bald wieder in meine geliebte Schule zurückkehren würde.

Ab Juli verminderte sich in der Essstube allmählich die Zahl ihrer Stammgäste. Nach Francos Putsch im Juli 1936 zum Sturz der Spanischen Republik machten sich Antifaschisten aus vielen Ländern der Welt auf den Weg nach Spanien, um dort in den Reihen der Internationalen Brigaden an der Seite der republikanischen Regierung zu kämpfen. Auch viele Besucher der Emigrantenküche wollten der Spanischen Republik helfen. Jedes Mal, wenn jemand die Essstube Richtung Spanien verließ, gab es eine kleine Abschiedsfeier. Unter den Stammgästen befand sich auch ein riesengroßer ehemaliger deutscher Polizist, den wir den »Großen Willi« nannten. Kurz vor Hitlers Machtübernahme hatte sein Vater, ein Polizist wie sein Sohn, ein Waffennest der Nazis ausgehoben. Daraufhin war er von den Nazis ermordet worden. Aus Rache für seinen Vater erschoss Willi vor seiner Flucht in die Schweiz den Mörder seines Vaters. Willi war wahrscheinlich der Einzige in der Essstube, der eine regelrechte militärische Ausbildung besaß, und wir waren überzeugt, dass er in Spanien der rechte Mann am rechten Platz sein würde. Wenige Wochen nach seiner Abfahrt erhielten wir eine traurige Meldung aus Spanien: Willi war in seinem zweiten Gefechtseinsatz gefallen.

Lebte ich die ersten Wochen und Monate meiner Zeit in Genf sehr eng mit meiner Familie zusammen, so änderte sich diese Situation im Laufe der Jahre. Ich sprach jetzt fließend französisch, hatte nicht nur eine Menge Schulkameraden, mit denen ich Fußball spielen oder angeln gehen konnte, sondern auch ein paar nahe Freunde, mit denen ich meine kleinen Geheimnisse besser teilen konnte als mit meinen Eltern. Meine Familie interessierte mich jetzt weniger, ihren Problemen schenkte ich kaum Beachtung. Ich spürte zwar, dass es zwischen meinen Eltern seit einiger Zeit immer wieder zu Spannungen kam, war aber nie Zeuge einer offenen Auseinandersetzung zwischen ihnen und fand es deshalb nicht notwendig oder angemessen, sie über Einzelheiten zu fragen. Gelegenheit und Grund dazu hätte es gegeben. Margot hatte gerade einen Abendkurs in Fotografie angefangen, um, wie sie mir erklärte, eventuell in Spanien als Fotoreporterin zu arbeiten. Andererseits wusste ich, dass auch mein Vater vorhatte, nach Spanien zu fahren, und da kam es mir schon verdächtig vor, dass meine Eltern nie von einer gemeinsamen Reise sprachen.

Margot brach im Herbst nach Spanien auf. Zum Abschied umarmte sie mich nur kurz und küsste mich, bevor sie ganz schnell das Haus verließ. Mir schien, sie weinte. Anscheinend fiel ihr der Abschied von mir schwer und sie wollte ihre Gefühle nicht so recht zeigen. In diesem Moment erst merkte ich, wie stark ich mich an sie gewöhnt hatte und wie sehr sie mir fehlen würde. Sie war all die Jahre lieb zu mir gewesen, und unbewusst habe ich sie wie meine Mutter empfunden. Es war nun das dritte Mal, dass ich einen Menschen verlor, der mir eine richtige Mutter hätte sein können. Diese Wunden hinterließen schmerzhafte Narben in mir, die mich mein ganzes Leben lang begleiten sollten. Ich habe Margot später nie wiedergesehen, doch haben wir uns einige Male geschrieben. Sie soll in Spanien einen Italiener geheiratet haben und in Barcelona bei der Einnahme der Stadt durch die Falangisten umgekommen sein.

Nun war mein Vater an der Reihe, sich auf die Fahrt nach Spanien vorzubereiten. Er verfügte bereits über ein Dokument, das ihn als Korrespondent einer Institution des Völkerbunds auswies, was natürlich nicht der Wahrheit entsprach. Außerdem war er dabei, sich einen falschen Ausweis des chinesischen Konsulats in Genf anzufertigen. Darauf fehlte nur noch ein chinesischer Stempelabdruck, für den mein Vater vorerst noch einen Stempel aus Linoleum nach einem vorhandenen Muster herstellen musste. Mit einem Satz Messer für Linolschnitt machte Vater sich an die Arbeit, doch der Stempel wollte ihm nicht gelingen. Mich wollte er auch nicht probieren lassen. »Um einen chinesischen Stempel zu schnitzen«, erklärte er, »muss man die chinesische Schrift kennen.« Ich kannte sie nicht, aber ich war geschickt und Vaters Ablehnung spornte meinen Ehrgeiz erst recht an. In seiner Abwesenheit ließ es sich gut experimentieren, und mein Vater war sehr erstaunt, als er nach Hause kam und mein Werk sah. Ich hatte die Hieroglyphen, die für mich wie eine Art Geheimschrift waren, pedantisch vom Muster aufs Linoleum übertragen und so den Stempel angefertigt, den mein Vater dringend brauchte.

Am 1. Dezember 1936 hatte ich Grund zur Freude: Ich wurde ins Institut Monnier aufgenommen! Ich habe bis heute nicht herausfinden können, wie es dazu kam, dass ich wieder in diese Schule gehen durfte. Mein Vater war absolut zahlungsunfähig, außerdem stand er vor seiner Reise nach Spanien. Offenbar hatte Tante Edith ihren ehemaligen chinesischen Schüler einfach aus Liebe wieder zu sich genommen. Dank der Großzügigkeit der Geheebs konnte ich ihre Schule bis zu meiner Abfahrt nach China 1940 umsonst besuchen. Noch heute denke ich voller Dankbarkeit an diese guten Menschen zurück. Anfang April 1937 fuhr mein Vater nach Spanien. Unser Abschied war prosaisch, es flossen keine Tränen. Ich hatte lange im Voraus von Vaters bevorstehender Abreise gewusst und war darauf vorbereitet. Außerdem hatte ich in den vergangenen Jahren schon oft von lieben Menschen und vertrauten Orten Abschied nehmen müssen; ich hatte daher gelernt, in unangenehmen oder traurigen Situationen keine Emotionen zu zeigen, selbst wenn mir innerlich schwer zumute war. Mein Vater wünschte mir Glück in der Schule und hoffte, dass ich während seiner Abwesenheit fleißig lernte und die Revolution nicht vergaß. Diese Formulierung entsprach seiner Gewohnheit, sich lakonisch in losungsartigen Sätzen auszudrücken. Einen Brief, den er im Gehäuse meines Grammophons versteckt hatte, sollte ich erst im Fall seines Todes öffnen und der Genfer Parteiorganisation übergeben. Darin bat er sie, sich um mich zu kümmern und, wenn möglich, in die Sowjetunion zu schicken.

Es dauerte nicht lange, und ich hatte mich problemlos in den gut organisierten Alltag in einer privaten Internatsschule eingelebt. Die Beziehungen zwischen Schülern und Lehrern im Institut Monnier waren fast wie zwischen Familienmitgliedern. Hier nannten wir die Lehrer nach alter Odenwaldschule-Tradition Mitarbeiter, die Schüler Kameraden. Wir konnten uns für jedes Vierteljahr jene Fächer auswählen, die wir in dieser Zeit intensiv studieren wollten, ein Vorgehen, das unsere Selbstständigkeit fördern sollte. Von den Lehrern wurde überprüft, ob wir dabei nicht gelegentlich gewisse, vielleicht unbeliebte Fächer vernachlässigten. Es entsprach dem Lehrprinzip der

Schule, zu jeder Zeit nur eine begrenzte Zahl von Fächern zu studieren, diese dafür aber sehr gründlich. Noten gab es keine, es war die Aufgabe der Lehrer, den Fortschritt ihrer Schüler flexibel zu kontrollieren. Das ganze Erziehungssystem war darauf ausgerichtet, den Schülern genügend Freiraum zu lassen, um sich zu eigenständigen, selbstbewussten Personen entwickeln zu können. Ich glaube, dieses Prinzip erwies sich als besonders vorteilhaft für Kinder, die schon von sich aus relativ selbstständig waren und diese Eigenschaft unter den günstigen Bedingungen hier noch weiterentwickeln konnten. Weniger eigenständige Schüler jedoch, welche die von ihnen geforderte Selbstständigkeit nicht aufbrachten, drohten in dieser Schule im Lernstoff hinterherzuhinken.

In der Schule wurde viel musiziert – der Musikunterricht war kostenlos –, und es wurde auch gemalt und Theater gespielt. Für künstlerisch weniger begabte Schüler wie mich gab es eine gut eingerichtete Werkstatt, in der man seine handwerklichen Fähigkeiten ausbilden konnte. Dort machte ich alle meine Bastelarbeiten, baute hauptsächlich Segelflugzeug-Modelle, deren Flugeigenschaften ich auf dem Fußballplatz ausprobierte. Der Lebensstil im Institut war ausgesprochen spartanisch: Morgengymnastik an der freien Luft in Sporthosen und mit nacktem Oberkörper – die Mädchen trugen allerdings ein Sporthemd – zu jeder Jahreszeit und bei jedem Wetter, danach ein Rundlauf durch die Gegend und zuletzt eine kalte Dusche. Zweimal pro Woche wurde am Nachmittag Handball gespielt. Als ausgezeichnete, aber teure Torschützin der Frauenmannschaft erwies sich Eva Gärtner, ein hübsches, großes blondes Mädchen, das sich bei den Wettkämpfen mit anderen Schulen für jedes erzielte Tor eine Tafel Schokolade von uns Ecole-Anhängern spendieren ließ. Im Frühling und im Herbst machten wir unter der

Leitung von Lehrern in kleinen Gruppen mehrtägige Wanderungen mit dem Rucksack. Übernachtet wurde bei Bauern in Heuschuppen. Die Wanderungen wurden auch bei starkem Regen nicht unterbrochen, da jeden Tag eine vorgeplante Strecke zurückzulegen war. In den Sommerferien stiegen wir auf die Berge, im Winter ging's zum Ski fahren. In diesen Wochen mieteten die Geheebs für gewöhnlich ein kleines Chalet oder ein Hotel in den Bergen für diejenigen Schüler, die nicht nach Hause fahren wollten – oder konnten. So verbrachte ich 1937 einen unvergesslich schönen Sommer in Fionnay, im Kanton Wallis, und mehrere Winter auf den schneeigen Hügeln der Pléïades oberhalb Montreux. Dort hatten die Geheebs die obere Hälfte eines Hotels gemietet. Im unteren Teil des Hauses wurde ein Restaurant betrieben, das tagsüber die Skifahrer bewirtete.

Die Hausarbeiten in der Schule wurden fast gänzlich von den Schülern selbst verrichtet. Ich denke, dieser Umstand war nicht allein auf die schwache finanzielle Lage der Schule zurückzuführen, sondern entsprach dem Erziehungsprinzip von Paul Geheeb, aus den Schülern arbeitsame Menschen zu machen. Jeder von uns war für einen bestimmten Bereich – Treppe, Waschzimmer, Toilette und so fort – verantwortlich, den er nach dem Frühstück zu putzen hatte. Zusammen mit einem Kameraden war ich für den Männerwaschraum zuständig. Viel Spaß machte die Arbeit nicht, aber sie war nicht schwer, und wir schafften sie in so kurzer Zeit, dass man uns gelegentlich verdächtigte, wir hätten gar nichts gemacht. Doch durch die Kontrolle kamen wir immer. Freitagnachmittag war großer Putztag. Rosemarie Rose, eine um vier Jahre ältere Mitschülerin, händigte uns Putzlappen, Bürste und flüssige Seife aus, und wenn wir alles blank gescheuert hatten, wurde unsere Arbeit von älteren Kameraden geprüft.

Auch in der Küche halfen wir der Reihe nach und verrichteten einfachere Arbeiten wie Kartoffeln schälen und Geschirr spülen. Neulinge waren anfangs oft leicht schockiert davon, überall selbst mit anpacken zu müssen, passten sich jedoch relativ schnell an, da sie ringsum das Vorbild der anderen sahen.

Die Schüler am Internat kamen aus vielen Ländern dieser Welt: aus Amerika, England, Österreich, Frankreich, Deutschland und der Schweiz. Auch zwei Spanier waren darunter – die Söhne des berühmten Gitarrespielers Andrés Segovia. Doch die meisten Schüler waren wie ich aus Deutschland, dem Land, aus dem die Geheebs stammten und wo sie als Erzieher bekannt waren. Die Lehrer oder Mitarbeiter waren hauptsächlich Deutsch- und Welschschweizer, sodass Deutsch und Französisch bei uns gleichberechtigte Unterrichtssprachen waren. Unsere Englischlehrer, Mr. Room und Mr. Graham, unterhielten sich mit uns prinzipiell nur auf Englisch, und der Sportunterricht wurde von einem Inder geleitet, mit dem wir uns auf Englisch und Französisch verständigten. An das Sprachengemisch gewöhnte ich mich schnell, es war ein ideales Milieu, um Fremdsprachen zu erlernen. Hauptsächlich wurde in der Schule jedoch Deutsch gesprochen – wenn man so will meine Muttersprache. Ich fühlte mich jedenfalls angenehm in meine Vergangenheit zurückversetzt.

Das Leben am Institut Monnier gefiel mir sehr. Ich lernte mit mäßigem Fleiß, interessierte mich mehr für meine selbst gebastelten Flugzeuge und Handball, schwamm gerne und war ein guter Skiläufer. Ich hatte zu jeder Zeit meinen »besten Freund«, mit dem ich meine Freizeit verbrachte. Eine Zeit lang war es Leonardo Segovia, der jüngere Sohn des spanischen Gitarrenvirtuosen, ein begabter Junge, der fabelhaft zeichnete und auf dem Klavier aus dem Stegreif spielen konnte, ohne es jemals richtig gelernt zu haben. Im Herbst 1937 kam er durch einen Stromschlag tragisch um. Er überquerte auf einem Viadukt die Eisenbahnlinie und berührte mit einem langen Stock die Oberleitung. Als wir ihn fanden, war eine Seite seines Körpers ganz schwarz. Dieses Unglück war für alle Kinder der Schule ein Schock und für mich zusätzlich der Verlust eines engen Freundes. Ein anderer guter Freund im Institut war Fritz Trechsel, ein vier Jahre älterer Schweizer aus Bern, der einen ganzen Kopf größer war als ich und mich eher als kleinen Bruder betrachtete, den er zu betreuen hatte. Unter seiner Leitung baute ich einen primitiven Telegrafenapparat mit Magnetspulen, die er mir aus Bern mitgebracht hatte. Später schenkte er mir mal eine Luftpistole, mit der ich in meinem Zimmer während einer längeren Grippeepidemie, welche die ganze Schule erfasst hatte, Schießübungen von Bett zu Bett veranstaltete. Mit Fritz Trechsel blieb ich übrigens mein ganzes Leben lang befreundet; in den letzten Jahren habe ich ihn mehrmals in Portugal und in der Schweiz besucht.

Ein paar Streiche sind mir noch in Erinnerung, die wir, so wie wohl alle Schulkinder der Welt, den Lehrern oder unseren Kameraden gespielt haben: Mein Schlafraum lag gegenüber dem Musikzimmer, in dem Mademoiselle Gris, die Musiklehrerin, ihren Unterricht gab. Einmal deponierte ich einen ausgelatschten alten Schuh über meiner Tür und bat die Lehrerin zu mir herüber. Als sie nun die Tür zu meinem Zimmer öffnete, fiel ihr der Schuh auf den Kopf. Sie lachte nur und meinte, jetzt hätte ich aber ihre Frisur derangiert.

Bei einem anderen Streich half mir Otto Jacoby: Wir legten in der Männertoilette ein Metallplättchen auf den Boden, verbanden es über Drähte mit Batterien und legten einen Draht ins Pissoir. Wenn ein Junge sich dort zum Wasser lassen hinstellte, bekam sein »kleiner Mann« einen elektrischen Schlag. Das war schon unangenehm, aber wir hatten unseren Spaß dabei.

Anlass zu Gelächter und Schadenfreude gaben immer wieder auch die Klappbetten, die in unseren Vierer-Zimmern standen. Wie oft kam es vor, dass wir in der Nacht aufwachten, weil einer von uns von seinen Zimmergenossen mitsamt Bett an die Wand geklappt und eingeklemmt wurde und sich nur mit viel Mühe wieder aus seiner misslichen Lage befreien konnte. Tagsüber wurden immer zwei von den Betten hochgeklappt, damit wir mehr Platz im Zimmer hatten, um uns frei bewegen und unsere Hausaufgaben am Tisch machen zu können.

Ein großes Ereignis für uns war jedes Jahr das Weihnachtsfest. Wir spielten da den Einzug der Heiligen Drei Könige, und den König aus dem Osten durfte ich spielen. Gesungen haben wir natürlich auch, sogar mehrstimmig, Weihnachtslieder wie »Oh, du fröhliche« oder »Stille Nacht, heilige Nacht«. Unter einem Weihnachtsbaum lagen für uns Kinder kleine Süßigkeiten. Ein großes Festessen gab es zwar nicht, da die Schule arm war und immer weniger Eltern sich in der Lage sahen, das Schulgeld für ihre Kinder zu zahlen. Das störte jedoch nicht im geringsten unsere schöne Weihnachtsstimmung.

Von meinem Vater aus Spanien erreichten mich von Zeit zu Zeit kurze Briefe, viel seltener als ich es mir gewünscht hätte, mitgebracht von Leuten, die von dort kamen. Mein Vater war nie ein guter Briefschreiber gewesen, und aus seinen kärglichen Zeilen erfuhr ich gewöhnlich nur in groben Zügen, dass es ihm gut ging und die Internationalen Brigaden den Feind tapfer schlugen. Meinerseits sollte ich unbedingt gut lernen und mir keine Sorgen um ihn machen. Auf Anweisung meines Vaters schickte ich meine Briefe nach Spanien nie per Post, sondern übergab sie einer Person in Genf, die sich um ihre weitere Beförderung kümmerte. Aus den Zeitungsberichten, die ich täglich mit großem Interesse verfolgte, musste ich feststellen, dass Vaters oft geäußerte Überzeugung, dass »unsere Sache siegt«, nicht wörtlich aufzufassen war. Trotz des hartnäckigen Widerstands der republikanischen Truppen und der Internationalen Brigaden fiel eine Stadt nach der anderen unter den Angriffen von Francos Berufsarmee und den zur Hilfe geschickten deutschen und italienischen Divisionen.

Eines Abends wurde ich aus dem Schulgebäude auf die Straße gerufen, wo ein paar große Lastwagen mit roten Kreuzen auf den Zeltbahnen standen. Sie waren nach einer Lieferung von Hilfsgütern an die Spanische Republik gerade in die Schweiz zurückgekehrt, und eine junge Frau übergab mir einen Brief von meinem Vater, in dem er den Grund seines längeren Schweigens erklärte: Er war im Sommer 1937 bei der großen Gegenoffensive an der Front im Osten Spaniens in der Nähe von Quinto durch einen Schuss ins Knie verwundet worden und lag zur Zeit im Lazarett. Zusammen mit dem Brief bekam ich noch ein paar deutschsprachige Bücher über die Internationalen Brigaden und ein Liederbuch. Außerdem befand sich im Paket ein »Schiffchen« der republikanischen Armee. Wie ich viele Jahre später zufällig erfuhr, war der Leiter der Lastwagenkolonne Rodolfo Olgiatti, ein ehemaliger Mitarbeiter der Odenwaldschule.

Obwohl wir noch Kinder waren, spürten wir damals deutlich die wachsenden finanziellen und organisatorischen Probleme, mit denen die Schule konfrontiert war. Edith Geheebs Vater Max Cassirer, der vor Hitlers Machtantritt die Odenwaldschule finanziell unterstützt hatte, konnte jetzt keine Devisen mehr in die Schweiz überweisen. Im Zuge der Ausweisung der Juden aus Deutschland verlor er letzten Endes sogar sein gesamtes Vermögen an den nationalsozialistischen Staat. Auch der Zustrom an neuen Schülern entsprach nicht den Erwartungen der Geheebs, er blieb praktisch aus. Die weltweit angespannte politische und wirtschaftliche Lage schien keine Anregung dazu zu geben, die eigenen Kinder in ein fremdes Land auf die Schule zu schicken. Allmählich wurden auch die Eltern vieler deutscher Schüler zahlungsunfähig, und für Schweizer war die Schule anscheinend nicht attraktiv genug. Einerseits war sie wohl zu fortschrittlich für dieses bürgerlich-konservative Land, andererseits gab es hier schon genug Privatinternate gewöhnlichen Typs wie etwa die hauptsächlich von Kindern ausländischer Diplomaten und Geschäftsleute besuchte Ecole Internationale in Genf. 1937 gab Paul Geheeb seiner Schule den etwas pompösen Namen Ecole d'Humanité, der anscheinend seinem Anspruch auf einen ehrenvollen Platz in der Geschichte der Pädagogik entsprach. Da Herr Gunning, der Besitzer des Instituts Monnier, nicht den erwünschten Profit aus der Partnerschaft mit Paul Geheeb erzielt hatte, beendete er seinen Kontrakt im Dezember 1938 und zwang die Ecole d'Humanité dadurch, das Gebäude in Versoix zu räumen. Auf einer Versammlung berichtete Paul Geheeb den Schülern bestürzt über die ernste Lage, in der sich die Schule befand. Er hatte noch nicht einmal ein Ersatzgebäude in Aussicht. Über zwei Monate fand die Schule eine provisorische Unterkunft im Hotel »Les Sapins« auf den Pléïades oberhalb Montreux, das der Schule einmal als Winterferienheim gedient hatte. Schließlich zogen wir im März 1939 nach Schloss Greng um, dessen Besitzer, Leo Schermann, wie zu seiner Zeit Gunning, sich eine vorteilhafte Partnerschaft mit Paul Geheeb versprach.

Schloss Greng war ein schönes, mehrstöckiges, unweit vom Murtensee im Kanton Fribourg gelegenes Gebäude mit großen Zimmern und einem Brunnen im Hof. Hier versammelten wir Schüler uns oft vor und nach dem Essen, um uns zu unterhalten. Über eine Straße hinweg führte ein Fußweg durch ein Bauerngrundstück zu einer kleinen Badestelle am Murtensee, wo wir an heißen Sommertagen schwammen.

Otto Jacoby, ein gleichaltriger Junge, mit dem ich mich in Versoix dick angefreudet hatte, und ich schauten oft zu, wie die Bauern in der Umgebung das Gras mähten, trockneten und das Heu auf Fuhrwerken nach Hause schafften. Aus Langeweile halfen wir ihnen manchmal freiwillig bei der Arbeit. Das musste den Bauern gefallen haben, denn sie luden uns über die Sommerferien ein, bei ihnen zu arbeiten und so unser Essen zu verdienen, was wir mit Freude annahmen. So schuftete ich 1938 in den Sommerferien einen ganzen Monat gegen Kost und Logis bei einem Bauern, der einen Stall mit zweiundzwanzig Milchkühen hielt. Morgens um vier Uhr stand ich auf, band mir den Melkschemel um, schnappte mir einen Blecheimer und half beim Melken der Kühe, danach mistete ich den Stall aus und nahm nach der Brotzeit an der Heuernte teil. Es gab Tage, da brannte die Sonne erbarmungslos vom Himmel und wir schwitzten schon beim bloßen Anblick der gemähten Wiesen. Am Abend musste ich wieder in den Kuhstall und kam erst spät ins Bett. Samstags und sonntags hatte ich frei. Spaß machte, wenn ich die starken Lastpferde in den See reiten durfte, um ihnen im Wasser mit einer harten Bürste das Fell zu reinigen. Ottos Arbeit bei seinem Bauer war nicht leichter, aber dafür hatten wir das schöne Gefühl, ein bisschen erwachsen zu sein und unser Brot selbstständig zu verdienen. Eines Tages besuchte mich Fritz Trechsel auf seinem Fahrrad und überzeugte mich, »mit dem Quatsch Schluss zu machen« und den Rest der Ferien mit ihm in Bern zu verbringen, wozu er die Zustimmung seiner Eltern besaß.

Nach den vier Wochen harter Arbeit auf dem Hof brauchte er mich nicht lange überreden. Schnell packte ich meine Sachen, nahm Abschied von den Bauern und fuhr mit ihm nach Bern.

Das Wetter war warm, und wir schwammen oft im schnellen und kalten Strom der Berner Aare. Tiefen Eindruck hinterließ bei mir der Besuch der Nationalen Ausstellung in Zürich, bei der alljährlich die Produkte der Schweiz präsentiert wurden. Im technischen Teil der Leistungsschau bekamen wir zu unserer Überraschung auch das deutsche Jagdflugzeug Messerschmitt zu sehen; es wurde zu einem großen Teil in der Schweiz hergestellt. Einige schöne Tage verbrachten wir auch im Berner Oberland, wo die Familie Trechsel ein Chalet besaß. Auf den Gipfeln der hohen Berge lag mitten im Sommer noch der Schnee vom letzten Winter. Es sah faszinierend schön aus, und ich bereute nicht, meine Arbeit auf dem Land vorzeitig beendet zu haben. Von jenen Tagen handelt auch folgender Brief, den ich am 5. September 1938 an meinen Vater und meine Stiefmutter Margot schickte, in der Hoffnung, dass er irgendwie auch in ihre Hände gelangte:

»Liebe Mamim und Papi,
Ich habe meine Sommerferien sehr gut verbracht. Mein grosser Freund Fritz hat mich nach Bern eingeladen gehabt. Dort wohnte ich zuerst eine Woche und schaute mir die Stadt mit den vielen Gebäuden an und auch den berühmten Bärengraben. Die jungen Bären waren am lustigsten. Die alten trugen sie immer ins Wasser und die jungen wehrten sich ohne Erfolg. Die weiteren vier Wochen habe ich auf den Bergen verbracht. Fritzens Eltern haben nämlich eine Hütte im Berner Oberland, die sehr einfach ist, aber sehr nett. Sie hat kein elektrisches Licht. Sie liegt in 1500 m Höhe und ist von vielen Ber-

gen umgeben. Ich wohnte dort mit Fritz (17 Jahre alt),
seinem Vater, seinem Bruder (11 Jahre alt) und einer sei-
ner vier Schwestern (sie sind alle über 24 Jahre alt). Wir
standen ziemlich spät auf und assen dann unser Früh-
stück. Alle zwei Tage ungefähr haben wir (Fritz und ich)
eine Stunde Holz gehauen mit dem grossen Beil.
Manchmal sind wir alle zusammen auf die in unserer
Gegend liegenden Berge gekraxelt und zum Mittages-
sen wieder zurück gekommen. In den Wäldern lagen
immer sehr viele Tannenzapfen mit denen wir auf uns
warfen. Wenn man drei Schüsse abbekommen hatte
war man tot und durfte nicht mehr spielen. Ich habe mit
dem kleinen Bruder von Fritz gegen Fritz allein gespielt.
Er hat uns manchmal besiegt, aber wir noch öfters. Die
letzten zwei Wochen habe ich dann wieder in Bern ver-
bracht. Meine Ferien waren also sehr gut, wie Ihr seht
und jetzt sitze ich wieder auf der Schulbank.
Herzliche Grüsse und Küsse, Euer Han Sen«

Der Herbst 1939 war ungemütlich und kalt. Die Hei-
zungsanlage von Schloss Greng erwies sich als vollkommen untauglich, und über zweihundert Schweizer Soldaten und Offiziere, die nach Hitlers Überfall auf Polen
mobilisiert und im Schloss einquartiert worden waren, besetzten alle Schulzimmer und die wenigen warmen
Räume. Als auch die Partnerschaft Geheeb-Schermann
nicht das erwartete Geld einbrachte, wurde sie von Leo
Schermann mit großem Skandal aufgelöst. Am 26. Oktober 1939 musste Paul Geheeb mit Schülern und Lehrpersonal erneut umziehen, diesmal nach Schwarzsee im
Kanton Fribourg, wo es ihm gelungen war, hoch oben in
den Bergen ein geschlossenes Hotel – das »Hôtel du Lac«
– zu mieten. Die Schülerzahl war zu der Zeit stark zu-
sammengeschrumpft, hauptsächlich weil viele jüdische

Schüler nach den Ereignissen der »Kristallnacht« zusammen mit ihren Eltern aus Europa emigriert waren. Durch sie und ihre Erzählungen hatten wir auch viel vom dem mitbekommen, was sich unter der Naziherrschaft ereignete. Wir wussten von den Verfolgungen, von den Lagern und von der Gewalt, die in Deutschland zur alltäglichen Wirklichkeit geworden waren. Das, was ich Anfang 1933 in Berlin bei einzelnen Übergriffen auf Juden und Andersdenkende erlebt hatte, war lediglich die Spitze jenes Eisbergs gewesen, der in den folgenden Jahren zunehmend sichtbar wurde und mehr und mehr anwuchs, bis er schließlich in den Zweiten Weltkrieg mit all seinen Gräueln und der organisierten Massenvernichtung von Menschen gipfelte und einen ganzen Kontinent in Chaos, Verwüstung und Leid stürzte. Mit den Jahren in der Schweiz schwanden meine Hoffnungen zusehends, Deutschland so bald wiederzusehen, und ich machte mir kaum mehr Illusionen. Doch ganz tief in meinem Inneren blieb der Wunsch lebendig, irgendwann wieder in meine Heimat zu kommen.

Als der Winter einsetzte und Europa bereits die ersten Kriegsmonate gesehen hatte, genossen wir Kinder trotz ungewisser Zukunftsaussichten weiterhin das Leben, liefen Schlittschuh auf dem zugefrorenen See und fuhren Ski auf den verschneiten Hügeln. Doch die Odyssee der Ecole d'Humanité war damit noch nicht beendet. Die Schule musste später noch mehrmals ihren Standort wechseln, bis sie ihren endgültigen Platz in Goldern, im Berner Oberland fand. Diese Umzüge habe ich jedoch nicht mehr miterlebt.

Im Februar 1940 bekam ich in Schwarzsee eines Tages vollkommen unerwartet ein Telegramm von meinem Vater aus Paris. Ich sollte mich für die Fahrt nach China bereitmachen. Die Nachricht traf mich wie ein Blitz aus heiterem Himmel. Mein Vater hatte im Frühjahr 1939 nach der Niederlage der Spanischen Republik zusammen mit militärischen Einheiten der Internationalen Brigaden die Grenze nach Frankreich überschritten und war im französischen Internierungslager Argelès am kahlen, sandigen Mittelmeerufer interniert worden. Dort hausten die Inhaftierten in zerrissenen Zelten und primitiven Baracken und mussten Hitze, Kälte, Wind, Regen und Hunger ertragen. Später wurde er ins Lager Gurs überführt. Auf Antrag der chinesischen Regierung wurden die chinesischen Gefangenen – rund hundert Mann – jedoch von den französischen Behörden freigelassen. In China war es inzwischen zu einem Waffenstillstand zwischen den nationalistischen Regierungstruppen unter Chiang Kai-shek und der Roten Armee gekommen, um den kriegführenden Japanern mit vereinten Kräften Widerstand leisten zu können. Ohne diese offizielle Einheitsfront hätte die chinesische Zentralregierung keinen Finger für die Befreiung der chinesischen Spanienkämpfer krumm gemacht. Nach ihrer Entlassung aus dem Lager bekamen die Chinesen von ihrer Botschaft in Paris Pässe und Geld für ihre Rückreise in die Heimat.

In seinem Telegramm erklärte mir mein Vater, dass wir in wenigen Wochen nach China reisen würden, und er bat mich, seine Koffer mit politischen Büchern, die er bei Schweizer Kommunisten hatte aufbewahren lassen, abzuholen, um sie mitnehmen zu können. Auch ich selbst sollte mich für die Reise bereitmachen. Ich hatte ein ganz seltsames Gefühl in der Magengrube.

Rasch näherte sich der 19. März 1940, der Tag, an dem ich von Schwarzsee nach Marseille fahren sollte, wo mein Vater schon auf mich wartete, um die Rückreise in die Heimat – für mich die Reise ins Unbekannte – anzutreten. Am Vortag meiner Abfahrt bekam ich Besuch von der

Schweizer Bundespolizei und wurde regelrecht verhört. Man wisse, dass mein Vater aus Genf illegal nach Spanien gefahren sei, und auch, dass ich nicht Ling, sondern Hsieh hieß. Doch als großer Junge war mir klar, dass sie einem Fünfzehnjährigen nichts anhaben konnten, und verleugnete deshalb alles frech. Bei der Durchsuchung meines Gepäcks fand man darin Bücher von Karl Marx und andere kommunistische Literatur, alles nutzloses Beweismaterial gegen meinen Vater, der sich noch dazu in einem anderen Land befand. Wirklich unangenehm war mir nur der Gedanke, dass ich durch diesen Zwischenfall die Geheebs in eine peinliche Lage versetzt hatte. Sie waren in diesem Land nur geduldet, Ausländer, die in großer finanzieller Not eine schwach besuchte Schule leiteten; die Reklame, in ihrem Institut den Sohn eines chinesischen Kommunisten beherbergt zu haben, hatte ihnen gerade noch gefehlt.

Reise ins Ungewisse

Der Abschied von der Schule – eigentlich war es mein Abschied von Europa – fiel mir sehr schwer. Ein bisschen Abenteuerlust hatte ich zwar bei der ersten Mitteilung meines Vaters über die bevorstehende Reise verspürt, aber bald danach wurde mir richtig bange bei dem Gedanken, dass ich in China unter einem mir vollkommen unbekannten und womöglich rückständigen Volk zu leben hätte. Doch mir blieb keine andere Wahl, es war der feste Beschluss meines Vaters. Und so ergab ich mich schweren Herzens in mein Schicksal und bereitete mich auf die Fahrt nach Marseille vor. Ich schenkte mein geliebtes Fahrrad meinem Freund Otto Jacoby und übergab alle Bücher über die Internationalen Brigaden, die ich von meinem Vater aus Spanien bekommen hatte, meiner Mitschülerin Beatrice Reventlow, mit der ich während des Unterrichts oft auf einer Schulbank gesessen hatte. Ich wusste, dass ihr Vater in Spanien auch auf der Seite der Republik gekämpft hatte, und dachte mir, dass meine Spanien-Bücher bei ihr gut aufgehoben wären. Was ich damals noch nicht wissen konnte, war, dass meine späteren Bemühungen, die abgerissene Verbindung mit Europa wiederherzustellen, und Beatrices Bereitwilligkeit mir dabei zu helfen, zu einer langjährigen engen Freundschaft zwischen uns beiden führen würden. Martin Wackernagel, Mitarbeiter der Ecole d'Humanité, mit dem ich in Schwarzsee gerne über die politische und militärische Situation in Europa diskutiert hatte, meinte in unseren Unterhaltungen kurz vor meiner Abreise, China sei ganze fünfzig Jahre hinter Europa zurück, was ich natürlich für stark übertrieben und fast beleidigend hielt. Wer hätte denken können, dass ich mich bald in chinesischen Gegenden aufhalten würde, die vielleicht an die hundertundfünfzig Jahre Rückstand aufwiesen.

Am Tag des Abschieds von Schwarzsee nahm ich einen Bus und fuhr hinunter nach Fribourg. Von dort ging es mit der Bahn weiter nach Marseille. Ich glaube, in Genf musste ich umsteigen. Am Bahnhof in Marseille wurde ich von meinem Vater abgeholt. Einer meiner zwei großen Koffer, die im Gepäckwagen untergebracht waren, ging unterwegs verloren – ein grässlicher Verlust für mich. Nicht etwa der schönen Kamelhaar-Wolldecken und Kleidungsstücke wegen, mit denen der Koffer vollgepfropft war, sondern weil dort auch mein chromierter Revolver lag, ein fantastisches Spielzeug, das zwar nur mit Tränengaspatronen schoss, aber wie eine echte Waffe aussah. Leonardo Segovia hatte ihn mir geschenkt, sodass er für mich auch ein teures Andenken an ihn gewesen war.

Das lang ersehnte Wiedersehen mit meinem Vater fiel kühl aus, wir gaben uns lediglich die Hand. Vielleicht war ich schon zu groß dafür, dass er mich umarmte und küsste, wie Eltern es mit ihren kleinen Kinder tun. Wir hatten uns dreieinhalb Jahre nicht gesehen, und er war mir in gewisser Weise fremd geworden. Außerdem schlagen große Erwartungen ja oft in Enttäuschung um.

Genauso wie damals in Berlin stellte mir mein Vater auch diesmal vor Antritt der Reise ganz unerwartet seine neue Frau vor, die er bis dahin in seinen Briefen mit keinem Wort erwähnt hatte. Ich war verblüfft. Sie hieß Anna Kapeller, war von Beruf Urologin und kam aus einer jüdischen Familie aus Czernowitz, einer Stadt in Rumänien, die ursprünglich österreichisch war. Ich warf einen prüfenden Blick auf sie, denn mit fünfzehn Jahren hatte ich schon meine eigene Vorstellung von Frauen, und stellte fest, dass Anna nicht ganz »mein Typ« war. Sie war klein und unsportlich, ihr Auftreten ängstlich und unsicher. Irgendwie wirkte sie auf mich wie ein verzogenes, verwöhntes Kind. Sie musste meine Antipathie gegen sie gespürt haben. Anna sprach perfekt Deutsch, mit einem weichen österreichischen Akzent. Wenigstens etwas, dachte ich. Beruhigend fand ich außerdem, dass sie nur zwölf Jahre älter war als ich und ich sie folglich nicht als Mutter zu betrachten hatte. »Nenn mich einfach Anni«, sagte sie in einem zaghaften Annäherungsversuch, worauf ich höflich antwortete: »Und du mich einfach Han Sen«.

Wir fuhren gleich vom Bahnhof in den Hafen zu unserem Schiff – einem riesigen Kasten mit einer Verdrängung von zwanzigtausend Tonnen. Es war ein französischer Liner, ich glaube, er hieß *Jean Bart*. Anna bekam eine kleine Kajüte in der dritten Klasse, die man über eine Wendeltreppe erreichen konnte. Mein Vater und ich erhielten je eine Pritsche in einem der großen Kielräume unter der Wasserlinie zugewiesen. Das nannte sich vierte Klasse, obwohl es auf Passagierschiffen offiziell keine vierte Klasse gab. Vermutlich, erklärte mein Vater mir, hatte die chinesische Botschaft in Paris einen Teil der für die Repatriierung seiner Bürger erhaltenen Gelder unterschlagen – so was sei in China gang und gäbe. Und deshalb hätte das Geld für ein Ticket der dritten Klasse nicht mehr gereicht. Den großen, muffigen Laderaum, in dem wir anstatt in einer Kajüte untergebracht worden waren und der eher wie eine Unterkunft für Obdachlose aussah, mussten wir noch mit einer Menge anderer Passagiere teilen. Es waren hauptsächlich ältere chinesische Arbeiter, die viele Jahre in französischen Fabriken gearbeitet hatten und jetzt in ihre Heimat zurückkehrten, sowie französische Matrosen, die ihre Garnison in Saigon verstärken sollten. Das Essen war schlecht, nur trinken konnte man so viel man wollte: In einer Ecke standen zwei Fässer; eins mit Weißwein, das andere mit Rotwein, und die französischen Matrosen und chinesischen Arbeiter machten reichlich davon Gebrauch.

Marseille verließen wir am späten Nachmittag. Ich sah mit Interesse zu, wie das Schiff zum Ablegen vorbereitet wurde. Das lenkte mich ein wenig von den trüben Gedanken ab, die mein Abschied von Europa verursachte. Das Meer war ruhig und es sah beinahe so aus, als hätte jemand ein weiches, samtenes Tuch darüber gelegt. Schon in der ersten Nacht wurde mir meine Geldtasche aus blauem Leder, die ich mir in der Schule in Versoix gebastelt hatte, gestohlen. Zum Glück waren darin nur dreißig Schweizer Franken, aber es war doch Geld, das wir gut hätten brauchen können, und mein Vater war ganz schön wütend auf mich. Er warf mir böse Blicke zu und meinte, in meinem Alter passe man etwas besser auf sein Geld auf.

Der erste Hafen, den wir anliefen, war Beirut. Ich hörte plötzlich ein starkes Poltern und sah, wie eine Schar von Arbeitern in den Laderaum weiter hinten stürmte. Die Männer, hübsche Araber mit großen dunklen Augen, schauten in ihren zerfetzten, lumpigen Hemden verhungert und ängstlich um sich und baten in verschiedenen Sprachen um Brot. Die vertrockneten Laibe, die bei uns herumlagen, nahmen sie dankbar an und steckten sie schnell unters Hemd, während ein Mann in feinem Anzug die Leute mit einer langen Peitsche antrieb, in einer Sprache, die ich nicht verstand. Es war eine ungewohnte Szene für einen Jungen, der gerade aus der Schweiz kam, einem Land, das man auch in den Anfangsjahren des Zweiten Weltkriegs durchaus als wohlhabend bezeichnen konnte. Menschen, die vor Hunger bettelten, waren mir jedenfalls dort nicht begegnet.

In Port Said, unserer nächsten Station, gab es einige Probleme mit der Schiffsschraube unseres Liners. Was an ihr defekt war, wurde uns nicht erklärt. Während der Reparatur lagen wir mehrere Tage im Hafen, warfen aus Langeweile kleine Geldstücke ins Meer und sahen zu, wie Taucher, kleine Jungs und Erwachsene, sie geschickt aus dem Wasser herausfischten und uns dann mit einer Mischung aus Stolz und Dankbarkeit zeigten. Unser Schiff lag unweit vom Ufer verankert, und man konnte mit einem kleinen Motorboot an Land gebracht werden. Ich nutzte die Gelegenheit und sah mir zusammen mit einer Gruppe französischer Matrosen die Stadt an: stille, saubere europäische Wohnviertel mit schönen Villen, daneben schmutzige Slums, auf deren Straßen sich eine lebhafte Menschenmasse bewegte. Obwohl die Matrosen ohne Geld waren, machten sie sich den Spaß und steuerten ein kleines Bordell an, um sich ein paar Dirnen vorführen zu lassen. Da ich den Matrosen für so ein Etablissement noch etwas zu jung erschien, ließen sie mich sicherheitshalber auf der Straße warten. Es dauerte nur eine kurze Weile, da purzelten sie wie Bälle zur Tür heraus, gejagt von einem Riesen, der anderthalbmal so groß und stark war wie sie. Wir kehrten lachend zurück zum Schiff.

Bei der Fahrt durch den Suezkanal schwammen die nahen Ufer mit ihrer exotischen Landschaft wie ein unendliches Panorama an uns vorbei. Das Wetter war sonnig und das Deck voller Passagiere, die die schöne Aussicht genossen. Gelegentlich fuhr unser Schiff an riesigen Schildkröten vorbei. Je fremder Flora und Fauna wurden, desto schmerzlicher wurde mir bewusst, dass ich mich Schiffsmeile um Schiffsmeile von Europa und von Berlin, meiner Heimatstadt, wegbewegte, ohne zu wissen, ob ich die Stadt und meine Freunde und Bekannten dort und in der Schweiz je wieder sehen würde. Ich war mir nicht sicher, was für mich in diesem Augenblick schlimmer war, der Schmerz über den Abschied von einem vertrauten, geborgenen Leben oder die bange Angst vor der Ungewissheit, vor dem, was da auf mich zukommen würde. Das betraf nicht nur das Leben in China, sondern auch jenes mit meinem Vater. Irgendwie hatte ich das Gefühl, dass wir uns in den letzten Jahren auseinander gelebt hatten. Ich hatte einen dicken Kloß im Hals, aber es war niemand da, mit dem ich über meine Gefühle hätte sprechen können. Und das Schiff ließ sich auch nicht anhalten.

In Dschibouti machten wir nur kurz Station. In Bombay kamen mehrere kinderreiche indische Familien an Bord. Man ließ sie nicht ins Schiffsinnere, sondern errichtete auf Deck ein großes Zelt für sie. Voller Neugier sah ich zu, wie sie, auf dem Boden sitzend, mit den Fingern aßen und ihre Morgentoilette machten. Dazu tauchten sie drei Fingerkuppen in einen Teekessel, benetzten sie und betupften damit das Gesicht. Die Inder hatten alle regelmäßige Gesichtszüge, und ich fand sie äußerst hübsch, besonders die Frauen und Mädchen.

Langeweile kam auf unserem Schiff so gut wie keine auf. Ich schloss Freundschaft mit einigen der französischen Matrosen, mit denen ich den Laderaum teilte, sowie mit Passagieren, die sich auf dem Deck aufhielten. Ein netter Musiker aus Österreich, der Saxophon und Geige spielte, hatte es mir besonders angetan. Er fuhr nach Shanghai, um der Judenverfolgung in Europa zu entgehen. Als mich die französischen Matrosen baten, ihn zu fragen, ob er nicht unten in unserem Kielraum ein kleines Konzert für sie geben könne, fungierte ich gerne als Dolmetscher. So kam auch ich für viele Jahre zum letzten Mal in den Genuss, die Melodien europäischer Schlager der dreißiger Jahre zu hören, Lieder aus dem Repertoire von Hans Albers, Maurice Chevalier und anderen berühmten Chansonniers.

Wie die Erfahrung zeigte, kamen in unserer Schlafstätte immer wieder Wertsachen abhanden. Deshalb bewahrte mein Vater teurere Gegenstände bei Anna in der Kajüte auf. Gelegentlich hatte ich Schwierigkeiten zu ihr zu gelangen, weil ein älterer, kleiner und dicklicher englischer Passagier mich nicht in die 3. Klasse lassen wollte. Er beschimpfte mich mit »You dirty little chinaman« und hinderte mich daran, die breite, von einem Geländer unterteilte Wendeltreppe hochzugehen. Dabei drohte er mit seinem Stock. Es gelang mir jedoch immer, mit einem unerwartet schnellen Spurt an ihm vorbeizukommen und zurückschauend mit einem Lächeln zu zischen: »You bloody Englishman«, was ihn ziemlich außer Fassung brachte. Mein Vater hatte mir schon vorher von Kolonialherrschaft und Rassismus erzählt, und dieses kleine Erlebnis gab mir ein vage Vorstellung davon, was er damit meinte.

Auf unserem Schiff reiste auch eine hübsche junge Amerikanerin, begleitet von einem älteren Herrn. Er war langweilig, schweigsam und mürrisch und hinderte die lebenslustigen französischen Matrosen, sich mit dem Mädchen anzufreunden. Wenn die Jungen abends auf ihren Pritschen lagen, hörte ich sie manchmal raffinierte Pläne schmieden, wie man den Alten durch irgendeinen Trick ablenken könnte. Irritierend an der Sache fand ich jedoch einen ganz anderen Umstand: dass Amerikaner anscheinend unbekümmert auf die Reise gingen, obwohl in Europa längst Krieg herrschte.

Unterwegs geriet unser Schiff einige Male in einen riesigen Schwarm von Delfinen, die immer wieder aus dem Wasser springend das Schiff begleiteten. Es schien, als fuhren wir über einen lebendigen Teppich, der wellenartige Bewegungen machte. In manchen Gewässern wurden wir längere Zeit von Haifischen verfolgt, die auf Essensreste warteten – nicht umsonst, denn von Zeit zu Zeit flog aus der Kombüse einiges nach draußen. Einmal landete sogar ein fliegender Fisch auf unserem Deck. Doch stärker als diese Erlebnisse beschäftigte mich während der ganzen Fahrt der Gedanke, dass ich mich immer weiter von Europa entfernte und einem Land näherte, von dem ich nur recht vage Vorstellungen hatte und in dem ich vielleicht den Rest meines Lebens verbringen müsste. Nicht dass ich Angst vor dem Neuen gehabt hätte, es war vielmehr das Unbehagen vor dem, was mich erwartete.

Nachdem wir Colombo, wo wir uns ein paar Tage aufhielten, hinter uns gelassen hatten, steuerten wir Singapur an. Dort wurde unser Schiff für sechs Tage in ein Dock gebracht, um die noch immer beschädigte Schiffsschraube zu reparieren. Mit Anni und meinem Vater verbrachte ich einige Nächte in einem kleinen Hotel im chinesischen Stadtviertel. Hier sah ich zum ersten Mal chinesische Häuser: ein- oder zweigeschossige Gebäude mit seltsam nach oben gezogenen Dachgiebeln und Geschäften im Parterre, die ganz offen ohne Vorderwand oder Schaufenster auf die Straße hinausgingen. Man konnte die Händler, die in lange chinesische Männerkleider gehüllt waren, unter denen weite Hosen um die Knöchel flatterten, hinter ihren Ladentischen direkt ansprechen. Spätabends ertönten von kratzenden Grammophonen Melodien mit schrägen und für mich vollkommen ungewöhnlichen und unmöglichen Tonfolgen. Ein Mann mit einer hohen Falsettstimme sang dazu. Das Gesicht meines Vaters überzog sich mit einem Lächeln, und er meinte zufrieden: »Ganz wie zu Hause.«

Ich war schockiert. »Ist es hier wirklich so wie in China?«, wollte ich wissen.

»Ja«, antwortete mein Vater begeistert, »gefällt es dir denn nicht?«

In einer Mischung aus Enttäuschung und Wut fuhr ich ihn an, er möge mich doch lieber in Singapur zurücklassen, irgendwie würde ich mich auf einem Schiff zurück nach Europa schon durchschlagen. In diesem Moment war ich tatsächlich bereit, alles zu riskieren, um die Fahrt nach China abzubrechen. Mich erschreckte auch, dass mein Vater trotz der vielen in Europa verbrachten Jahre durch und durch Chinese geblieben war und sich überhaupt nicht in die Haut seines in Europa aufgewachsenen Sohnes versetzen konnte. Er hätte es immerhin kurz versuchen können, um wenigstens zu verstehen, was in mir vorging. Um ihn dazu zu provozieren, stellte ich ihm die Frage, was denn nun mit unserer Sache, mit der Revolution sei: »Wo ist er denn, dein großer Sieg?« Doch statt einer Antwort brachte mir meine Frage nur eine kräftige, ernüchternde Ohrfeige ein – und ich schlug wie im Reflex zurück.

Mein Vater riss kurz die Augen auf, schwieg jedoch für einen Moment. Dann entschuldigte er sich mit den Worten: »Ich weiß, es war immer mein Fehler, dass ich dich ab und zu geschlagen habe. Ich hätte es nie tun sollen. Verzeih mir!« Er bereute es wirklich. Da spürte ich, dass er mich immer noch sehr gern hatte. Danach schlug er mich nie wieder.

In Singapur herrschte eine unerträglich schwüle Hitze. Selbst die Dusche in Annas Kajüte sorgte kaum für Linderung, aus ihr floss lauwarmes statt kaltes Wasser. Nur der

Regen, der jeden Tag regelmäßig um sechs Uhr abends einsetzte, brachte erfrischende Kühle. Hier fuhr ich auch zum ersten Mal in einer Rikscha. Es war schwer zu ertragen, in dem Gefährt zu sitzen und zuzuschauen, wie der davorgespannte Mann rannte und keuchte. In späteren Jahren gewöhnte ich mich an diese Art der Beförderung, gab es zu der Zeit in den chinesischen Städten doch keine Taxis; die Rikschas boten oft die einzige Möglichkeit, etwa einen Kranken in die Klinik oder einen Sack Reis nach Hause zu transportieren.

Nachdem unsere Schiffsschraube repariert war, stachen wir wieder in See. In Saigon, das damals zu dem von Frankreich etablierten Indochina gehörte, gingen wir endgültig an Land. Hier fanden wir Unterkunft in einem chinesischen Hotel. In der Stadt lebten viele Chinesen, darunter eine ganze Reihe wohlhabender Geschäftsleute, die zur einflussreichen Gesellschaftsschicht gehörten. Hier begann meine praktische Schulung für China. Ich aß chinesische Gerichte mit Stäbchen, lernte die unentbehrlichen Worte »Ni Hao« (»Wie geht es Ihnen?«) und »Xie-Xie« (»Danke«) aussprechen und anderen Leuten – mit und ohne Anlass – ein höfliches Lächeln zu schenken, wann immer sich eine Gelegenheit bot. Zum Frühstück nahmen wir gewöhnlich gekochten Reis mit Erdnüssen und gesalzenem Gemüse zu uns. Dabei passierte es immer wieder, dass ich die krampfhaft zwischen zwei zitternden Stäbchen eingeklemmte Erdnuss auf dem Weg zum Mund verlor, sie in hohem Bogen durchs Zimmer flog und irgendwo auf dem Boden landete. Anfangs versuchte ich, den Reis auf die Stäbchen zu nehmen wie auf eine Gabel, was, wie ich bald merkte, sehr unproduktiv war. Besser war es, die Reisschale dicht an die Lippen zu führen und den Reis dann mit den Stäbchen energisch in den Mund zu schaufeln. Die Handhabung der Stäbchen gelang mir schon nach wenigen Tagen. Mit den Speisen hingegen hatte ich einige Probleme. Sie wurden in unserem Hotel nach Sichuaner Rezepten bereitet und waren so stark mit Peperoni gewürzt, dass sogar mein Vater, ein Mann aus der Provinz Sichuan, während des Essens ständig nach Luft schnappte, als wollte er damit einen Brand in seinem Mund löschen. Ich sagte zu ihm, er hätte nicht Fleisch mit Peperoni, sondern Peperoni mit Fleisch bestellt.

Unser Aufenthalt in Saigon dauerte mehrere Wochen. Weil ich sie so gerne aß, verschlang ich Bananen in ungeheuren Mengen, bis ich eine unangenehme Verstopfung davon bekam. Die meiste Zeit beobachtete ich fasziniert das Leben in dieser quirligen Stadt. Wenn ich vom Balkon meines Hotelzimmers hinunter auf die Straße schaute, fiel mir jedes Mal auf, wie die Rikschakulis alle mit genau gleicher Geschwindigkeit rannten – einer Art Standardtempo –, als wären sie Roboter. Auch entging mir nicht, dass die Rikschas mit richtigen Felgenbremsen und Bowdenzügen, wie man sie an Fahrrädern findet, versehen waren. Solche technische Raffinessen passten irgendwie gar nicht zu diesem rückständigen Menschengespann. Bei Spaziergängen auf der Straße blieb ich manchmal stehen, um einen neugierigen Blick in die zur Straße hin offenen Opiumhöhlen zu werfen, deren Betrieb von den französischen Kolonialbehörden offiziell gebilligt wurde. Es waren lange schummrige Räume, in denen die ausgemergelten Raucher auf Pritschen lagen und das Rauschgift in einer Opiumpfeife über einer brennenden Öllampe zubereiteten und rauchten. Auf den Straßen spazierten hübsche junge Frauen und zeigten stolz ihre schwarz glänzenden Zähne, die sie vom Kauen der Betelnuss hatten. Die Betelnuss war hier nicht nur ein Genussmittel, das die Stimmung anregte, ihre Gerbstoffe schützten und konservierten die Zähne gleichzeitig.

»In dem Lande
der Chinesen-nesen«

Ende Mai verließen wir Saigon und fuhren mit der Bahn
über Haiphong und Hanoi nach Kunming, der Hauptstadt der chinesischen Provinz Yunnan. Irgendwo in der
Gegend des chinesisch-indochinesischen Grenzorts Lao
Cai mussten wir eine tiefe Schlucht überqueren. Die Ei-
senbahnbrücke über diese Schlucht war kurz vor unserer
Ankunft von den Japanern bombardiert worden, und unser Zug bewegte sich im Schneckentempo über die provi-
sorisch reparierte Brücke, die leise unter uns ächzte. Groß
war unsere Erleichterung, als wir das andere Ende der
Brücke erreichten.

Im Vergleich zu den Schweizer Bergen, Wäldern und
Seen, die mir so vertraut waren, fand ich die hiesige Landschaft eintönig. Ringsum riesige Reisfelder und Bambus-
wäldchen. Der Zug fuhr langsam, und über dem unteren
Rand unseres Fensters tauchte plötzlich ein Kopf auf, der
sich rhythmisch auf und ab bewegte. Ich rückte näher ans
Fenster heran und sah, wie ein Bauer auf einer von einem
Esel gezogenen zweirädrigen Karre saß, deren Räder –
kreuzweise vernagelte Bretter – nicht ganz rund gesägt
waren und so diese komische Auf- und Abbewegung des
Fahrers bewirkten. Für mich eine regelrechte Sensation:

71

ein nicht rundes Rad! In meinen ersten Tagen in China beschäftigten mich solche Kleinigkeiten enorm, und wie zu einer fixen Idee kehrte ich immer wieder zu der Frage zurück: »Wie viele Jahre ist China tatsächlich hinter Europa zurückgeblieben?« Später begriff ich natürlich, wie sinnlos meine Bemühungen waren, mir auf Grund bedeutungsloser kleiner Beobachtungen ein Bild von einem Land zu machen, das sich so stark von allem unterschied, was ich bisher gesehen hatte, und so ganz anders war als meine europäische Heimat.

Kunming war die erste richtige chinesische Stadt, die ich auf meiner Reise – und in meinem Leben – sah. Wir mieteten uns in einem billigen Hotel ein. Gleich nach der Ankunft nahm mein Vater Kontakt zu einem »Bekannten« auf, ich nehme an, es war ein Verbindungsmann zur Kommunistischen Partei. Mit ihm traf er sich dann öfter. Obwohl der Krieg zwischen Japan und China noch nicht bis Kunming vorgedrungen war, spürte man in der Stadt, dass das Land sich im Kriegszustand befand. Auf den Straßen waren eine Menge Soldaten in ausgebleichten grünen Uniformen zu sehen. Hier und da traf ich auf junge Mädchen – sie sahen ein bisschen wie europäische Pfadfinderinnen aus und mussten einer paramilitärischen Organisation angehört haben – in khakifarbenen Hemden und Röcken, mit großen, runden und mit Ölpapier beklebten Strohhüten auf dem Rücken und Sandalen aus geflochtenem Bast. Die Hüte dienten gleichzeitig als Schutz vor Sonne und Regen. Übrigens: Ölpapierhüte und Bastsandalen – das war wieder etwas ganz Neues für mich und passte überhaupt nicht zu meinem Bild von Qualitätsware, von der man in der Schweiz überall so gerne sprach. Vieles in diesem Land, was nicht meinen Vorstellungen entsprach, erregte bei mir am Anfang Erstaunen, Verwunderung, manchmal Entsetzen und Abscheu. Alles war so ärmlich hier, so rückständig, wie ich es mir in meinen dunkelsten Träumen vorher nicht hätte ausmalen können. Mir ging damals immer wieder ein Lied durch den Kopf, das ich mit meinen Freunden in Berlin gesungen hatte:

»*In dem Lande der Chinesen-nesen bin ick zwar noch nie jewesen-wesen, erstens war es mir zu weit-weit-weit und zweitens hatt' ick keene Zeit-Zeit-Zeit.*«

Später lernte ich, meine neue Heimat auf andere Weise wahrzunehmen – ohne sie ständig mit meinem alten Zuhause zu vergleichen und innerlich zu kommentieren. Das ersparte mir viel Kummer.

Im Juni ging die Reise weiter. Von Kunming bis zur chinesischen Kriegshauptstadt Chongqing – Nanjing, die offizielle Hauptstadt Chinas, war bereits von den Japanern besetzt –, in der die drei Brüder und die Schwester meines Vaters wohnten und von der es nicht mehr weit zu meinen Großeltern war, gab es keine Eisenbahnverbindung. Wir mussten diese lange Strecke also mit dem Auto zurücklegen. Dazu luden wir unsere Koffer auf zwei große Lastwagen, die Güter nordwärts beförderten, und setzten uns neben die Fahrer. Die Autostraßen waren in einem so erbärmlichen Zustand, dass wir wegen der tiefen Schlaglöcher oft mit den Köpfen an die Kabinendecke stießen. In den Schluchten links und rechts der schmalen Straße konnte ich verrostete Autowracks liegen sehen, die, wie uns die Fahrer erzählten, in Regenzeiten oder beim Zusammenstoß zweier Wagen abgestürzt waren.

Der Weg nach Chongqing führte über Guiyang, eine Stadt, die von den Japanern bombardiert worden war und seither in Ruinen lag. Nach einigen Tagen erreichten wir eine Bergkette, hinter der der Jangtsekiang floss. Da die Lastwagen nicht ganz bis nach Chongqing fuhren, stiegen wir hier, nicht weit vor unserem Endziel, aus, um den Rest der Reise mit dem Schiff zu machen. Auf dem Markt suchten wir Träger, die unser Gepäck über die Bergkette zum Fluss bringen sollten. Wir fanden zwei mittelgroße, aber kräftige Männer, die unsere vier schweren, mit Eisen beschlagenen Koffer an ihren elastischen Bambus-Tragejochen festbanden.

Vor Beginn unseres Marsches über die Berge sahen wir plötzlich, wie ein gefesselter Mann auf einer Sänfte auf den großen Marktplatz getragen wurde. Getragen wurde er, weil er nicht mehr gehen konnte. Er fluchte unaufhörlich, bis man ihn absetzte und ihm befahl, auf die Knie zu gehen. Mein Vater erklärte mir, dass er ein Bandit wäre, der wenige Tage zuvor einen Händler beim Überqueren der Bergkette überfallen hatte und bei der folgenden Schießerei durch eine Kugel am Bein verwundet und danach festgenommen worden war. Offensichtlich hatte man ihn zum Tode verurteilt. Der ganze Markt schaute gebannt zu, wie ein Mann mit einem altmodischen, breiten chinesischen Schwert, an dessen Griff ein rotes Tuch gebunden war, zielstrebig von der Seite an ihn herantrat und ihm mit einer schnellen, geübten Handbewegung den Kopf abschlug. Ein kurzer dicker Blutstrahl schoss aus dem Hals des Geköpften. Dieses Bild verfolgte mich noch tagelang, und ich konnte mehrere Nächte schlecht einschlafen.

Apropos Hinrichtungen. Öffentliche Hinrichtungen – gewöhnlich durch Erschießen – wurden in China traditionell zur Abschreckung der Bevölkerung ausgeführt, auch unter Mao Zedong nach dem Sieg der Kommunisten 1949. In den fünfziger Jahren verkündeten zeitungsgroße, auf Häuserwände geklebte Plakate die Hinrichtungen mit Angabe der Namen der Verurteilten, der Geburtsdaten und -orte, der Art der Verbrechen sowie Tag und Ort der

Hinrichtung. Die Exekutionen wurden gewöhnlich an Sonntagen irgendwo an der Außenseite der Stadtmauer – fast jede chinesische Stadt hat ja eine – vollstreckt. Scharen von Menschen bewegten sich wie auf einer Demonstration zu dem Hinrichtungsplatz. Man ging fast wie zu einer Zirkusvorstellung oder zu einem Fußballspiel und unterhielt sich ausgelassen über dies und das, bis man die Hinrichtungsstätte erreichte, wo die Verwandten des oder der Verurteilten schon mit Särgen warteten. Die gefesselten Todeskandidaten wurden einer nach dem anderen auf Lastwagen herangefahren. Nach einer kurzen Verlesung des Urteils wurde der Delinquent von zwei Polizisten an den Armen gepackt und im Laufschritt an die Mauer geführt. Dann ließ man ihn mit Schwung los und ein dritter Polizist schoss dem stolpernden Mann mit einer großen altmodischen Mauserpistole in den Hinterkopf. Ein Arzt in weißem Kittel untersuchte den Hingerichteten, und wenn dieser noch zuckte, bekam er von einem Soldaten aus unmittelbarer Nähe einen zusätzlichen Gewehrschuss in den Kopf. Jetzt wurde der Tote den Verwandten überlassen. Auf dem Rückweg sprach keiner der Gaffer ein einziges Wort, man war in Gedanken versunken und dachte vielleicht: »Wie schön ist es doch, am Leben zu sein.«

Wir erreichten den Jangtsekiang ohne Zwischenfälle und bestiegen einen kleinen Dampfer, der uns durch malerische Schluchten flussabwärts nach Chongqing brachte. Während der Fahrt musste unser Schiff zweimal das Ufer ansteuern und sich unter dem Blätterdach der dort stehenden Bäume verstecken, da japanische Flugzeuge am Himmel erschienen waren. Wir hatten Glück, unser Dampfer wurde nicht aus der Luft angegriffen.

Zu meiner Verwunderung und Enttäuschung verlief das große Wiedersehen meines Vaters mit seinen Brüdern und anderen Verwandten in Chongqing ohne jegliche äußerliche Emotionen. Es war eben in China nicht üblich, seine Gefühle öffentlich zu zeigen. Weder umarmte man sich, noch klopfte man sich auf die Schulter, von Küssen in der Gegenwart anderer war schon gar keine Rede. Man hatte sich vielleicht zehn oder zwanzig Jahre nicht gesehen, lächelte einfach und sagte: »Wie geht es dir?«, als ob man noch vor einer Woche zusammen in einer Teestube gesessen hätte. So war es auf jeden Fall damals, vor sechzig Jahren.

Zu Ehren der Rückkehr des erstgeborenen Sohnes in die Heimat – mein Vater war der älteste von vier Brüdern, was in der chinesischen Familienhierarchie von großer Bedeutung ist – wurde in ein besseres Restaurant in Chongqing zu einem Festessen eingeladen, an dem viele Verwandte und Freunde teilnahmen. Wie bei solchen kulinarischen Anlässen in China üblich, wurden nacheinander über dreißig Gerichte serviert, alle in winzigen Portionen. Da ich nicht wusste, dass man für die kommenden Gerichte im Magen Platz lassen musste, war ich nach kurzer Zeit satt und hörte demzufolge auf zu essen. Das war für meine Verwandten das Signal, sich mit Wohlwollen und ungeheurer Energie um den kleinen Jungen aus Europa zu kümmern. Jeder legte mir mit seinen Stäbchen Essen auf den Teller, lächelte mich freundlich an und sagte dazu etwas auf Chinesisch, das wahrscheinlich bedeutete: »Probier mal etwas von dem!« Da ich aber noch nicht gewohnt war, dass mir andere Leute mit abgeleckten Stäbchen Speisen auf den Teller legten, kippte ich von Zeit zu Zeit unbemerkt den vollen Teller auf den Boden, wonach meine Verwandten meinten, ich hätte schon alles aufgegessen, und sie fingen von neuem an, meinen Teller zu füllen. Es war wie ein Perpetuum mobile, das erst mit dem letzten Gericht – in China ist es die Suppe – zum Stillstand kam.

Nachdem wir uns in Chongqing etwas eingelebt und von der Reise ausgeruht hatten und mein Vater seine wichtigsten Angelegenheiten erledigt hatte, wurde es höchste Zeit, meine Großeltern zu besuchen. Die Eltern meines Vaters wohnten rund sechzig Kilometer westlich von Chongqing. Wir fuhren mit dem Bus zu ihnen.

Die Rückkehr meines Vaters ins Elternhaus unterschied sich nicht wesentlich von dem Wiedersehen mit seinen Brüdern. Es war ein richtiges Kunststück emotionaler Beherrschung. Meine Großmutter sprach leise und muss etwas gesagt haben wie: »Yunshan, endlich bist du wieder zu Hause.« Dabei gab sie ihm nicht einmal die Hand, nur die Tränen liefen ihr langsam die Wangen hinunter. Der Großvater murmelte etwas vor sich hin und nickte dabei mit dem Kopf in meine Richtung, was möglicherweise bedeuten sollte: »Und das also ist dein Sohn.« Später lockerte sich die Atmosphäre allmählich, und mein Vater kam richtig ins Gespräch mit seinen Eltern, die er zwanzig Jahre nicht gesehen hatte. Es war beinahe so, als hätte er zum Erzählen erst Anlauf nehmen müssen. Er berichtete ihnen ausführlich über seine Erlebnisse in Europa sowie im spanischen Bürgerkrieg. Auch musste er ihnen über Anna und mich Auskunft geben. Meine Großeltern waren freundlich zu mir, lächelten viel, aber sie kamen mir trotzdem so schrecklich fremd vor, und irgendwie hatte ich das Gefühl, ihr Lächeln wäre aufgesetzt. Viel lieber hätte ich Oma Sarah aus der Langenbeckstraße meine Großmutter genannt.

Typisch chinesische Häuser auf dem Land sind eingeschossig und haben die Form eines Rechtecks mit einem Hof in der Mitte. Die Fenster sind für europäische Vorstellungen viel zu klein und lassen nur wenig Licht in die Zimmer. Das Haus meines Großvaters war sichtlich »moderner« im Vergleich zu den anderen Gebäuden in der

Umgebung. Großvater hatte es nach eigenen Zeichnungen bauen lassen. Es war bedeutend größer, hatte ein oberes Stockwerk und Fenster, die viel Tageslicht ins Innere ließen. Als Gutsbesitzer hatte mein Großvater es im Leben leicht gehabt. Er besaß Boden, Reisfelder und wurde von Menschen bedient, die vollkommen von ihm abhängig waren. Fast wie Leibeigene. Wenn es ihm nicht passte, konnte er ihnen, ganz in feudaler Manier, verbieten zu heiraten oder ihnen befehlen, den Hof zu verlassen. Manchmal liefen auch Leute weg, etwa wenn sie in die Stadt wollten oder vorhatten, in einem anderen Dorf zu heiraten. Im Großen und Ganzen jedoch galt mein Großvater als guter und relativ liberal gesinnter Mensch; immerhin schlug er seine Bediensteten in der Regel nicht. Nur einmal, wurde erzählt, habe er einen seiner Sänfteträger mit seinem Stock geschlagen, als dieser ausrutschte und die Sänfte samt Großvater im bewässerten Reisfeld landete. In seiner Freizeit komponierte Großvater chinesische Musik, die er dann auf einer chinesischen Geige mit zwei Saiten spielte. Der Resonanzkasten bestand aus einem kurzen, dicken, einseitig mit Schlangenhaut bespannten Bambusrohr. Außerdem interessierte sich Großvater für Fotografie. Er stellte Entwickler und Fixierbad nach Rezept selbst zusammen – worauf er stolz war – und machte viele Bilder mit seinem Kodakapparat.

Gelegentlich stattete mein Vater seinen Verwandten und Bekannten in der Nachbarschaft Besuche ab, zu denen er mich mitnahm. Es waren auch Gutsbesitzer. Durch diese Besuche bekam ich eine ungefähre Vorstellung vom Leben in diesem Milieu. Bei vielen Häusern lehnte an der Wand neben dem Hauseingang ein aufrecht gestellter Sarg aus dicken, schwarz lackierten Brettern, den sich der Besitzer schon zu Lebzeiten besorgt hatte. Er sollte bezeugen, wie reich der Besitzer sei, konnte er sich doch so ein

Prunkstück leisten. Ich wunderte mich, woher man in dieser Gegend, wo außer Bambus und Reis nichts wuchs, zehn bis fünfzehn Zentimeter dicke Bretter bekam. Je dicker die Bretter waren – so hieß es –, umso teurer und schöner der Sarg und umso stolzer der Besitzer. Mich schauderte bei diesen unheimlichen Möbelstücken regelmäßig. Zu sehr erinnerten sie mich an die Sterblichkeit des Menschen, und ich war doch noch so jung und hatte noch so viel vor.

Man lud uns gewöhnlich in ein dunkles Zimmer ein und bewirtete uns mit Tee und gesalzenen Erdnüssen. Mein Vater führte höfliche Unterhaltungen mit dem Hausherren, während ich, der kein Chinesisch verstand, stumm dabeisaß. Gelegentlich boten mir die Gastgeber an, einen Zug aus ihrer Wasser- oder Opiumpfeife zu machen, was ich aus Höflichkeit nicht ablehnen durfte. Ich musste mich jedoch stark zusammennehmen, weil es mich ekelte, Pfeifen in den Mund zu nehmen, die andere kurz zuvor schon zwischen den Lippen gehabt hatten. Dabei zischte mein Vater ärgerlich auf Deutsch: »Sei nicht so zimperlich und nimm die Pfeife, die Leute sehen an deiner Fratze, dass es dir unangenehm ist, und das ist mir peinlich.« Die Chinesen sind da sehr empfindlich. Sie lächeln dann zwar freundlich, fühlen sich aber persönlich beleidigt. In ihren Augen verletzt man damit die Etikette und sollte sich für etwas schämen, obwohl man gar nichts Schlimmes getan hat. Kurz gesagt, ich war für hiesige Verhältnisse schlecht erzogen und hatte Schwierigkeiten, in jeder Lage eine gute Miene zu machen, wie es in China jedes kleine Kind gelernt hat. Im Grunde meines Herzens wollte ich das auch nicht, weil ich vorhatte, so bald wie möglich wieder nach Europa zurückzukehren, und für dortige Verhältnisse war ich in meinen Augen gut erzogen. Dennoch gab ich mir Mühe, mich so gut es eben ging mit dem Leben hier vertraut zu machen, mich wenigstens oberflächlich anzupassen an diese ungewöhnlich fremden Verhältnisse. Für meinen Vater stellte sich dies so einfach und selbstverständlich dar, denn er sagte oft: »Du bist nun mal ein Chinese, das ist deine Heimat. Du musst China lieben!« Für mich allerdings war dies ein sehr schmerzhafter Prozess.

Nach ein paar Wochen kehrten wir nach Chongqing zurück, und mein Vater nahm seine Verbindungen zur Partei wieder auf. Da die Kommunisten im nationalistischen Chongqing trotz offiziell erklärter Einheitsfront weiter von Chiang Kai-sheks Geheimpolizei verfolgt wurden, beschloss mein Vater »unterzutauchen« und änderte seine und zugleich auch meine Personalien. Er nahm den Namen Xie Weizhin an, ich bekam den Namen Zhiang Sheng, geboren am 6. Oktober 1927. So wurde ich in einem Moment gleich über zwei Jahre jünger. Für diese Art Jungbrunnen hatte ich erst viele Jahre später zu büßen, da ich dadurch zwei Jahre länger bis zur Rente arbeiten musste.

Im ersten Stock eines einstöckigen kleinen Lehmhauses mit Bambuskarkasse mieteten wir zwei Zimmer, im Parterre wohnte der Hausbesitzer. Er war ein Dieb. Während wir schliefen, versuchte er mehrmals, unsere Koffer und andere Sachen, die im zweiten Zimmer abgestellt waren, zu stehlen. Jedes Mal, wenn mein Vater und ich ihn dabei überraschten, sprang er schnell zum Fenster hinaus auf die alte Stadtmauer, die an unserem Haus vorbeiführte. Wir sahen ihn nur einmal ganz kurz, aber deutlich im Lichtstrahl unserer Taschenlampe, konnten ihn jedoch nicht erwischen. Als wir ihn am nächsten Tag zur Rede stellten, behauptete er frech, wir hätten uns geirrt. Eine andere Wohnung in der ausgebombten Stadt zu finden, war nicht leicht, außerdem hatten wir die Miete für mehrere Monate im Voraus bezahlt, sodass wir weiter hier wohnen mussten, weil der Vermieter nicht bereit gewesen wäre, uns unser Geld zurückzugeben. Nur nahmen wir jetzt alle Koffer mit zu uns ins Schlafzimmer. Trotz der japanischen Bombenangriffe funktionierte im Haus die Stromversorgung manchmal, und wenn wir nachts plötzlich das Licht anmachten, konnten wir zehn oder zwanzig große Ratten auf dem Boden, den Tischen und den Betten herumlaufen sehen. Zur Bekämpfung dieser Nagetiere empfahl man uns ein erprobtes chinesisches Volksrezept: Man fange eine Ratte, stopfe ihren After mit Bohnen voll und nähe die Öffnung zu. Der durch die Blähungen verursachte Schmerz treibt die Ratte ins eigene Nest, wo sie wie wahnsinnig alle ihre Familienangehörigen totbeißt. Wir zogen vor, uns dieser originellen Empfehlung nicht zu bedienen.

Nachdem die Japaner Chinas Hauptstadt Nanjing 1937 besetzt hatten, war Chongqing, eine auf einem großen Felsen am Ufer des Jangtsekiang gelegene hügelige Stadt, zum Sitz der chinesischen Zentralregierung unter Chiang Kai-shek geworden. In dieser lebhaften und übervölkerten Stadt konnte man Menschen aus allen Teilen Chinas antreffen, darunter viele Jugendliche, die aus den von den japanischen Truppen besetzten Gebieten geflüchtet waren. Trotz Krieg und Zerstörung vieler Stadtteile durch japanische Fliegerbomben herrschte hier reges Leben, man fühlte sich im Zentrum der Ereignisse. Die Menschen verfolgten mit Interesse und Sorge die wenig erfreulichen Meldungen von der Front. Die Japaner nahmen eine chinesische Stadt nach der anderen ein; ganze chinesische Armeen liefen mit ihren Generälen zu den Japanern über und stellten sich an die Seite der von den Japanern in Nanjing aufgestellten Marionetten-Regierung Wang Jingweis. Die begeisterte antijapanische Bewegung des Volkes war begleitet von Hochverrat, Korruption, wirtschaftlichem Chaos und von Zwistigkeiten unter den Teilnehmern der antijapanischen Einheitsfront, den Nationalisten und den Kommunisten. Meine Sympathie galt in diesem Fall natürlich den Kommunisten – schließlich war mein Vater aktives Parteimitglied und hatte sich, seit ich denken konnte, für seine revolutionären Ideen engagiert.

Im Sommer wurde Chongqing regelmäßig von den Japanern bombardiert, viele Häuser lagen in Trümmern. Jeden Tag, immer zur gleichen Zeit, um halb neun Uhr morgens, bekamen wir die erste Warnung – mithilfe von an Seilen hochgezogenen großen Bällen. Als nächste Warnung wurde an jedem Mast ein zweiter Ball hochgezogen. Das war das Signal zum Betreten der Luftschutzkeller, die sich im Bauch des Berges, auf dem die Stadt stand, befanden. Die Unterstände hatten die Form von langen Stollen, die in großer Zahl mit Sprengstoff vorgetrieben worden waren. Jeder hatte einen kleinen Koffer oder Beutel bei sich, in dem er sein Geld oder andere Wertsachen mitnahm. Wenn die Bomben fielen, zitterten oft Boden und Wände der Luftschutzkeller, und an den Vibrationen konnte man spüren, ob sich die Detonationen weit weg von uns oder ganz in der Nähe ereignet hatten. Angst oder Panik aber kam so gut wie keine auf, wir hielten die Unterstände für ziemlich sicher, und es gab so viele Schutzräume, dass man gewöhnlich keine Schwierigkeiten hatte, bei einem Luftalarm einen zu finden. Gegenüber der oft unerträglichen Hitze, die tagsüber in der Stadt herrschte, war es in den Unterständen angenehm kühl, sogar frisches Wasser gab es, es floss die Wände entlang nach unten. Trotzdem gab es Menschen, besonders Arbeiter – Rikschakulis und Lastenträger –, die sich bei den Bombenangriffen nicht die Mühe machten, ihre Wohnungen zu verlassen. Vielleicht waren sie durch ihre anstrengende Arbeit auch zu müde oder einfach gleichgültig und hofften auf ein Wunder. Es war ein reines Glücksspiel mit dem Leben. Nach den Bombenangriffen lagen Leichen und von Bombensplittern zerfetzte menschliche Körperteile auf den Straßen, Dächern und in den Trümmern herum. Manche von ihnen waren regelrecht um Laternenpfähle gewickelt, so enorm war die Gewalt der Explosion, bei der sie ihr Leben verloren. Andere wieder hatten durch die großen Stahlsplitter der japanischen Bomben mit einem Schnitt beide Beine oder den Kopf verloren.

Einmal ging ich zu der Kirche, die oben auf den Chongqinger Berg stand, um mir die Stadt von oben anzusehen. Neben einem großen Mühlstein, den eine Explosion vor die Kirche geschleudert haben musste, lag eine einzelne Hand. Das sah richtig schaurig aus.

Da die Anzahl der eingesetzten städtischen Arbeiter vollkommen ungenügend war, wurden die Anwohner in der Regel aufgefordert, mitzuhelfen und die herumliegenden Leichen für den Abtransport in Särge und Holzkisten zu legen. Auch vor unserer Tür lag einmal so eine Leiche. Wir packten zu viert an, zwei an den Beinen, zwei an den Armen, um den Toten in eine Kiste zu hieven. Als wir die Leiche anhoben und daran zerrten, stellte sich heraus, dass der Körper durch einen großen Stahlsplitter mittendurch in zwei Teile zerschnitten war. Wir hatten also jeweils eine Körperhälfte in unseren Händen, und dazwischen quollen die Gedärme und Innereien auf die Straße. Nachdem die beiden Körperhälften in der Kiste lagen, nahm einer der Helfer einen Stock, wickelte das Eingeweide darum wie um ein Nudelholz und schmiss es zu den beiden Leichenteilen. Ein Anblick, der mir reichlich zusetzte. Wer sich vor dieser Arbeit scheute, riskierte, dass die Arbeiter mit den Särgen weiterzogen und die Leichen einfach liegen ließen. Also packte auch ich mit an und gewöhnte mich so an die alltäglichen Schrecken des Krieges.

Die großen Ausmaße mancher Luftschutzbunker wurden uns im Sommer 1940 bewusst. Wegen Versagens der Lüftungsanlage erstickten während eines Luftangriffs rund zehntausend Menschen in einem der Bunker. Um die Aufregung und Empörung unter der Bevölkerung zu mindern, wurden Truppen eingesetzt, die die Leichen so schnell wie möglich auf Lastwagen verluden und ans Ufer des Jangtsekiang transportierten, von wo sie mit Booten und Schiffen ans andere Ufer gebracht werden sollten. Diesseits des Flusses ließ der steinige Boden eine Beerdigung nicht zu. In der Eile passierte es, dass manche Leute bewusstlos auf die Pritschen der Lastwagen gerieten, dann in der Nacht am Fluss zu sich kamen und in Panik das mit Toten bedeckte, mondbeschienene Ufer verließen. Sie waren am Leben geblieben, weil sie sich vermutlich näher am Eingang des Luftschutzkellers befunden hatten, wo der Sauerstoffmangel geringer war, und zudem das Glück gehabt hatten, beim Transport von den auf sie gestapelten Leichen nicht erdrückt zu werden. Eine junge Frau aus unserem Viertel überlebte das Unglück auch auf diese Weise. Als sie am nächsten Morgen in ihr Haus zurück kam, waren ihre Haare über Nacht ganz grau geworden.

In den Tagen der Räumung des Bunkers waren in den Restaurants viele betrunkene Soldaten zu sehen. Manche trugen Goldringe an allen Fingern und Armbanduhren bis zu den Ellbogen. Für die Soldaten bot das große Unglück eine unerwartete Gelegenheit, sich zu bereichern. In einer öffentlichen Bekanntmachung wurde die Bevölkerung gebeten, ihre – längst von den Soldaten entleerten – Koffer und Handtaschen, die sich auf einem großen Platz türmten, abzuholen. Das war Zynismus pur, zudem die meisten Besitzer dieser Sachen längst tot waren. Bei diesem Unglück kamen ganze Familien ums Leben, und noch tagelang zog Verwesungsgeruch vom jenseitigen Flussufer über die Stadt.

Viel mehr als die Toten des Krieges berührten mich jedoch die Bettler, die in Chongqing lebten. Die meisten von ihnen hatten große schwärende Wunden an den Beinen, so tief, dass oft schon der blanke Knochen hervorschaute. Und auf den nässenden, eitrigen Wundstellen saßen Fliegen, saugten daran oder legten ihre Eier ab. Ich hatte den Eindruck, dass die Bettler ihre Wunden bewusst nicht wuschen und verbanden, um Mitleid zu erregen und so ein Almosen zu bekommen. Einmal kroch einer dieser Männer die Stufen vor dem Fenster unseres Hauses entlang, als mein Vater mich zum Bäcker schickte, um Brot kaufen zu gehen. Als ich an dem Bettler vorbeiging, stieg ein eigenartiger Geruch von ihm auf, Kadavergeruch, so als wäre er schon tot, doch er bewegte sich, war also noch am Leben. Erst bei meiner Rückkehr war er dann wirklich gestorben. Danach konnte ich fast die ganze Nacht nicht schlafen, war ich doch quasi Zeuge geworden, wie ein Mensch vom Leben in den Tod überging.

Nach einigen Wochen in Chongqing hatte ich mich praktisch mit dem Gedanken abgefunden, dass es mir – realistisch betrachtet – kaum gelingen würde, dieses Land bald wieder zu verlassen, ob es mir gefiel oder nicht. Meine Sehnsucht nach Deutschland hatte mir in der Schweiz mehrere Jahre nur Unannehmlichkeiten bereitet, und ich wollte diesmal alles tun, um mich so schnell wie möglich an meine neue Situation zu gewöhnen und mich einzuleben. Man nimmt sich als Kind oder Jugendlicher gerne viel vor, manchmal zu viel. Obwohl es mir zuwider war, bemühte ich mich um Kontakt zu den Verwandten und Freunden meines Vaters, unterhielt mich mit ihnen auf Pidginenglisch und genierte mich nicht, chinesische Wörter zu benutzen, die ich gerade erst gelernt hatte, wenn auch meine Aussprache oft ein Lächeln bei meinen Gesprächspartnern hervorrief. Man war nett zu mir. Dennoch fühlte ich mich so schrecklich fremd in dieser neuen Umgebung. Es war eine Frage der Mentalität, aber davon hatte ich damals keine Ahnung. Mit Onkel Wanqiao und Onkel Chongkai stellten sich trotz allem freundschaftliche Beziehungen her. Wanqiao war ein sparsamer Bankangestellter, der sein Geld regelmäßig in Ware verwandelte, um der Inflation zu entgehen, während Chongkai kleine Rollen in unbedeutenden Filmen übernahm. Die jungen Frauen meiner Onkel wollten auch Filmschauspielerinnen werden und spielten gelegentlich als Statistinnen in naiven Filmen über den heldenhaften Kampf des chinesischen Volkes gegen die Japaner mit. Zu Hause übten sie unermüdlich das Singen und krabbelten dabei mit ihren lauten und ungeschulten Stimmen die Tonleiter hinauf und hinab. Beide Onkel sprachen leidlich gut Englisch. Sie kümmerten sich rührend um ihren neuen jungen Neffen, besonders Chongkai, ein großzügiger und lustiger Mensch, der gerne Karten und Mah-Jongg spielte und, wenn er verlor, was bei ihm eher die Regel war, nie mit der Wimper zuckte. Er nahm mich oft auf Spaziergänge mit, um mir die Stadt zu zeigen, und fuhr manchmal mit mir zum anderen Flussufer, von dessen Hügeln aus wir die japanischen Luftangriffe auf die Stadt mit einem Feldstecher beobachteten.

Bei Besuchen – als Rückkehrer aus dem Ausland wurden wir öfter eingeladen – wurde meinem Vater oft viel Nettes über mich gesagt. Das gehörte zur chinesischen Etikette. Doch wenn es allzu unzutreffend war, warf mir mein Vater während der Übersetzung böse Blicke zu. Wenn nach ermüdend langweiligen Unterhaltungen die

Zeit gekommen war, sich endlich zu verabschieden, ließen uns die Gastgeber in der Regel nie gleich weggehen, sondern flehten uns buchstäblich an, wenigstens noch ein Weilchen zu bleiben, zeigten sich sogar beleidigt, dass wir nach Hause wollten. Diese kleinen Höflichkeitsszenen dauerten, bis wir uns zuletzt entschlossen erhoben und mit einem schuldbewussten Lächeln der Tür zustrebten. Da kamen die Kinder angerannt, Mädchen und Jungen von sechs bis zehn Jahren, und versperrten uns den Ausgang mit den Worten: »Warum haben Sie es so eilig, Onkelchen, Ihr Besuch freut uns doch immer so.«

Ähnlich seltsam war es, wenn wir ins Kino gingen oder zum Essen ins Restaurant. Die chinesische Etikette verpflichtet dazu, den anderen einzuladen, selbst wenn man dafür gar kein Geld hat. So tönte jeder großzügig, er würde die Rechnung oder das Bezahlen der Eintrittskarten selbstverständlich übernehmen. Doch auf dem Weg zur Kinokasse wurden die Schritte immer kleiner, in der Hoffnung, dass der andere vielleicht doch früher an der Kasse stand und bezahlte. Dann drückte man mit vielen Worten sein Bedauern darüber aus, zu langsam gewesen zu sein, um nur ja nicht das Gesicht zu verlieren, denn nichts wäre für einen Chinesen schlimmer. Beim Bezahlen der Rechnung im Restaurant waren die Verrenkungen aus Höflichkeit und die absonderlichen Gesten der Großzügigkeit vergleichbar. Das ganze Verhalten hatte etwas Verlogenes an sich. Es brauchte also einige Zeit, bis ich die komplizierten chinesischen Umgangsformen lernte und mich an sie gewöhnte.

Da es uns finanziell nicht sonderlich gut ging und Vater und Anna alles, was wir nicht dringend brauchten, schon verkauft hatten, beschlossen sie, unweit von unserer Wohnung eine Arzt-Praxis für Anna zu eröffnen. Das Geschäft lief nicht besonders, da die meisten Leute kaum Geld für eine ärztliche Behandlung hatten, doch konnten wir von den Einnahmen leben. An Anna wandten sich hauptsächlich Syphilis-Kranke. Eines Tages im Spätherbst 1940 bekam sie Besuch von einem blonden Europäer mittleren Alters, der sie in nicht sehr gutem Englisch anredete. Auch Anna selbst sprach nicht gut Englisch, dennoch entwickelte sich ein interessantes Gespräch. Auf Annas Frage, welche Beschwerden er habe, antwortete der Besucher: »Ich fühle mich sehr wohl und wäre Ihnen dankbar, wenn Sie mir über einige Dinge Auskunft geben könnten, die nichts mit Medizin zu tun haben. Haben Sie zufällig eine Schwester, die in Czernowitz lebt?«

Anna hatte keine Zweifel mehr, dass der Mann alles über sie wusste. Sie war verängstigt, beantwortete jedoch alle seine Fragen. Zuletzt stellte er sich als Mitarbeiter der Sowjetischen Botschaft in Chongqing vor und meinte, die Nord-Bukowina, in der sich Czernowitz befindet, gehöre seit kurzem zur Sowjetunion und sei jetzt Teil der Ukrainischen Sowjetrepublik. Deshalb könne sie, Anna, jetzt die sowjetische Staatsbürgerschaft annehmen. Natürlich nutzte Anna gleich die Chance. Sowjetbürgerin zu sein, war für sie als überzeugte Kommunistin eine unerhört hohe Ehre. Wo immer die Umstände es erlaubten, verpasste Anna später nie die Gelegenheit, ihre neu erworbene Staatsangehörigkeit zu betonen. Was mich an dieser kleinen Geschichte interessierte, war: Warum hatte der Mann von der Sowjetbotschaft sich für Anna Kapeller interessiert, und wie hatte er überhaupt herausgefunden, dass sie aus Czernowitz stammte? Die Antwort weiß wohl nur der sowjetische Geheimdienst.

Im Spätherbst fuhren wir wieder aufs Land zu den Großeltern. Anscheinend hatte meinem Vater in den vergangenen zwei Jahrzehnten das Elternhaus sehr gefehlt, denn ich habe ihn nie so glücklich gesehen wie in den Tagen, die wir dort verbrachten. Mich schien er in dieser Zeit kaum wahrzunehmen. Ich gönnte meinem Vater diese Freude jedoch, obwohl ich mich in diesem von aller Welt abgeschnittenen Ort ungeheuer langweilte. Im Winter war es hier nasskalt und ungemütlich. Nicht kalt genug, um zu heizen, und nicht warm genug, um nicht zu frieren. Wir saßen im Haus im Wintermantel und hielten ein mit glühender Holzkohle gefülltes Gefäß zwischen den Knien, über dem wir uns die Hände wärmten. Ich hoffte leise auf eine baldige Rückkehr nach Chongqing, da ich mich hier kaum richtig beschäftigen konnte und praktisch nur noch Anna als Gesprächspartner hatte. Manchmal wandte ich mich mit den paar Wörtern Chinesisch, die ich inzwischen gelernt hatte, an die Köche, Bauern oder Sänfteträger, um die Sprache zu üben. Das waren einfache, gute Leute, weniger feinfühlig als die gebildeten Freunde meines Vaters, und es machte ihnen deutlich mehr Mühe, nicht über meine groben Sprachfehler zu kichern, aber sie bemühten sich. Überhaupt waren sie übertrieben höflich zu mir, dem ältesten Sohn des ältesten Sohnes, was in China traditionell etwas galt. Zur Zeit unseres Besuchs wurden die Mandarinen auf den Bäumen in Großvaters Garten reif, und ich aß mit Appetit so große Mengen, dass ich juckende Hautausschläge bekam, die erst nach einiger Zeit wieder verschwanden.

Auf eigenen Füßen

Im Frühjahr 1941 kehrten wir nach Chongqing zurück. Die japanischen Luftangriffe waren in diesem Jahr noch nicht wieder aufgenommen worden, und wir konnten mehr oder weniger normal leben. Nur zu Hause gefiel es mir immer weniger. Vielleicht war ich mit meinen sechzehn Jahren schon zu alt, um mit meinen Eltern zusammenzuleben, oder ich bildete es mir ein. Die manchmal verletzenden Bemerkungen meines Vaters und Annas Geiz und ihre Kleinlichkeit schienen mir unerträglich. Außerdem bekam Anna am 2. April einen Sohn, Midong, und mir schien es an der Zeit, auf eigenen Füßen zu stehen. Das ewige Gequietsche meines Halbbruders und die vielen beschmutzten Windeln, die überall im Zimmer herumlagen, waren die letzten Tropfen, die das Fass zum Überlaufen brachten.

Während Chongqing der offizielle Regierungssitz von Chiang Kai-shek war, hatten die chinesischen Kommunisten unter Führung Mao Zedongs ihren Hauptsitz im Nordwesten Chinas in dem kleinen Städtchen Yanan in der Provinz Shaanxi. Auch wenn der zehnjährige Bürgerkrieg 1937 zwischen den zwei Parteien formell zu einem Ende gekommen war, um den Japanern gemeinsam die

Stirn zu bieten, sah es tatsächlich so aus, als hätten sie mehr den Bürgerkrieg im Auge als den Kampf gegen den Aggressor. So geriet etwa im Januar 1941 die kommunistische Neue 4. Armee in der Provinz Jiangxi – als sie weisungsgemäß nach Norden abrückte, um im Rücken japanischer Truppen zu operieren – in einen Hinterhalt von nationalistischen Truppen, wobei sie schwere Verluste erlitt. Der ganze Stab der Armee zusammen mit dem Kommandeur, Ye Ting, geriet dabei in Gefangenschaft, dreitausend Mann kamen um.

Unweit von Chongqing gaben die Kommunisten ihr Parteiorgan heraus, die *New China Daily*. Die Redaktion und die Druckerei lagen in einem kleinen Tal, auf den Höhen ringsum waren demonstrativ nationalistische Soldaten mit Maschinengewehren postiert. In der Nähe der Redaktion befand sich auch die Vertretung der kommunistischen Partei im Herrschaftsbereich der Nationalisten. Ihr stand Zhou Enlai vor, Mao Zedongs Stellvertreter in der Partei. Er war der offizielle kommunistische Verbindungsmann zwischen dem Roten China und der Zentralregierung. Mein Vater, der Zhou Enlai noch aus Deutschland kannte, wandte sich mit der Bitte an ihn, für mich eine passende Arbeit zu finden, da ich auf eigenen Füßen stehen wollte. Ich konnte relativ gut blind schreiben – hatte ich doch in Genf systematisch auf der Remington-Schreibmaschine meiner Eltern geübt – und bekam von Zhou die Aufgabe, seine Auslandskorrespondenz zu tippen. Entworfen wurden die Briefe auf Englisch, von Zhou selbst oder einem seiner Sekretäre, ich brauchte sie nur abzuschreiben. Dabei verbesserte sich das bisschen Englisch, das ich in der Schweiz gelernt hatte, schnell. Zhou war schweigsam, fleißig und sehr anspruchsvoll. Ein Lächeln sah man selten bei ihm, auch sprach er nicht sehr viel, sondern beschränkte sich meist darauf, konkrete Anweisungen zu geben, die möglichst umgehend auszuführen waren. Wenn etwas nicht rechtzeitig fertig war, konnte er auch zornig werden. Sonst war er zu allen Leuten sehr höflich und korrekt. Dennoch hatte er etwas Strenges, ja Unheimliches an sich; was er wirklich dachte, war seinem Gesicht nicht abzulesen. Die Führernatur war bei ihm praktisch mit Händen zu greifen, und ich fühlte mich manchmal richtiggehend bedrückt von seiner Größe.

Untergebracht war ich in der Druckerei – nicht in der Vertretung. Dort wohnte ich zusammen mit den Reportern, Redakteuren und Druckern. Mein Chinesisch verbesserte sich mit jedem Tag, da ich jetzt nur Chinesisch sprach und mich mit niemandem auf Deutsch unterhalten konnte. Natürlich hatte ich einen starken Akzent, aber man konnte mich verstehen. In den fünfzehn Jahren meines Aufenthalts in China gelang es mir, meine Aussprache so zu verfeinern, dass sie nicht gleich auf meine europäische Herkunft schließen ließ. Mit höflicher Neugier wurde ich stattdessen oft gefragt, aus welcher Provinz ich stamme.

Nach Yanan gab es keinen freien Verkehr, da die kommunistischen Gebiete von Elitetruppen der Zentralregierung hermetisch abgeriegelt waren. Dennoch fanden Tausende und Abertausende Flüchtlinge aus Gebieten, die von den japanischen Truppen besetzt oder bedroht waren, den Weg in die Provinz Shaanxi. Es waren chinesische Patrioten, größtenteils junge Intellektuelle aus den Großstädten, die überzeugt waren, dass sie in den kommunistischen Gebieten bessere Möglichkeiten hatten, an der antijapanischen Bewegung teilzunehmen, als in den von der korrupten Zentralregierung beherrschten Regionen. Außerdem kam es durch Vereinbarungen zwischen den Kommunisten und der Zentralregierung zu gelegentlichen Personentransporten ins Rote China, da ja offiziell eine wenn auch brüchige Einheitsfront bestand. Als ich Zhou Enlai wieder einmal mit einem Stapel getippter Briefe und Dokumente in der Vertretung besuchte, gab ich meinem Herzen einen Stoß und äußerte meinen Wunsch, nach Yanan gehen zu dürfen, um etwas zu lernen. Tatsächlich wollte ich etwas erleben. Mein Dasein in der Zeitungsredaktion und die Tipparbeiten langweilten mich, und ich versprach mir vom Leben in der roten Hauptstadt neue Eindrücke und womöglich sogar spannende Abenteuer, obwohl ich gleichzeitig leise Zweifel an der Zweckmäßigkeit dieses Unternehmens hegte. Dass es in Yanan eine Militär- und eine Kunstakademie, eine wissenschaftliche Akademie, eine medizinische Hochschule, eine Parteischule, eine Frauenuniversität, eine Schule für Fremdsprachen und noch andere Lehreinrichtungen gab, an die ich mich nicht mehr erinnern kann, erfuhr ich erst dort. Wenn auch manche dieser Institutionen hochtrabende Namen trugen, so erfüllten sie ihre Funktion doch in dem Maße, wie es die gegebenen Verhältnisse erlaubten. Zhou Enlai war über meine Entscheidung erfreut und empfand sie als angemessen für den Sohn eines altgedienten Kommunisten, der mein Vater war.

So lud ich an einem Oktobertag meine wenigen Habseligkeiten auf einen der vier Lastwagen, die für die Reise nach Yanan vor der kommunistischen Vertretung in Chongqing bereitstanden. Das Gepäck der Leute – Köfferchen, große Taschen und einfache Bündel – wurde auf den Pritschen verstaut und wir Reisenden setzten uns obendrauf. Unsere Fahrer, vier nette junge Burschen, fuhren ohne Beifahrer. Ich durfte den größeren Teil der Fahrt in der Fahrerkabine verbringen und hatte die Aufgabe, von Zeit zu Zeit den undichten Kühler unseres Lkw mit Brunnenwasser aufzufüllen, das ich mir in den Dörfern besorgte. Die Reiseroute führte uns über Chengdu und Baoji nach Yanan, der Karte nach eine Strecke von weit über tausend Kilometer. Die Autostraßen waren wie überall in China in schlechtem Zustand – wie auch unsere vier Lastwagen, die für den Fall einer Panne immer dicht hintereinander fuhren. Übernachtet und einmal am Tag warm gegessen wurde in kleineren Gaststätten. In Baoji wurden wir von den nationalistischen Behörden aufgehalten und mussten uns mehrere Stunden lang einer polizeilichen Untersuchung unterziehen. Nationalistische Offiziere prüften mit Listen unseren Personalbestand und interessierten sich für das Ziel der Reise, Namen und Alter der Verwandten, die angeblich in Yanan besucht werden sollten und vieles mehr. Unsere Namen waren fast alle erfunden, und jeder hatte eine Legende, woran die Nationalisten natürlich nicht glaubten, aber es schien ihnen Spaß zu machen, uns bei Unstimmigkeiten in unseren Aussagen zu erwischen. Vor allem bei einem schnellen Verhör, wenn die Fragen stakkatoartig kamen, konnte man sich bei den Antworten leicht verheddern oder irren. Und wenn die nationalistischen Offiziere gerade schlechte Laune hatten, konnten sie einem Schwierigkeiten machen. Auch ich gab natürlich vor, »Verwandte« in Yanan zu haben. Aber meine Antworten auf ihre neugierigen Fragen waren immer schlüssig, sodass die Offiziere bald von mir abließen.

Mit jedem Tag änderte sich das Landschaftsbild. Bewässerte Reisfelder und Gemüsegärten, so typisch für Chongqing und Umgebung, wurden allmählich von kargem Lössland abgelöst. Die vollkommen kahlen, ein-, zweihundert Meter hohen abgerundeten Lösshügel im Norden von Shaanxi, auf denen nur dürres Gestrüpp wuchs, wirkten deprimierend. Man erklärte mir, hier hätten einst Wälder gestanden, die durch rücksichtsloses Abholzen vernichtet worden waren. Schwer zu glauben, wenn man die kahlen Hügel vor Augen hatte.

Nord-Shaanxi war die letzte Station des historischen zehntausend Kilometer Langen Marsches, mit dem die chinesische Rote Armee auf ihrem strategischen Rückzug aus der Provinz Jiangxi kämpfend den Schlägen der ungeheuren Übermacht der Armee Chiang Kai-sheks ausgewichen war. Aufgebrochen im Oktober 1934 mit hunderttausend Soldaten, Funktionären und Anhängern der Kommunisten erreichten ein Jahr später gerade einmal achttausend Mann das neue Hauptquartier in Yanan. In dieser armen, rückständigen und spärlich bevölkerten Gegend könne die Rote Armee kaum existieren, meinte die nationalistische Presse damals schadenfroh. Die Geschichte bewies das Gegenteil.

Die Stadt Yanan selbst lag nach japanischen Luftangriffen seit 1938 in Trümmern, nur die Stadtmauer war halbwegs erhalten geblieben. Bewohnte Häuser gab es fast keine, man lebte hauptsächlich außerhalb der Stadt in Wohnhöhlen, zu deren Aushebung der trockene und harte Lössboden wunderbar geeignet war. Gleichzeitig schützten die Höhlen vor japanischen Luftangriffen. Für den Bau solcher Wohnhöhlen wurden an den Hügeln mit Hacke und Spaten im rechten Winkel lange Kerben gegraben. Die horizontale Ebene diente als Terrasse, während in der vertikalen Wand die Höhlen ausgehoben wurden. Von weitem sahen diese Löcher in den Bergen wie Schwalbennester aus.

Gleich nach unserer Ankunft in Yanan wurde jeder von uns von Mitarbeitern der Zentralen Kaderabteilung einer bestimmten Organisation zugewiesen, die für ihn zuständig war und an die er sich wenden konnte. Ich kam in eine spezielle Schule für Kinder von Parteifunktionären, die sich auf dem Gelände der Wissenschaftlichen Akademie befand und auch organisatorisch zur Akademie gehörte.

Die ersten Tage waren frei. Wir hatten Zeit, uns von der

ermüdenden Fahrt auszuruhen. Ich nutzte die Gelegenheit und strolchte herum. Erst jetzt wurde mir bewusst, in welcher gottverlassenen Gegend ich gelandet war. Ringsherum eintönige Lösshügel und staubige Landstraßen, auf denen seltene einachsige Pferdekarren fuhren und Bauern ihre Ernte auf kleinen Eseln transportierten. Ich traf kaum auf Menschen. Pkws oder Lkws waren keine zu sehen. Nur einmal polterte ein alter Krankenwagen an mir vorbei und hinterließ eine dichte Staubwolke. Auf den langen Trittbrettern zu beiden Seiten des Wagens standen kräftige junge Burschen mit großen Mauserpistolen. Es sah verwegen aus. Der Stimmung nach hatte das Bild etwas vom Wilden Westen, wie er im Kino gezeigt wurde: In Gedanken sah ich eine mit Geldsäcken beladene Postkutsche und bis zu den Zähnen bewaffnete brave Männer, die sie begleiteten. Dass im Wagen Mao Zedong fuhr, erfuhr ich erst später. Der Krankenwagen war ein Geschenk von Chinesen, die im Ausland lebten, für das Rote China gewesen, doch Mao hatte ihn für seinen persönlichen Gebrauch bestimmt.

Die Schule, in die ich kam, bestand aus etwa fünf Klassen, in denen die Schüler altersgemischt lernten. Dem Lehrplan nach – sollte es überhaupt einen gegeben haben – unterschieden sich die Klassen nicht stark voneinander, manche von ihnen waren eher der großen Schülerzahl wegen getrennt, und ich glaube, ihr Unterrichtsstoff entsprach ungefähr dem des sechsten bis achten Schuljahres einer vergleichbaren westeuropäischen Einrichtung. Anschließend sollten wir an der Akademie der Wissenschaften studieren und eventuell später nach dem Sieg der Revolution wissenschaftliche Arbeit leisten, vielleicht auf einem höheren Posten, wo politische Zuverlässigkeit wichtiger als wissenschaftliche Leistung war.

Gleich am ersten Tag bekam ich einen wattierten Anzug

aus grobem Stoff, eine Standarduniform, die in Yanan jeder trug – außer den einheimischen Bauern, Arbeitern, Händlern und Gutsbesitzern. Von diesem Tag an wohnte ich zusammen mit fünf oder sechs Schulkameraden in einer Wohnhöhle. Sie war ungefähr drei Meter breit und sechs Meter lang, hatte im hinteren Teil eine die ganze Breite der Höhle einnehmende Pritsche – eine mit Brettern belegte Erhöhung des Fußbodens –, auf der wir nachts eng aneinander gepfercht schliefen. Matratzen im europäischen Sinn gab es keine. Die meisten schliefen auf Wattunterlagen, die so dünn waren, dass man die Spalten zwischen den einzelnen Brettern mit dem Rücken spürte. Ich hatte noch keine und verteilte einfach meine ganze Wäsche – Pulli, Hemden, Unterwäsche, Handtücher und was ich sonst so dabei hatte – gleichmäßig unter dem Laken. Hart blieb es trotzdem. Die Decke der Wohnhöhle war nach allen Regeln der Statik gewölbt. Und sie war, wie auch die Wände, geweißt. Die Vorderwand der Höhle bestand aus einer Holztür und einer hüfthohen Lösswand, über der ein Gitter aus horizontalen und senkrechten Holzstäben bis an die Decke reichte. Aus solch einem Lattengitter bestand auch die obere Hälfte der Tür. Diese Gitter waren mit dünnem hellen Papier beklebt und ließen Licht von draußen herein. Vorne in der Höhle stand ein langer Tisch mit einfachen Bänken an beiden Längsseiten. Jeder besaß einen niedrigen Schemel, auf dem er während des Unterrichts – und der vielen Versammlungen – saß.

Gegessen wurde zweimal am Tag. Die Küche befand sich am Fuß des Hügels, und zum Essen mussten wir jedes Mal den Hang hinuntergehen. Die Bewohner jeder Höhle bildeten je eine Gruppe mit Gruppenältestem, und wir hatten der Reihe nach Dienst zu leisten. Dabei war Wasser vom Brunnen zu holen, die Höhle auszufegen und im Winter am Morgen ein kleines Feuer zu machen. Zum

»Heizen« bekam jede Höhle ein halbes Kilo Holzkohle pro Tag, was gerade genügte, um das Wasser zum Gesichtwaschen und Zähneputzen anzuwärmen.

Einige Wochen nach meiner Ankunft setzte in Yanan der Winter ein. Er war nicht besonders kalt, doch da die Höhlen so gut wie nicht beheizt wurden, passierte es gelegentlich, dass das Wasser in unseren Bechern während der Nacht einfror. Mit unseren Decken bedeckten wir uns nicht einzeln, sondern breiteten sie über alle Schlafenden gleichmäßig aus. Das hielt die Wärme viel besser, doch hatte es auch einen wesentlichen Nachteil: Es förderte die Verbreitung von Läusen, von denen fast die ganze Bevölkerung Yanans befallen war. Unter den bestehenden Lebensbedingungen – es fehlte an Chemikalien und Möglichkeiten, genügend heißes Wassers aufzubereiten – konnte von einer systematischen Vernichtung dieser Ungeziefer und der Entwesung von Kleidern und Wäsche keine Rede sein. Im ersten Winter in Yanan versuchte ich, mit dem Ungeziefer auf verschiedene unkonventionelle Weisen fertig zu werden. So hing ich an einem kalten Winterabend meine Sachen in nassem Zustand draußen auf einer Leine auf, doch die Parasiten blieben auch unter der Eisschicht am Leben. Später bearbeitete ich meine Kleidung und Bettwäsche täglich mit einer harten Bürste, was zwar keine endgültige Lösung war, jedoch die Anzahl der Parasiten bedeutend verminderte.

Unser Essen bestand hauptsächlich aus Kolbenhirse und einer wässrigen Suppe, in der kleine schwarze Bohnen, die ich sonst nirgends in der Welt gesehen habe, schwammen. Sie verursachten bei mir – und nicht nur bei mir – in der ersten Zeit häufig Durchfall, manchmal auch Magenkrämpfe. Gelegentlich, besonders an Feiertagen – chinesisches Neujahr, 1. Mai und 7. November –, bekamen wir gedünstete Brötchen aus Mehl – eine nordchinesische Teigware –, manchmal auch winzige Portionen Fleisch, Stück-chen in der Größe eines halben Daumens. Zu trinken gab es nur gekochtes Wasser. Das war nicht sonderlich unge-wöhnlich, denn obwohl China als Land des Tees gilt, trinkt man dort auch unter normalen Verhältnissen viel öfter ein-fach gekochtes Wasser anstatt Tee. Die Nahrungssituation verbesserte sich erst allmählich. Anfangs machte die Ver-sorgung der Partei-, Armee- und Verwaltungskader, deren Zahl sich durch den starken Zustrom von Flüchtlingen aus anderen Gebieten Chinas ständig erhöhte, zunehmend Schwierigkeiten. Wie Otto Braun, militärischer Berater der Komintern in der chinesischen Roten Armee, in seinen *Chi-nesischen Aufzeichnungen* schreibt, »blieb nichts anderes übrig, als zur ›Selbstversorgung‹ überzugehen und eine weitgehend autarke Ernährungswirtschaft einzuführen, die mit den Jahren immer weiter ausgebaut wurde. Das war möglich, weil die Bauern vorwiegend in den fruchtbaren Tälern Hülsenfrüchte und Gemüse anbauten, während die höher gelegenen, unter Wassermangel leidenden Lössebe-nen und -hänge größtenteils brachlagen. Institutionen, Or-ganisationen, Armeeeinheiten, Schulen usw. begannen nun, dieses Brachland mit Hacke und Schaufel zu bear-beiten. Es war eine Knochenarbeit, wie ich am eigenen Leibe erfuhr. Sie brachte aber mit der Zeit Erfolge. Vor al-lem wurden Hirse oder Gaoliang gesät und geerntet, da-neben in der Nähe der Behausungen Kohl, Zwiebeln und sogar Tomaten angebaut.«

Den Fleischmangel dagegen gelang es nie zu überwin-den. Gelegentlich fingen Mitschüler aus dem Süden des Landes, die im Allgemeinen vorzügliche Köche waren, streunende Hunde und schlachteten sie. Trotz vieler Zuta-ten gelang es ihnen jedoch niemals, den für Hundefleisch charakteristischen Beigeschmack völlig loszuwerden, weshalb nicht alle meiner Kameraden an diesen kleinen

»Festmählern« teilnehmen wollten. Ich habe ein einziges Mal von dem Hundefleisch gekostet, geschmeckt hat es mir allerdings nicht.

Eine Alternative schien mir Vogelfleisch zu sein. Dazu packte ich einmal einen Spatzen, den ich mit einer Steinschleuder erlegt hatte, in Lehm ein, hielt den Klumpen dann an einem Stock über offenes Feuer, bis der Lehm von allen Seiten gut gehärtet war und zog den Vogel vom Stock ab. Anschließend pulte ich den Lehm herunter, an dem die Federn des Tiers haften blieben, sodass es wie ein gerupftes Hühnchen aussah. Dann kostete ich, doch überzeugt hat mich der Geschmack nicht. Außerdem ist wirklich nicht viel dran an so einem Spatz.

In seinem Tagebuch *Sondergebiet Chinas*, das sich sehr negativ mit Maos Politik auseinandersetzt, schrieb Pjotr Parfjonowitsch Wladimirow, sowjetischer Vertreter der Komintern und Nachrichtendienstler in Yanan in den Jahren 1942 bis 1945: »In den letzten Jahren bekommt die Bevölkerung des Sondergebiets ihre Nahrungsmittel rationiert. Schon mehrere Jahre hungern die Leute praktisch. In den Wohnhöhlen gibt es keine Mäuse, denn die hat man schon lange verzehrt.« Das war reine Verleumdung. Wir wurden äußerst schlecht ernährt, aber zur Hungersnot ist es in Yanan nie gekommen, und Mäuse gehörten glücklicherweise nicht zu unserem Menüplan.

Unser Leben war eintönig. Vor dem Morgenessen, das wir relativ spät einnahmen, da es nur zwei Mahlzeiten pro Tag gab, machten wir unsere Hausaufgaben oder lasen die Notizen, die wir während des Unterrichts am Tag zuvor gemacht hatten. Danach ging es bergab zur Küche. Einen Speisesaal gab es nicht, wir aßen unter freiem Himmel. Aus einem riesigen Topf in der Küche konnten wir uns Hirsebrei in unsere gebrannten Tonnäpfe löffeln, die Suppe wurde uns vom Koch mit einer großen Kelle in einen Holzeimer eingeschenkt und von hier aus an die Mitglieder der Gruppe verteilt. Wenn es regnete, brachte uns gewöhnlich der Diensthabende das Essen nach oben in die Höhle. Es war ein kleines Kunststück, mit zwei Eimern in den Händen den steilen glitschig-nassen Hang heraufzuklettern. Nach dem Frühstück hatten wir mehrere Stunden Unterricht in den Fächern Algebra, Geometrie, Chemie, Physik usw. Bei manchen Fächern wie Geschichte und Literatur machte ich wegen ungenügender Sprachkenntnisse nicht mit. Es ereilte mich hier ein ähnliches Schicksal wie in Genf. In diesen Stunden sollte ich selbstständig chinesische Schriftzeichen lernen. Irgendwann am Tag waren Pausen für Freizeitbeschäftigungen vorgesehen, jedoch waren auch die oft durchorganisiert. Wir sangen Lieder – hauptsächlich sowjetische mit chinesischem Text –, gaben eine Wandzeitung heraus oder nahmen an irgendwelchen Wettbewerben teil.

Da die Wohnhöhlen verhältnismäßig klein waren, fand der Unterricht in der Regel draußen vor den Wohnhöhlen statt, wo es auch genug Platz gab, um eine Tafel aufzustellen. Nur bei Regen und Schnee musste die ganze Klasse sich in eine der Wohnhöhlen drängen. Damit die Tinte an kalten Wintertagen nicht gefror, bewahrten wir unsere Tintenfässer während des Unterrichts in einer speziell an der Innenseite unserer Wattejacken angenähten kleinen Tasche auf. Schreibpapier, hauchdünn und mit groben Holzfasern, war rationiert und wurde von uns vor Gebrauch mit Stärkekleister bearbeitet, damit beim Schreiben die Tinte auf dem Papier nicht zerfloss. Lehrbücher gab es praktisch keine, wir machten Notizen während des Unterrichts. Da ich der Sprache wegen nicht alles verstand und auch nicht immer dazu kam, das Erfasste auf Deutsch niederzuschreiben, hatte ich am Anfang große Schwierigkeiten. Später stieß ich durch Zufall in der Bibliothek der

Wissenschaftlichen Akademie auf mehrere Kisten mit fremdsprachigen Büchern, offenbar Spenden von ausländischen Organisationen, darunter auch einige amerikanische Lehrbücher. Sie leisteten mir gute Dienste. Mehrere meiner Lehrer verstanden Englisch und konnten mir helfen, wenn mir in den Büchern etwas nicht klar war.

Meine Kameraden waren nett und halfen mir, mich in die ungewohnten Lebensverhältnisse einzuleben. Dabei war und blieb ich für die meisten von ihnen noch längere Zeit etwas Exotisches. Sie fanden, dass ich mich zu zackig bewegte, nicht ganz so geschmeidig und flink »wie ein Chinese«; auch meine Gewohnheit aus Versoix, meinen Körper selbst im Winter mit kaltem Wasser abzuhärten, befremdete viele; selbstverständlich gaben meine schlechten Sprachkenntnisse immer einen guten Anlass mich nachzuahmen; andererseits kamen chinesische Späße und Witze bei mir nicht an, weil sie auf einem mir vollkommen unverständlichen Prinzip beruhten. Bald hatte ich den Spitznamen »kleiner Nazi« weg, er wurde meist in Situationen gebraucht, in denen ich etwas nicht so wie ein »ordentlicher Chinese« machte. Das war schon seltsam: In Deutschland und noch in der Schweiz war ich in gewisser Weise fremd, weil ich anders aussah als die meisten meiner Kameraden, und hier in China war ich ein Fremdkörper, weil ich mich manchmal anders verhielt und sprach als meine Freunde und Mitschüler. Ich begegnete ihrer Haltung zwar mit Humor, empfand ihre Betonung meines »Andersseins« jedoch oft übertrieben und manchmal auch verletzend. So hat die chinesische Sprache beispielsweise vier Tonlagen, und es war für mich schon sehr schwierig, mir für die einzelnen Wortbedeutungen jeweils die richtige Tonlage zu merken. Sprach man das Wort in einer anderen Tonlage aus, bedeutete es auch gleich etwas anderes. Dies wiederum war meinen chinesischen Mitschülern oft Anlass zu Spott, auch wenn sie aus dem Kontext heraus verstanden, was ich eigentlich gemeint hatte. Hin und wieder piesackten sie mich auch, indem sie mir mit einer Hand über den Rücken strichen und einen leichten Buckel andeuteten. Dabei kringelten sie sich vor Lachen. Es dauerte einige Zeit, bis ich dem Grund ihrer Heiterkeit auf die Spur kam: Der angedeutete Rücken sollte den Panzer einer Schildkröte darstellen, und Schildkröten gelten in China als Inbegriff der Dummheit. Wenn man dort als alte Schildkröte bezeichnet wird, so ist dies ebenso abfällig gemeint wie in Europa »dummer Esel« oder »blöder Hammel«.

In Yanan lebten einige Ausländer, darunter der Vertreter der Komintern Pjotr Wladimirow mit seinen Funkern; Andrej Orlow, ein sowjetischer Chirurg, von dem behauptet wurde, er sei der von Stalin gesandte Leibarzt Mao Zedongs; Dr. Basuhua, ein indischer Arzt; Dr. George Hatem – in China nannte er sich Ma Hai-de –, USA-Staatsbürger syrischer Abstammung; Dr. Frey, ein österreichischer Arztgehilfe, der sich in Yanan jahrelang erfolgreich als Arzt ausgab; Dr. Hans Müller, ein deutscher Arzt; Dr. Bi, ein indonesischer Arzt; Ali Aham, leitender Funktionär in der Malaiischen Kommunistischen Partei; Eva Siao, deutsche Jüdin und Frau des chinesischen Schriftstellers Siao San. Später kamen noch andere dazu wie der englische Wirtschaftssachverständige Michael Lindsey mit seiner chinesischen Frau, denen es gelungen war, vom japanisch besetzten Nordchina über die Frontlinie nach Yanan zu flüchten.

Bald nach meiner Ankunft in Yanan lernte ich Eva Siao kennen. Sie wohnte mit ihrem Mann und ihrem dreijährigen Sohn Lion in einer Wohnung, die aus drei miteinander verbundenen Höhlen bestand. Wir wurden schnell dicke Freunde, denn wir fühlten uns beide in diesem Land und den ungewohnten Lebensverhältnissen nicht ganz zu Hause, empfanden dieselben Anpassungsschwierigkeiten und hatten außerdem, da wir beide aus Deutschland stammten – Eva kam aus Breslau –, neben großem Heimweh eine Menge gemeinsamer Erinnerungen, über die wir uns beim Licht kleiner Öllämpchen stundenlang unterhalten konnten. Zu Fuß brauchte ich ungefähr eine halbe oder dreiviertel Stunde, um Evas Wohnung zu erreichen. Auf dem Weg zu ihr durchquerte ich die ganze zerstörte Stadt, bis ich am anderen Stadttor wieder herauskam. Gewöhnlich besuchte ich Eva am Samstagabend und kehrte erst am Sonntag spät in der Nacht zurück. Unangenehm daran war, dass ich auf dem Rückweg im Dunkeln durch die Ruinen der Stadt gehen musste, während man uns ständig vor nationalistischen Spionen und Sabotageakten warnte. Allerdings habe ich nie von einem konkreten Anschlag gehört. Und die Abende bei den Siaos waren mir allemal wichtiger als das eingegangene Risiko. Auch konnte ich mich bei meinen Besuchen richtig satt essen, da Ausländer in Yanan außer der Standardversorgung zusätzlich noch Fleisch, Fett, Zucker, Eier, Mehl und Nudeln bekamen. Evas Wohnung wurde mit zwei Holzkohleöfchen beheizt, hier war es in den Wintermonaten viel gemütlicher als in meiner Höhle.

Meine regelmäßigen Besuche bei den Siaos, genauer gesagt bei Eva, waren für mich so eine Art Sicherheitsventil, über das ich unangenehme Gedanken, Zweifel und die Sehnsucht nach früheren Zeiten ablassen konnte, bevor der Druck zu groß wurde und ich seelischen Schaden genommen hätte. Obwohl Eva fünfzehn Jahre älter war als ich, gab es praktisch keine Gesprächsthemen, die für uns tabu waren. Alles, was wir uns über unser Leben in Deutschland erzählten, gehörte nun der Vergangenheit an und war etwas, was im heutigen Leben in Yanan vollkommen unvorstellbar war. Wo konnten wir hier ins Kino gehen? Wo klassische Musik oder Schlager hören? Wo mit seinen Freunden mal eine richtiges Geburtstagsfest mit Kuchen und Kerzen feiern? Und wo konnten wir uns mit anderen Menschen auf Deutsch unterhalten und scherzen? In Situationen, in denen man so ausnahmslos auf einen Gesprächspartner angewiesen ist, stellen sich oft erstaunlich innige und vertrauensvolle Beziehungen her. So war es auch zwischen ihr und mir.

Evas plötzliche Abreise in die Sowjetunion im November 1943 konnte ich nur schwer verkraften. Aber sie war Sowjetbürgerin, und ich konnte gut verstehen, dass es sie aus diesem Loch nach Russland zog, das doch etwas mehr mit dem Leben in Westeuropa gemein hatte als Yanan. In ihrem Buch *China – mein Traum, mein Leben* gibt sie jedoch die tief greifenden Missverständnisse und die zunehmende Sprachlosigkeit zwischen sich und ihrem Mann als Hauptgründe für ihre Abreise an. Wir sahen uns erst in den fünfziger Jahren nach ihrer Rückkehr nach China wieder. Zu der Zeit war Eva bereits eine begeisterte Verehrerin Maos und Chinas geworden, und sie machte eine recht erfolgreiche Karriere als Fotografin, indem sie in ihren interessanten Alben, Filmreportagen und Fotoausstellungen in China und im Ausland das Rote China verherrlichte. Sieben Jahre Gefängnis, die sie und ihr Mann während der Kulturrevolution in Einzelhaft hatten absitzen müssen, konnten ihren festen Glauben an die historische Größe Mao Zedongs, seine Weisheit und Anständigkeit nicht erschüttern. Wir sind trotz politischer Meinungsverschiedenheiten bis heute große Freunde geblieben. Zuletzt haben wir uns im Sommer 1998 in Dresden getroffen.

Bis zu Evas Abreise in die Sowjetunion sollten jedoch noch einige aufregende Monate vergehen, in denen meine Lernschwierigkeiten in der Schule deutlich in den Hintergrund rückten. In Yanan begann eine Welle von Massenbewegungen oder Kampagnen, die wenig Zeit für das Studium übrig ließen.

Hier sei bemerkt, dass wir in Yanan praktisch ohne Geld lebten. Die Intellektuellen in den verschiedenen Institutionen und Organisationen – Schulen, Krankenhäusern, Zeitungsredaktionen usw. –, die Parteifunktionäre und Armeeangehörigen erhielten keinen Lohn für ihre Tätigkeit, mussten aber auch nichts für Kleidung und Essen bezahlen. Wir bekamen alles in organisierter Weise »irgendwie von oben«. Wie bereits erwähnt, reichte das, was die einheimische Bevölkerung produzieren konnte, bei der ständig zunehmenden Zahl von Neuankömmlingen bei weitem nicht aus. Das veranlasste Mao Zedong, eine groß angelegte Kampagne für die Eigenversorgung einzuleiten. Diese Massenbewegung erfasste nicht nur Yanan, sondern auch andere so genannte befreite, also kommunistische Gebiete.

Im Frühling wurden wir auf die steilen Lösshügel in der Umgebung geschickt, die bis jetzt brachgelegen hatten. In Reihen von zwanzig bis dreißig Mann hackte man sich unter der glühenden Sonne buchstäblich die Hügel empor – anstatt Spaten benutzte man hier Hacken, um den Boden zu bearbeiten. Wer schwächer war, blieb zurück, was in der Regel zur Folge hatte, dass die beiden Nachbarn zur Linken und Rechten bergan einen immer breiter werdenden, keilartigen Streifen unbearbeitet zurückließen. Ich gehörte gewöhnlich zu der kleinen Mannschaft, die die »Hacker« mit Trinkwasser und Essen versorgte. Dabei waren bei jedem Gang zwei Eimer, die an den Enden einer langen auf der Schulter getragenen Latte – einem provisorischen Tragejoch – hingen, die Hügel hinaufzuschleppen. Die schmalen Fußpfade gingen steil nach oben. Deswegen konnte man die Eimer nirgends abstellen, um sich kurz auszuruhen, und musste die Ersteigung in einem Zug machen. Das verlangte Kraft, Ausdauer und die Fähigkeit, den schmerzhaften Druck der Latte auf der Schulter zu ertragen, hatte jedoch den Vorteil, dass man sich auf dem Rückweg nach unten ausruhen konnte.

Da die Viehzucht in der Region schwach entwickelt war, gab es so gut wie keinen Dünger für die Felder. Unweit unserer Wohnhöhlen legten wir richtige gepflegte Gärten an, in denen wir Sonnenblumen, Gurken, Wassermelonen, Kohl, Kartoffeln, Tomaten und anderes Gemüse anpflanzten. Für diese kleinen Gartenstücke wurde als Dünger der Inhalt unserer Latrinen benutzt. Das waren lange, mit durchlöcherten Brettern bedeckte Gräben, die von einer Lehmwand abgeschirmt waren. Nach Entfernung der Bretter schaufelte man Erde in die Latrinen, vermischte sie mit deren Inhalt und holte die Mischung anschließend mit Körben heraus. Dabei mussten zwei Mann in jedem Graben ausharren, um die Körbe aufzufüllen. Man stand bis zum Bauchnabel in der Brühe und verlor schon nach kurzer Zeit vollkommen den Geruchssinn, sodass einem der beißende Gestank nichts mehr ausmachte. Ich habe zehn Tage in so einem Team gearbeitet. Ich gewöhnte mich dran, aber ich kann nicht behaupten, dass es mir gefallen hat.

Auch die Kleidung war knapp. Unsere Unterwäsche, die Hemden, Jacken und wattierten Anzüge hatten uns ein ganzes Jahr zu dienen, was bei der schlechten Stoffqualität eine lange Zeit war. Es musste viel geflickt werden, und wir warteten immer mit Ungeduld auf die nächstfällige Kleiderausgabe. Um diese Lage zu verbessern, wurde in der gesamten Provinz die Erzeugung von Garn und Wollgarn durch die Bevölkerung organisiert. Nicht nur Frauen, auch Männer lernten das Spinnen. Was mich damals wunderte, war die genial einfache Konstruktion der

Spinnräder, die außer der Spindel kein einziges gedrehtes Teil besaßen. Ich war mit der Instandhaltung und Reparatur der Spinnräder beauftragt und befasste mich hauptsächlich mit der Ausrichtung verbogener Spindeln. Das brauchte etwas Augenmaß und Handfertigkeit, war jedoch nicht so eintönig wie das Spinnen. In der Schule erlernten auch manche Jungen das Stricken. Socken – aber nichts anderes – konnte ich am Ende fast so schnell stricken wie die Mädchen. Es machte mir keine Mühe, die Maschenzahl laufend zu verändern, in Abhängigkeit vom Wollgarn, das auch selbst gesponnen war und dessen ungleichmäßige Dicke sich andauernd änderte. Auch gewisse Näharbeiten, etwa Stepparbeiten, wurden von Jungen verrichtet, doch dafür hatte ich absolut kein Händchen. Eine Zeit lang fertigte ich in einer kleinen Produktionsbrigade Schuhsohlen aus alten Stoffresten an. Dabei wurden mehrere Stoffschichten mit Kleister aufeinander geklebt und nachdem dieser getrocknet war, mit eingewachster Flachsschnur mit kleinen, eng aneinander gereihten Stichen zusammengenäht, was eine sehr harte Sohle ergab, deren Festigkeit nicht durch den Stoff, sondern durch die Schnurstiche gewährleistet wurde. Schuhe mit solchen Sohlen trugen wir nur, wenn es kalt wurde, im Sommer liefen wir meist barfuß herum.

Es wäre falsch anzunehmen, dass diese Produktionsarbeiten in unserer Freizeit nach oder zwischen dem Unterricht stattfanden. Monatelang wurde in Yanan der Unterricht dafür unterbrochen. Die Versorgung besserte sich zwar merklich, reichte aber noch lange nicht aus. Die schweren landwirtschaftlichen Arbeiten führten bei vielen zu körperlichen Schäden, unter denen sie ihr ganzes späteres Leben zu leiden hatten.

Eine besondere Erscheinung in Yanan waren die »Kleinen Teufelchen«: So wurden die Bediensteten und Helfer der Funktionäre und höheren Kader genannt, kleine Jungs, die für ihre Herren Botendienste und andere niedere Arbeiten übernahmen. Sie waren bauernschlau, manchmal verschlagen, kamen viel herum und sahen Dinge, die nicht für alle Augen bestimmt waren, konnten diese Geheimnisse aber auch zuverlässig für sich bewahren.

Insgesamt lässt sich sagen, dass in Yanan der Kern auch des heutigen Chinas gelegt wurde, die Schulen waren so etwas wie Kaderschmieden und viele ihrer Absolventen nahmen später hohe Posten in Verwaltung, Politik und Militär ein.

Am 1. Februar 1942 hielt Mao Zedong eine lange Rede über einige »negative Erscheinungen« im Arbeitsstil der Partei. Er prangerte Subjektivismus, Dogmatismus und Sektierertum an, diese »kleinbürgerlichen Krankheiten«, die sich eingeschlichen hätten und die Existenz der chinesischen kommunistischen Partei gefährdeten. Als dogmatisch wurden von Mao all jene Ansichten bezeichnet, die sich auf die von der Komintern festgelegte Strategie und Taktik des revolutionären Kampfes stützten. Ziel der Komintern, der Kommunistischen Internationalen, war die Weltrevolution nach russischem Vorbild, die vor allem von Stalin sehr eigenwillig interpretiert wurde. Sektierertum entdeckte Mao in den Schriftsteller- und Künstlerkreisen, die sich seiner Meinung nach von den Massen und ihren Problemen abgelöst hatten. Er riet ihnen, in ihrer Arbeit einzig den Arbeitern und Bauern zu dienen, sich mit ihnen zu verschmelzen. Als Subjektivist konnte jeder beschuldigt werden, der nicht mit Maos politischen Anschauungen einverstanden war.

Ich wunderte mich oft über die Begeisterung, die Mao entgegengebracht wurde; in Yanan und den anderen »roten« Gebieten wurde er beinahe vergöttert. Auch wenn ich ihn persönlich nicht wirklich kennen gelernt habe, machte er auf mich doch eher den Eindruck eines plumpen, borniertes Dorflehrers im Vergleich zum eleganten, diplomatisch geschickten Zhou Enlai.

Die »Ausrichtungsbewegung« genannte Kampagne jedenfalls, auf Chinesisch Zhenfeng, erfasste nicht nur die Parteimitglieder, sondern die gesamte Rote Armee und die Bevölkerung der von den Kommunisten kontrollierten Gebiete. Jeder musste die Reden Maos und seine Artikel studieren. Im Ganzen handelte es sich um eine Sammlung von Dokumenten, die wie eine Bibel ununterbrochen durchzuarbeiten war. Nachdem man die »Sünden« definiert hatte, wurden sie den führenden Parteikadern – und nicht nur denen, die in Opposition zu Mao standen – angelastet. Dogmatiker, Subjektivisten und Sektierer wurden in Leitartikeln und auf Versammlungen systematisch gebrandmarkt. Wer einmal unter Maos Beschuss gekommen war, dem blieb nichts anderes übrig, als seine Fehler auf Versammlungen oder in schriftlicher Form öffentlich zu bekennen. Auch engste Mitkämpfer von Mao und Spitzenfunktionäre wie Zhou Enlai konnten dieser demütigenden Beichte nicht entgehen. Damit waren sie als potenzielle Gegner Maos entweder vollkommen erledigt oder auf jeden Fall stark geschwächt.

Den in diese Vorgänge verwickelten Leuten war natürlich klar, dass es sich hier um eine Form des politischen Machtkampfs innerhalb der Partei handelte. Die Massen hingegen verstanden den Sinn dieser Bewegung kaum, sie machten einfach mit. Mao Zedong war für sie wie Stalin für die Russen, fast ein Gott, der alles wusste und alles richtig machte, der Schiedsrichter für gut und böse, für richtig und falsch. Und wenn er sagte, man habe sich ideologisch zu stählen, dann wurde dies eben gemacht.

Natürlich mussten auch wir Schüler uns aktiv an dieser

politischen Kampagne beteiligen. Von morgens bis abends wurden uns Vorträge über den Arbeitsstil gehalten. Wir hörten nicht nur aufmerksam zu, sondern hatten Notizen zu machen, diskutierten nach den Vorträgen und mussten Selbstkritik üben, also im eigenen Leben herumkramen und konkrete Beispiele von Subjektivismus, Dogmatismus und Sektierertum anführen. Da wir in unserem kurzen Leben jedoch kaum Gelegenheit gehabt hatten, politische Fehler zu begehen, war Fantasie gefragt. So gaben einige meiner Klassenkameraden, die literarisch begabt waren, eine eigene kleine Wandzeitung heraus, *Die Sonnenblume*, in der sie unter anderem auch satirische Artikel veröffentlichten, die sie teilweise mit lustigen Karikaturen illustrierten. Da dies aber keine Wandzeitung der ganzen Klasse war, konnte man sie als eine Erscheinung von Sektierertum ansehen. Nach einer erzwungenen Selbstkritik der »Redaktion« verschwand diese nette Wandzeitung für immer. Übrigens wurde im Namen der Wandzeitung – »Sonnenblume« – auch ein konterrevolutionäres Element festgestellt: den Weg zur Sonne konnte nur eine offizielle kommunistische Zeitschrift aufzeigen.

Mir ging es in dieser Zeit etwas besser als anderen. Ich kannte viel zu wenige Schriftzeichen, um Maos Leitartikel und andere Veröffentlichungen lesen zu können und zu müssen. Doch hatte ich überall dabei zu sein, ob die Diskussionen in der Höhle oder draußen im Freien stattfanden. Manchmal erhielt irgendein Schüler die Aufgabe, sich gesondert mit mir zu beschäftigen, etwa um mir ein politisches Dokument vorzulesen oder zu erklären. Ich verstand Chinesisch zu der Zeit schon bedeutend besser als man annahm, aber es schien mir die beste Verhaltensweise, mich einfach weiter dumm zu stellen. Nach und nach gewöhnte ich mich auch an den neuen Lebensrhythmus: politisches Studium das ganze Jahr hindurch, im

Frühling und Sommer zusätzlich noch landwirtschaftliche Arbeiten. Genauer gesagt, es gelang mir einigermaßen, mich mit dieser mir völlig fremden und unverständlichen Lebensweise abzufinden. Obwohl lange nicht alle Menschen von der intensiven Gehirnwäsche begeistert waren, wunderte ich mich, wie diszipliniert und aktiv die meisten mitmachten. Das führte bei mir gelegentlich zu Selbstzweifeln und Minderwertigkeitsgefühlen, sollte ich doch nach meiner revolutionären Erziehung politisch viel bewusster und interessierter sein als ich es tatsächlich war. Zweifel an Maos Theorie hatte ich kaum. Dazu war es noch nicht gekommen. Im Grunde kannte ich sie gar nicht und wollte sie auch nicht studieren, zumindest nicht in solch starken Dosen.

Um die teilweise endlos langen und ermüdenden Auseinandersetzungen über das ideologisch angemessene und richtige Verhalten während der Unterrichtsstunden schneller und amüsanter an mir vorüberziehen zu lassen, schnitzte ich mir einen Satz winziger Schachfiguren aus Holz. Mit meinem Freund Su Liuye, einem Mitschüler, spielte ich damit manch spannende Partie. Wir saßen nebeneinander auf unseren niedrigen Schemeln und legten das Schachbrett so auf den Boden, dass wir es mit den Oberschenkeln vor unerwünschten Blicken verstecken konnten. Das funktionierte so lange, bis uns der Klassenälteste dabei ertappte. Er nahm mir die Schachfiguren weg, verpetzte uns jedoch nicht bei der Klassenleitung. Mit Su Liuye ging ich manchmal auch heimlich Schnaps trinken, klaren Reisschnaps, den wir in der Schnapsbrennerei kauften. Schon nach hundert Gramm dieses starken Getränks fühlten wir uns leicht und beschwingt und hatten das gute Gefühl, der verhassten Disziplin eins ausgewischt zu haben.

Maos Ausrichtungsbewegung dauerte bis ins Jahr 1944

hinein. Zwei Jahre lang wurde in den Lehranstalten Yanans praktisch kein Unterricht erteilt, wir waren völlig mit der Bewältigung seiner zweiundzwanzig Dokumente beschäftigt. Auch in den Organisationen und Institutionen wurde die Hälfte der Arbeitszeit für politische Diskussionen vergeudet. Doch bevor die Kampagne abflaute, kam eine weitere, noch schrecklichere Bewegung ins Rollen.

Im Herbst 1942 löste Kang Shen, Leiter des kommunistischen Sicherheitsdienstes, die erste Welle von Verhaftungen in den roten Gebieten aus. Es begann eine Jagd auf Spione – hauptsächlich von Chiang Kai-sheks Sicherheitsdienst, aber auch japanische –, die es in Yanan sicher gab, jedoch kaum in der Menge, wie man es öffentlich darstellte. Dazu wurde eine neue Aktion unter der für chinesische Begriffe vollkommen unverfänglich lautenden Bezeichnung »Bewegung der Offenherzigkeit« ins Leben gerufen. Die Folge war eine Art Hexenjagd mit Selbstbedienung, in der die Leute in den Organisationen systematisch einer nach dem anderen von ihren eigenen Kameraden in öffentlichen Versammlungen verhört wurden. Man rief die Spione auf, sich »offenherzig« zu ihrer Tätigkeit zu bekennen und versprach ihnen dafür Begnadigung.

Gewöhnlich fing alles mit einer großen Versammlung an, auf der der Untersuchte chronologisch den Verlauf seines bisherigen Lebens zu schildern hatte. Die ersten zwei, drei Tage verlief in der Regel alles glatt, aber dann fing der Verhörte an, in seinen Erinnerungen zu stolpern. Schon kleine Widersprüche im Zeitablauf der Ereignisse führten in den Zuhörerreihen zu Schreien wie: »Hör auf zu lügen, das machst du uns doch nicht vor. Vorgestern hast du gesagt, du hättest den Frühling 1939 bei Onkel Cao in Taiyuan verbracht, und heute behauptest du, du seist im Sommer bei ihm gewesen. Wahrscheinlich warst du im Frühling in einer Schule für Spione.« Mehrere Tage lang hackte die ganze Versammlung – oft über hundert Mann, abhängig von der Größe der Organisation – auf dem Verhörten herum, bis dieser es nicht mehr aushielt und endlich gestand, er sei von den Nationalisten »als Einzelner« nach Yanan geschickt worden, hätte hier jedoch bis jetzt noch keine Verbindungen und sollte sich »eingraben«, bis ein Verbindungsmann käme. Solche Ausreden wurden schlicht abgewiesen. Oft musste der Untersuchte nach mehrtägiger Bearbeitung bis spät in die Nacht hinein »gestehen«, sein bester Freund sei auch Spion. Der kam dann als Nächster an die Reihe. Manche Versammlungsteilnehmer labten sich besonders an pikanten Ereignissen aus dem Intimleben der Untersuchten; dazu gehörten Einzelheiten aus dem unehelichen Geschlechtsverkehr mit Kollegen und Kolleginnen. Das war die große Gelegenheit, bei der man im Namen der »Bewegung« aus den Leuten alles herauspressen konnte. Einer unserer jungen Lehrer, einstiger Schüler einer Missionarschule, hatte ein ernsteres Verhältnis mit einer Schülerin gehabt, über das er vor der ganzen Versammlung ausführlich berichten musste. Die Mutter der Schülerin, eine ehemalige Textilarbeiterin aus Shanghai, schrie aus einer der hinteren Reihen: »Es ist doch völlig undenkbar, dass die Tochter einer Proletarierin sich freiwillig mit einem kleinbürgerlichen Element einlassen würde. Für die Vergewaltigung meiner Tochter verlange ich die Todesstrafe für den Vergewaltiger!«

Gerade das Thema Liebe stellte in Yanan ein besonderes Problem dar. Da wir in abgeschlossenen Höhlenkomplexen wohnten – die Wohnhöhlen und die Höhlen der Organisation oder Institution, zu der man gehörte, befanden sich alle konzentriert an einem Ort, an einem Lösshügel, und zwischen den einzelnen Organisationen lagen größere Entfernungen –, gab es so gut wie keine Gelegenheit, Bekanntschaften außerhalb des eigenen Wohnbereichs zu schließen. Zudem war die so genannte Freizeit so reglementiert und durchorganisiert, dass man gar nicht dazu kam, sich für ein Rendezvous längere Zeit von seinem Wohnort zu entfernen. Dazu kam, dass in Yanan freundschaftliche Verhältnisse zwischen Männern und Frauen nicht sonderlich gerne gesehen wurden; mir schien, man betrachtete die Liebe als überholte, kleinbürgerliche Erscheinung, für die in diesem fortschrittlich-revolutionären Milieu kein Platz war. Wollten wir uns doch einmal unverfänglich mit einem Mädchen treffen, geschah dies meist in den nahen Lösshügeln der Umgebung, hier konnten wir beim Spaziergang schon von weitem von allen beobachtet werden. Sollte aus so einer Freundschaft mehr werden, trafen wir uns heimlich und riskierten dabei, öffentlich in die Kritik zu geraten oder ausgelacht zu werden. So war Sexualität für viele Yananer ein Fremdwort und die meisten von ihnen hatten vor der Ehe keinen Geschlechtsverkehr. Dennoch kam es zu ungewollten, meist unehelichen Schwangerschaften und in der Folge zu Abtreibungen. Zuständig dafür war Dr. Jin aus dem Zentralen Hospital, sie mussten also wenigstens nicht heimlich vorgenommen werden. Um heiraten zu können, brauchte man die Zustimmung der Parteiorganisation. Gewöhnlich wurde sie nicht gewährt. Besonders schlecht waren die Aussichten auf eine Zustimmung vor allem für diejenigen, die von der Partei als »politisch rückständig« eingestuft wurden. Ehepartner, die in voneinander getrennten Organisationen arbeiteten und in der Regel dort auch wohnten, bekamen offiziell die Erlaubnis, die Nacht von Samstag auf Sonntag zusammen zu verbringen. Das ließ sich allerdings nur dann einrichten, wenn wenigstens einer der Partner eine Höhle für sich allein hatte, das heißt, wenn er ein Funktionär war. Auch die Ehepaare waren sorgsam darum bemüht, Schwangerschaften so gut es eben ging, zu verhindern. Entweder rechneten sie sich die Tage aus, an denen es ungefährlich war, miteinander zu schlafen, oder sie besorgten sich in den »befreiten Gebieten« oder aus dem nationalistischen China Präservative. Diese wurden dann nach dem Gebrauch ausgespült, zusammen mit der Wäsche auf einer Leine nach draußen gehängt und anschließend mit Talk bestreut, um sie bei erneutem Bedarf wieder verwenden zu können. Eigenartigerweise wurden in Yanan die Ausdrücke »Ehefrau« und »Ehemann« nicht benutzt, man betrachtete sie als altmodisch. Sie wurden ersetzt durch »Geliebte« – auf Chinesisch »Airen«. Für »Geliebte« im herkömmlichen Sinn dieses Wortes gab es im Yananer Wortschatz keinen Ausdruck, vielleicht weil es unter Revolutionären keine Geliebten geben sollte – außer der Revolution. Aber es gab sie, hauptsächlich unter der Elite. Die Massen idealisierten ihre Führer, sie hatten nicht die leiseste Ahnung von dem, was sich manche höheren Funktionäre in ihrem intimen Leben leisteten. Einiges davon erfuhr ich, als ich in der Auslandsabteilung arbeitete und Zugang zum Hauptquartier hatte. So erhielt ein hoher Offizier, der sein Kindermädchen vergewaltigt hatte, lediglich eine Rüge der Partei, die in seine Akte eingetragen wurde. Misslich zwar, aber mehr geschah nicht mit ihm.

Über Mao Zedong war nur Gutes zu hören. Seine besonderen Neigungen wurden später im Buch seines Leibarztes Dr. Li Zhisui geschildert. In *Ich war Maos Leibarzt* berichtet Li unter anderem, wie sich Mao in den Pausen zwischen Gesellschaftstänzen in einem Zimmer neben dem Tanzsaal mit jungen Mädchen in einem Bett »ausruhte«, das dort speziell für ihn aufgestellt war.

Die Jungen unter den Schülern wurden in kleine Brigaden eingeteilt, deren Aufgabe es war, in der Nacht »Spionagetätigkeiten auf dem Campus der Wissenschaftlichen Akademie zu verhindern«. Wir hatten Schichtdienst zu leisten und durchstreiften stundenlang das Gelände. Dabei schauten wir gelegentlich auch in die mit Öllämpchen beleuchteten Wohnhöhlen der verheirateten Mitarbeiter der Akademie, indem wir mit der Zunge lautlos kleine Löcher in die Papierfenster leckten. Mit roten Ohren wurden wir so manchmal Zeugen bizarrer Sexualtechniken, die wir dann am Tag hitzig diskutierten. Das lautlose Durchlöchern von Papierfenstern mit der Zunge hatten wir schon vorher praktiziert, wenn wir Wölfe beobachteten, wie sie – was zwar selten vorkam – nachts vor unseren Wohnhöhlen nach Essbarem suchten.

Auch 1943 fanden in Yanan Verhaftungen statt, doch von echten Spionen, die sich »offenherzig« den Sicherheitsorganen ergeben hätten, habe ich nie gehört. Als die Kampagne der Offenherzigkeit zu Ende war, gab es Organisationen, in denen über neunzig Prozent der Angehörigen gestanden hatten, im Dienst der Nationalisten gearbeitet zu haben. Mir und vielen anderen war von Anfang an die Absurdität dieser Bewegung und ihrer Methoden klar, doch vollkommen unverständlich für mich war der Eifer, mit dem manche Leute ihre Kameraden verhörten, erniedrigten und psychischer Folter aussetzten, natürlich nur bis zu dem Moment, an dem sie selbst an die Reihe kamen. Ich konnte die ganze Kampagne nicht ernst nehmen, denn wer gesunden Menschenverstand besaß, brauchte sich auch im Falle eines erpressten Geständnisses vor einer Gefängnisstrafe nicht zu fürchten, gab es doch als Ergebnis der Aktion schon nach kurzer Zeit mehr »Spione« im Land als »ehrliche Revolutionäre«, und man konnte ja nicht all diese Leute einsperren oder erschießen. Dennoch gab es Leute, die die Prozedur des Verhörs nicht aushielten oder sich vielleicht doch vor den Sicherheitsorganen fürchteten und deshalb Selbstmord vorzogen. Mein Englischlehrer, der aus Kanton stammte, erhängte sich nach einem nächtlichen Verhör an seinem Fensterrahmen. Er muss fest zu dieser Tat entschlossen gewesen sein, da seine Füße noch den Boden berührten, als er gefunden wurde. Zusammen mit vier anderen Schülern bekam ich den Auftrag, den Toten nachts zu begraben, »um kein Aufsehen zu erregen«. – Auch unser Koch nahm sich das Leben. Er hatte es tief beleidigend gefunden, dass er als ehemaliger Schiffer vom Gelben Fluss und Soldat der Roten Armee überhaupt verdächtigt wurde. Seine Schuhe hatte er an den Rand des tiefen Brunnens vor der Küche gestellt, um uns zu zeigen, wo man ihn suchen sollte. Da niemand sich bereit erklärte, in den Brunnen zu klettern und ins Wasser zu tauchen, rief jemand, man solle doch den »kleinen Nazi« holen. Die Bösartigkeit, die mit diesem Ausdruck verbunden war, überhörte ich geflissentlich. Ich hatte mir schon eine dicke Haut zugelegt, und mein Gesicht wollte ich auch nicht verlieren, indem ich mich darüber aufregte. Warum sie allerdings gerade mich dafür auswählten, den Koch nach oben zu holen, war mir unverständlich, doch ich ergab mich in mein Schicksal und ließ mich mit der Seilwinde runterkurbeln. Im Brunnen wurde mir richtig gruselig. Über dem Kopf war nur die kleine Öffnung in der Bretterabdeckung zu sehen. Der große runde Brunnenschacht war schwarz-grün und glitschig, das Wasser so eiskalt, dass ich nur schwer atmen konnte. Als ich das dritte Mal untertauchte, erwischte ich den leblosen Körper des Kochs an den Haaren und band ihn ans Seil fest. Mit der Winde wurde er aus dem Brunnen gezogen, während ich auf dem Brunnenboden nach verlorenen Gegenständen tauchte. Ich fand nicht nur mein kleines Taschenmesser aus Chrom-Nickel-Stahl, ein Geschenk von meinem Schweizer Freund Fritz Trechsel, das mir vor einiger Zeit in den Brunnen gefallen war, sondern viele Becher und Zahnbürsten. Die Beerdigung fand wie üblich nach Einbruch der Dunkelheit statt.

Die tatsächlichen Verhaftungen in den Jahren 1942 und 1943 wurden auf Grund von Untersuchungen des Sicherheitsdienstes vorgenommen. Mir ist kein Beispiel bekannt, bei dem ein Verhör durch die eigenen Kameraden oder Mitarbeiter zu einer begründeten Verhaftung geführt hätte.

Nach den anfänglichen Erfolgen der Japaner im Krieg gegen China mit der schnellen Besetzung größerer Gebiete stagnierte der Feldzug 1943 mehr oder weniger – eine größere Offensive unternahmen die Japaner erst wieder im Frühjahr 1944. Die Japaner hatten sich das beste Stück von China abgebissen; ein weiteres Vordringen war für sie im Moment nicht nötig und wegen der langen Verbindungswege auch nicht opportun. Alle großen Städte im Küstenbereich und auch weiter im Landesinneren waren bereits von ihnen besetzt worden, die Eisenbahnen befanden sich unter japanischer Kontrolle, und die Industrie arbeitete mit Volldampf für das Land der aufgehenden Sonne. An der regulären Front standen den Japanern die Truppen Chiang Kai-sheks gegenüber. Sie waren verhältnismäßig gut bewaffnet, provozierten die Japaner jedoch so wenig wie möglich. Im Fall eines japanischen Angriffs flüchteten sie Hals über Kopf oder ergaben sich, um den Japanern anschließend als Marionettentruppen zu dienen. Maos Strategie bestand darin, zwischen den Städten und Stützpunkten, in denen sich die Japaner verschanzt hatten, weite »befreite Gebiete« zu errichten, in denen die Bevölkerung nach kommunistischen Vorschriften lebte und arbeitete. In den befreiten Gebieten wurde eine mo-

Han Sens Mutter 1924

1925: Chinesische und deutsche Kommunisten verteilen Flugblätter in Göttingen (vierter von links: Han Sens Vater; vierte von rechts: seine Mutter).

Han Sens Vater überreicht Ernst Thälmann zwei Fahnen.

Han Sen in Berlin, ca. 1928

Kommunistisches Treffen in Oma Sarahs Wohnung (erste von links:
Oma Sarah; ganz rechts: Han Sens Vater).

1929 in der
Odenwaldschule
(von links
nach rechts:
Häschi Brenning,
Han Sen,
Lisi Luyken)

Bei warmem Wetter durften wir nackt umhertollen.

Liebe Tante Edith!

Ich habe einen Stabil-Baukasten.

Ich habe damit ohne Vorlage ein Hamm-
erwerk gebaut. Das hat allen Leuten
gefallen. Heute nachmittag treffe ich mich mit meinen Freunden. Dann rodele ich
oder ich laufe Schlittschuh. Ich denke
oft an die schönen Wanderungen die wir
dort in der Odenwaldschule gemacht haben! Ich denke auch an euch alle. Viele Grü-
ße Han Sen

Brief an Edith Geheeb, Winter 1930/31

1930 mit dem Vater
in Berlin

Mit den Freunden aus der Langenbeckstraße (links: Lore Zimmerlich)

Han Sens
Zeugnisheft

Ecole de la Roseraie

Caisse d'assurance
scolaire
No du carnet: 19221

Nom : Ling
Prénoms : Han Sen
né le 6. X. 25 à Berlin
Nationalité : Chine
Nom et prénoms des parents ou des répondants : Ching - Siu

Profession : Etudiant
Adresse : rue Caroline 34
Av. Marc Monnier. 5

Entré le 19 nov. 1934 année
1934 1935 année Classe de M᷉ Junet 3° D
1935 1936 année Classe de M᷉ Frick 4ᵉ
1936 1937 année Classe de M᷉ Joris 5ᵉ

Sorti le 1 Décembre 1936
Suit l'école pensionnat Monnier
Contrôle du livret scolaire au verso.
(Prière de vérifier à chaque mutation)
Versoix

1935: Die Klasse der Schule La Roseraie, Genf
(zweite Reihe sitzend, dritter von links: Han Sen)

1938 zu Gast bei Fritz Trechsel im
Berner Oberland

Fritz Trechsel

1939: Schüler und Mitarbeiter der Ecole d'Humanité in Schloss Greng
(vordere Reihe, siebter von links: Han Sen; achte von links: Beatrice
Reventlow; vordere Reihe, vierter von rechts: Paul Geheeb)

derate politische Linie verfolgt, die zugleich die Interessen der Bauern sowie die der kleineren Gutsherren und Händler berücksichtigte. Der Parteifriede war für die Kommunisten im Moment unbedingt notwendig, um hinter den japanischen Linien existieren zu können. Weder die Nationalisten noch die Kommunisten waren imstande, den Japanern ernste Verluste zuzufügen; die ersten, weil sie korrumpierbar und unzuverlässig, die zweiten, weil sie unzureichend bewaffnet waren. So wurden beispielsweise von den Kommunisten die leeren Patronenhülsen nach ihrem Abschuss wieder eingesammelt und in kleinen Werkstätten abermals zu Munition verarbeitet, um den extremen Mangel zu beheben.

Seine Taktik des antijapanischen Widerstands legte Mao in einem langen Artikel über den »Zermürbungskrieg« dar. Ich musste diesen Artikel für seine Verbreitung im Ausland etliche Male auf Englisch und Französisch abtippen und hatte das Gefühl, dass Mao bluffte. Er konnte doch nicht hoffen, durch diese Art der passiven Kriegführung, die den Akzent auf das Ausweichen und die Erhaltung der eigenen Kräfte legte, den Feind zu zermürben oder sogar zu vernichten. Seit der kommunistischen Einhundert-Regimenter-Offensive im Jahr 1940, in der Maos Truppen in einer regulären Schlacht mit den Japanern eine schwere Niederlage erlitten hatten, bestimmten die Japaner das Geschehen, und die schlecht bewaffnete Rote Armee konnte nichts dagegen tun. Die kommunistischen Truppen füllten nur immer sorgfältig die unbesetzten Lücken zwischen den japanischen Garnisonen aus und erweiterten so die »befreiten Gebiete«. Damit verfolgte Mao offensichtlich ein viel wichtigeres Ziel als den Kampf gegen die Japaner. Er setzte auf Zeit und darauf, dass die japanische Armee über kurz oder lang von den Russen oder den Amerikanern besiegt wurde. Im Anschluss an die japanische Niederlage wäre der Ausbruch eines neuen Bürgerkriegs zwischen den Nationalisten und den Kommunisten, zwischen Chiang und Mao unvermeidlich, und dann würden sich die »befreiten Gebiete« schon in den Händen der Kommunisten befinden. Doch im Moment fiel kein einziges Wort über die weit reichenden Ziele Maos. Yanans offiziell deklarierte Politik war einzig der entschlossene Kampf gegen Japan. Wenn man von Bürgerkrieg sprach, dann wurde das immer so dargestellt, als ob Chiang einen solchen auslösen wollte.

Während des zehnjährigen Bürgerkriegs zwischen den Nationalisten und der Roten Armee vor der Bildung der Einheitsfront im Jahr 1937 war Chiang Kai-shek von den Westmächten – USA, Deutschland, England und Frankreich – finanziell unterstützt und mit militärischen Beratern – Generäle von Seeckt, von Falkenhausen und Oberst Lindbergh – versorgt worden. Selbstverständlich lagen die Sympathien Amerikas auch jetzt auf Chiangs Seite. Dennoch gab es in den Vereinigten Staaten pragmatisch veranlagte Politiker und Militärs, die bereit waren, Kontakt zu den chinesischen Kommunisten aufzunehmen, um deren militärisches Potenzial im Krieg gegen Japan zu nutzen. Sie wollten damit nicht nur Zeit gewinnen, sondern auch die Verluste an Menschenleben auf amerikanischer Seite vermindern. Außerdem hatten viele Amerikaner den Glauben an die Kampfkraft von Chiangs Armee, die durch Korruption und Verrat zersetzt war, verloren.

Im Juni 1944 wurde ich zur Zentralen Kaderabteilung bestellt. Man schlug mir vor, meine Ausbildung an der Schule zu unterbrechen und in der neu gebildeten Auslandsabteilung zu arbeiten. Leiter dieser Abteilung, die damals eine Art Mini-Außenministerium der chinesischen kommunistischen Regierung darstellte, war Zhou Enlai, der vor einiger Zeit aus Chongqing nach Yanan gekommen war. Der Zweite Weltkrieg war in seine entscheidende Phase getreten, beinahe an allen Frontlinien verzeichneten die Alliierten Gewinne. Es schien nur noch eine Frage der Zeit zu sein, bis Deutschland und schließlich auch Japan kapitulierten. Deswegen erwartete die Führung in Yanan offensichtlich in den nächsten Wochen und Monaten rege Kontakte mit dem Ausland, und Zhou Enlai meinte, dass ich da mit meinen Fremdsprachenkenntnissen und meinen Fähigkeiten an der Schreibmaschine nützlich sein könnte. Mir gefiel die Idee, die Schule mit ihren ewigen politischen »Kampagnen« und Produktionseinsätzen zu verlassen. Auch versprach ich mir in der Auslandsabteilung interessante Arbeit und nicht zuletzt besseres Essen.

Je mehr ausländische Journalisten die »befreiten« Gebiete besuchten – was Chiang Kai-shek nicht immer verhindern konnte –, desto stärker setzte sich unter den Zeitungsleuten und damit auch in der öffentlichen Meinung die Überzeugung durch, dass in China der wirkliche Widerstand gegen die Japaner von den Kommunisten in den von ihnen beherrschten Gebieten ausging oder zu erwarten war. Im Juli 1944 kam eine größere Gruppe amerikanischer Journalisten nach Yanan, zu ihr gehörten Foreman und Epstein, aber auch der sowjetische Korrespondent der Agentur TASS, Prozenko. Die kommunistische Führung setzte alles daran, dass die Gruppe das Leben in der roten Hauptstadt in so vielen Facetten wie möglich kennen lernen konnte, verfehlte auch keine Gelegenheit, den Besuch propagandistisch auszunutzen und zu unterstreichen, dass es hier keine Korruption wie im nationalistischen China gab und selbst in dieser schwierigen materiellen Lage alles nur auf den Kampf gegen die Japaner ausgerichtet war. Ihrerseits machten die amerikanischen Journalisten einen sympathischen Eindruck auf die einheimische Bevölkerung, die ihnen begeistert zusah, wie sie sich ausgelassen und ungehemmt an ihren Volkstänzen beteiligten.

Wenige Tage später, am 22. Juli 1944, landete auf dem Yananer Flugplatz ein amerikanisches Flugzeug mit neun US-Militärs. Leiter dieser Gruppe – sie nannte sich US Military Observer Group – war Colonel Barrett, ein etwas schwerfälliger Mann von kleinem Wuchs, der viele Jahre in China verbracht haben musste, da er Chinesisch fast mit Pekinger Akzent sprach – das ist vergleichbar mit dem Hochdeutschen und zeugt von hohem Sprachniveau. Barrett war sehr freundlich und ein ausgezeichneter Kenner der chinesischen Etikette. Bei der Empfangszeremonie auf dem Flugplatz sahen die großen, strammen Amerikaner in ihren gut sitzenden Uniformen im Vergleich zu unseren schäbig gekleideten Soldaten und Offizieren wie berühmte Filmschauspieler aus.

Beim Landevorgang war das Fahrgestell der amerikanischen Douglas-Maschine in ein Erdloch gesackt, ein ehemaliges Grab – die Landepiste war über einem offen gelassenen Friedhof gebaut worden –, wodurch ein Propeller beschädigt wurde. Ein paar Tage später traf ein zweites amerikanisches Flugzeug mit Mechanikern und einem Ersatzpropeller ein, und der Schaden wurde vor Ort behoben. Noch im Herbst wurde die Start- und Landebahn des Flugplatzes von Truppeneinheiten ausgebessert. An den Erdarbeiten war auch ich beteiligt, zusammen mit Soldaten des Hauptquartiers und »Schülern« der Japanischen Arbeiter- und Bauernschule, also japanischen Gefangenen, welche in Yanan unter der Leitung von Okano, dem späteren Vorsitzenden des Zentralkomitees der japanischen Kommunistischen Partei, politisch »umgeschult« wurden. Jede Arbeitseinheit hatte täglich eine bestimmte Norm zu erfüllen. Obwohl die Japaner merklich kleiner als die Chinesen und schwere Erdarbeiten offensichtlich nicht gewohnt waren, erlaubte es ihnen ihr Ehrgeiz nicht, hinter den Chinesen zurückzubleiben. Mir gefiel ihr sportlicher Geist, und mit einigen von ihnen, die etwas besser Chinesisch sprachen, unterhielt ich mich zuweilen während der Arbeitspausen.

Für die amerikanischen Militärs und die Angehörigen unserer Auslandsabteilung waren zwei eingeschossige Wohnhäuser und ein Speisesaal aus Stein gebaut worden. Die Wohnhäuser bestanden einfach aus aneinander gereihten Zimmern, von denen jedes eine Tür nach außen hatte. Das Haus, in dem die Auslandsabteilung untergebracht war, bestand aus fünf Zimmern. In einem davon wohnte ich zusammen mit einem älteren Mann, der sich mit Übersetzungen ins Chinesische befasste. Er war ein mürrischer Junggeselle und wollte sich nur über Politik unterhalten, für die ich nach den vielen »Kampagnen«, die ich in letzter Zeit erlebt hatte, überhaupt kein Interesse mehr aufbringen konnte. Mit ihm zusammen in einem Zimmer zu wohnen, war eine richtige Qual für mich. Im Nachbarzimmer wohnte der Wirtschaftsleiter. Als erfahrener Architekt hatte er die technischen Zeichnungen für die Bauten angefertigt und den Bau geleitet. Das dritte Zimmer bewohnte Dr. Ma Hai-de, Staatsbürger der USA, ein geselliger Mensch und alter Chinakenner, der fließend Chinesisch sprach und das Vertrauen der Yananer Führung genoss. Sein Ruf als Arzt unter den Einwohnern Yanans war jedoch nicht besonders gut. Er erweckte den Eindruck eines lustigen Abenteurers. Seine nette Frau, eine hübsche schlanke Chinesin, wohnte mit dem Kind auf der anderen Seite des Flusses Yanshui. Im vierten Zimmer wohnte Chen Jiakang, Sekretär und Hauptübersetzer von Zhou Enlai bei den Verhandlungen mit den Amerikanern. Er sprach Englisch mit chinesischem Akzent und benutzte selten englische idiomatische Redewendungen, hatte jedoch ein ausgezeichnetes Gedächtnis und schaffte die Übersetzungen auch dann, wenn die Sprechenden vergaßen, in ihren langen Reden Pausen für den Dolmetscher einzulegen. Früh am Morgen rezitierte er vor unserem Haus oft ganze Kapitel aus alten chinesischen Romanen, was ihm ein Lob von Colonel Barrett einbrachte, der meinte: »You 've got a fine knowledge of Chinese literature.« Chen schmeichelte dieses Lob sehr, denn er war ehrgeizig und eingebildet. Im letzten Zimmer unseres Hauses wohnte Huang Hua, dessen genaue Funktionen in der Auslandsabteilung mir nicht klar waren.

Die Amerikaner wurden im zweiten Haus untergebracht. Das linke Zimmer war für den jungen Funker Sergeant Remineh vorgesehen, einen hageren, hoch gewachsenen College-Studenten, der dort gleich sein Funkgerät und die Antenne aufbaute und niemanden mehr hineinließ. Er war sportlich, intelligent und belesen und verschenkte seine politischen Bücher, nachdem er sie selbst gelesen hatte, ausschließlich an Zhou Enlai, was ihm wahrscheinlich das Gefühl gab, mit Zhou in enger Beziehung zu stehen. Wenn sie interessante Informationen enthielten, reichte Zhou die Bücher zur Bearbeitung an uns weiter. Unter den Amerikanern gab es, außer Colonel Barrett, GIs, Sergeanten, einen Major und einen Captain.

Zhou Enlai und sein Stellvertreter in der Auslandsabteilung, Yang Shangkun, wohnten nicht zusammen mit uns im Wohnkomplex der Observer Group. Sie kamen zu uns herüber, wenn es die Arbeit erforderte; Zhou Enlai sahen wir seltener. Als stellvertretender Vorsitzender des Zentralkomitees der chinesischen Kommunistischen Partei hatte er außer den Verhandlungen mit den Amerikanern noch eine Menge anderer Führungsaufgaben.

Besonders wohl fühlte ich mich unter meinen neuen

Kollegen nicht. Sie waren alle erfahrene Parteikader und bedeutend älter als ich, der ich noch vor kurzem ein Schüler war. Die einzige nette Person, zu der ich freundlichen Kontakt fand, war Huang Huas junge Frau, die ich noch aus der Schule kannte. Leider sah es Huang Hua nicht gern, wenn ich mich mit ihr unterhielt. Vielleicht war er eifersüchtig, obwohl er keinen Grund dazu hatte. Moralische Standpauken musste ich tapfer über mich ergehen lassen – ich war in dieser kleinen Arbeitsgruppe wohl das ideale Objekt, an dem jeder seine pädagogischen Fähigkeiten unter Beweis stellen wollte. So saßen wir einmal alle zusammen und übten Kritik und Selbstkritik, eine Prozedur, die zur Aufdeckung von Fehlern dienen sollte, bei den Kommunisten jedoch in ein sinnloses Ritual verwandelt wurde, in eine Gelegenheit, an Leuten etwas auszusetzen, ihnen eine Rüge zu verabreichen und sie ständig unter Druck zu halten. Da ich keine Lust hatte, mir selbst irgendwelche Sünden zuzuschreiben, halfen mir meine älteren Kollegen dabei. Einer von ihnen hob bedeutungsvoll den Finger und sagte, als hätte er mich auf frischer Tat ertappt: »Erinnerst du dich noch daran, als du einmal beim Essen die Speckschwarten abgeschnitten und dann liegen gelassen hast? Und das in einer Zeit, wo andere nicht genug zu essen haben?« Ich, der gerade aus einer Schule gekommen war, wo wir monatelang überhaupt kein Fleisch zu sehen bekamen und viele bereit waren, Hunde zu schlachten, konnte das gar nicht getan haben. Doch es half kein Protest. Der Wirtschaftsleiter klopfte mir väterlich auf die Schulter und meinte: »Ist doch alles nicht so schlimm. Du wirst es natürlich nie wieder tun, also Schwamm drüber.« Nach diesem kleinen belanglosen Erlebnis habe ich noch oft aus Spaß geraten, welcher von meinen standhaften Kollegen keine Speckschwarten mochte. War es vielleicht Chen Jiakang, der 1945 als einer der Vertreter des Roten China an der internationalen Konferenz in San Francisco zur Gründung der Vereinten Nationen teilnahm? Oder Huang Hua, den ich 1949 in Nanjing in der Militärverwaltung der Stadt nach ihrer Einnahme durch die kommunistischen Truppen traf? Oder sogar Yang Shangkun, der 1988 Präsident der Chinesischen Volksrepublik wurde? Immerhin saßen wir damals beim Essen alle um einem Tisch.

Meine Arbeit unterschied sich nicht sonderlich von der, die ich in Chongqing gemacht hatte. Ich tippte Zhou Enlais Auslandskorrespondenz und auch die englischen und französischen Übersetzungen von Maos Leitartikeln und anderer wichtiger kommunistischer Dokumente, kurz gesagt, alles was für das Ausland bestimmt war. Manche Dokumente musste ich in zwanzig oder dreißig Exemplaren anfertigen. Auf meiner Underwood-Schreibmaschine konnte ich sechs Durchschläge auf einmal machen. Mit Durchschlagpapier und Farbbändern stand es in Yanan allerdings schlecht. Vor dem Wegschmeißen bearbeitete ich jedes Kohlepapier mehrmals über einer Kerze, damit die Farbe sich wieder gleichmäßig auf dem Blatt verteilte, und benutzte die Farbbänder so lange, bis sie ausgefranst an irgendwelchen Teilen der Maschine hängen blieben.

Einen besonders tiefen Einblick in die politische Lage Chinas vermittelten mir weder Maos Artikel noch Zhous Briefe. Meist waren es Schreiben propagandistischen oder theoretischen Inhalts, in denen die Rolle der chinesischen kommunistischen Truppen im Krieg gegen Japan hervorgehoben wurde. Dann tippte ich noch die Korrespondenz Zhous an die American Observer Group in Yanan. Dabei handelte es sich vor allem um Gesuche, die kommunistischen Truppen mit Medikamenten und Waffen zu beliefern, oder um Antworten auf amerikanische Bitten, militärische Informationen über die Lage der von den Japanern besetzten Gebiete zur Verfügung zu stellen.

Wenn Zhou Enlai es eilig hatte, setzte er sich einfach neben mich und diktierte mir seine Briefe auf Englisch. Das waren anstrengende Minuten. Er war anspruchsvoll und ungeduldig, und je mehr er mich antrieb, umso mehr Tippfehler machte ich, worüber er seinen Ärger nicht verbarg. Ganz anders dagegen sah ich Zhou an Tanzabenden im Hauptquartier. Da lächelte er die ganze Zeit und wurde, öfter als andere hohe Funktionäre, von den Damen in grauen Armeeuniformen zum Tanz aufgefordert.

Übrigens erfüllten die in Yanan sehr populären Tanzabende, die der Dichter Emi Siao eingeführt haben soll, eine bestimmte soziale Funktion. Sie boten, da es in der armen Höhlenstadt keine anderen Vergnügungsstätten gab, wo man sich hätte treffen und kennen lernen können, die einzige Möglichkeit, mit dem anderen Geschlecht wenigstens in Berührung zu kommen und vielleicht sogar etwas zu flirten. Hier spielte keine Jazz-Band, nicht mal ein verstimmtes Klavier war vorhanden. Das einzige Klavier in der ganzen Stadt stand – und verkam – in der Lu-Shun-Kunstakademie. In Yanan tanzte man zum Klang einer Grammophonplatte oder einer Mundharmonika gewöhnlich draußen unter freiem Himmel oder, wenn es zu kalt war, in einer Wohnhöhle. Nach meiner Versetzung in die Auslandsabteilung hatte ich öfter die Gelegenheit, an Sonnabenden den Tänzen im Hauptquartier beizuwohnen. Hierzu waren nicht alle Sterblichen zugelassen, sondern nur die Mitarbeiter des Hauptquartiers sowie andere hohe Funktionäre und Politiker. Es herrschte eine ungehemmte Heiterkeit, die ganze Yananer Elite war dort zu sehen. Mao kam mit seiner Frau, Jiang Qing, und auch Zhou Enlai war fast immer dabei. Hübsche junge Frauen und Mädchen aus verschiedenen Institutionen wurden eigens dazu eingeladen. Gegen die übliche Regel ließen sich hier die soliden Kavaliere von hohem Partei- oder Militärrang von den Damen zum Tanz auffordern. Wenn das eine neu erfundene Sitte war, so fand ich sie gut. Den Führern der chinesischen Revolution wäre es vermutlich peinlich gewesen, sich in Anwesenheit ihrer im Kampf gestählten Ehefrauen auf die hübschen jungen Tanzpartnerinnen zu stürzen. Oberbefehlshaber Zhu De tanzte mit besonderer Begeisterung. In den Pausen setzte er sich manchmal zu mir auf die Bank und fragte mich in freundlichem Ton über meinen Vater aus, an den er sich aus Deutschland noch gut erinnerte. Er war jovial, gesprächig und wie die meisten Sichuaner vollkommen unkompliziert. Dennoch fühlte ich mich auf den Tanzveranstaltungen im Hauptquartier nicht sonderlich wohl, weil die ehrgeizigen jungen Damen nun mal keine Gelegenheit verpassen wollten, mit einem der Großen übers Parkett zu schweben. Wurden sie dagegen von einem normalen Sterblichen wie mir aufgefordert, war eine dieser Chancen für sie dahin.

Die meisten Amerikaner, die nun in Yanan wohnten und arbeiteten, waren sehr kommunikativ und freundlich; ihre Ankunft empfand ich als angenehme Abwechslung. Während meiner Unterhaltungen mit den GIs stellte ich zu meinem Erstaunen fest, dass ich völlig falsche Vorstellungen von der Aussprache vieler englischer Wörter hatte, doch gelang es mir in kurzer Zeit, mithilfe eines Wörterbuchs und der täglichen Gesprächspraxis diesen Mangel größtenteils zu beheben. In meinem Umgang mit den Soldaten wollte ich in erster Linie meine Sprachkenntnisse verbessern, die ich für die Arbeit brauchte, und etwas mehr über die westliche Welt erfahren. Sehr nett zu mir war Sergeant Remineh, der Radiomann, von dem ich amerikanische Zeitschriften wie *Life* und *Newsweek* zu lesen bekam. Auch schenkte er mir *The American Radio*

Amateur's Handbook. Im Unterschied zu seinen Kollegen las er hauptsächlich Sach- und Fachbücher, nicht wie die anderen Amerikaner, die am liebsten in Western schmökerten.

Am 7. August 1944 kamen neun weitere US-Militärbeobachter nach Yanan. Die kommunistische Führung war in guter Stimmung: Man hatte erreicht, dass die Vereinigten Staaten sich für das Rote China interessierten und es für nötig und nützlich erachteten, in Yanan eine militärische Vertretung zu eröffnen. Der große Traum Maos war es letztlich, von den Amerikanern moderne Waffen für den Kampf gegen Japan zu erhalten und nach dem Sieg über die Japaner dieselben Waffen im Bürgerkrieg gegen Chiang Kai-shek und eventuell gegen die Amerikaner selbst einzusetzen. Es wurde alles getan, um die Amerikaner von der Schlagkraft der kommunistischen Truppen zu überzeugen. Mehrmals wurden Angehörige der Observer Group in die befreiten Gebiete im Hinterland der japanischen Truppen geführt, in denen sich die Kommunisten zwischen den einzelnen von japanischen Garnisonen besetzten Stützpunkten frei bewegen konnten und fast wie zu Hause fühlten. Bei einem dieser Spaziergänge hinter den japanischen Linien ereignete sich allerdings ein peinlicher Zwischenfall: First-Lieutenant Whittlesey und sein chinesischer Dolmetscher wurden von japanischen Soldaten überrascht und gefangen genommen. Zu ihrer Befreiung wurde gleich eine ganze Kompanie kommunistischer Soldaten losgeschickt. Auf ihrem Rückzug erschossen die Japaner ihre Gefangenen. Zu Ehren des gefallenen Amerikaners wurde der Speisesaal der Observer Group in Yanan Whittlesey-Hall genannt.

Voller Stolz zeigten wir den Amerikanern auch originelle kompakte Funkgeräte, die in Yanan in kleinen Serien unter technisch äußerst primitiven Bedingungen für die

Rote Armee hergestellt wurden. Darüber hinaus wurden den Amerikanern ganze Stöße japanischer Dokumente aus den vom Feind besetzten Gebieten zur Verfügung gestellt. Nachdem Sergeant Nakamura, ein Amerikaner japanischer Herkunft, sie durchgesehen und ausgewertet hatte, wurden die von ihm als wichtig erachteten fotokopiert. Man setzte in Yanan große Hoffnungen auf die Ankunft von US General J. W. Stilwell, der offiziell zum Stabschef von Chiang Kai-shek ernannt worden war und von der amerikanischen Regierung die Aufgabe bekommen hatte, Ordnung und Kampfgeist in die nationalistischen Truppen zu bringen, um China in ein großartiges Sprungbrett der Alliierten für den Angriff auf die japanischen Inseln zu verwandeln. Die Tatsache, dass Chiangs Truppen den Japanern fast keinen Widerstand leisteten und viele seiner Elite-Divisionen zur Blockade der kommunistischen Gebiete genutzt wurden, hatte Stilwell wütend gemacht. Seine Verachtung Chiang Kai-sheks war allgemein bekannt und ließ Yanan hoffen, dass Stilwell, der fest an die Notwendigkeit einer Zusammenarbeit zwischen kommunistischen und nationalistischen Truppen zum Stoppen der japanischen Offensive glaubte, Washington überzeugen würde, den chinesischen Kommunisten Waffen zu liefern. Um ihre fast unbegrenzten Möglichkeiten in den von den Japanern besetzten Gebieten zu demonstrieren, boten die Kommunisten den Amerikanern an, einen Radiosender in ein japanisches Gefangenenlager für amerikanische Soldaten zu schmuggeln. Ob es wirklich dazu kam, weiß ich nicht.

Die Beziehungen zwischen den US-Beobachtern und unserem Auslandsdienst entwickelten sich anfangs gut. Colonel Barrett war ausgezeichnet über China und seine Probleme informiert, und die Zusammenarbeit mit ihm verlief reibungslos. Gelegentlich bekamen wir Besuch von

Mitarbeitern der amerikanischen Botschaft in Chongqing, einmal auch von US-Botschafter Patrick J. Hurley. Die amerikanische Seite zog zum damaligen Zeitpunkt größeren Nutzen aus der Zusammenarbeit als wir. Sie wurde von den Kommunisten mit wertvollen aktuellen militärischen Informationen aus dem japanischen Hinterland versorgt, während wir geduldig auf Gegenleistung in der Form von Waffenlieferungen warteten. Einmal führte uns Captain Collin, ein Waffenspezialist, einige Besonderheiten der US Army vor, Pistolen mit Schalldämpfer, Sprengschnüre und anderes mehr. Sie riefen bei den anwesenden kommunistischen Offizieren jedoch weder Begeisterung noch Interesse hervor, weil wir nur ganz gewöhnliche Waffen und Munition brauchten, diese aber in großen Mengen. Übrigens geriet Collin dabei in eine peinliche Situation, als es ihm trotz mehrerer Versuche nicht gelang, vor den chinesischen Zuschauern einen abgestorbenen Baum mithilfe einer Sprengschnur zu fällen. Nach der Demonstration bekam unser Generalstab von der Observer Group ein Dutzend Karabiner geschenkt. Wir benutzten sie auf der Fasanenjagd. Das große Geschenk aus den Vereinigten Staaten, auf das Mao so sehnsüchtig wartete, wollte aber immer noch nicht kommen. Indessen nahmen Chen Jiakang und Huang Hua mit Wohlgefallen kleinere Geschenke der Amerikaner entgegen: Zigaretten, Kaugummi, Armbanduhren, Wolldecken, Schlafsäcke, Präservative und anderen Krimskrams, von dem wir in Yanan sonst nur träumen konnten.

Bei mehreren Anlässen wurden die Amerikaner von unserem Generalstab zum Essen eingeladen. Nach einem Bankett, bei dem es allen fabelhaft geschmeckt hatte, erzählte unser Oberbefehlshaber, Zhu De, der seinen ausgezeichneten Koch loben wollte, dass das fein schmeckende Fleisch von einem Hund gewesen sei. Mehrere

Amerikaner verzogen angewidert das Gesicht, doch den Tisch musste keiner verlassen, um auf die Toilette zu rennen. Dennoch aßen die US-Beobachter gerne in unserem Hauptquartier, und um seinen Dank für die guten Speisen und starken Getränke auszudrücken, vollführte der amerikanische Pilot Robert Champion, dessen Douglas-Maschine regelmäßig zwischen Yanan und Chongqing, der Kriegshauptstadt der chinesischen Zentralregierung unter Chiang Kai-shek, verkehrte, bei seinen An- und Abflügen immer drei Runden über der Kantine unseres Generalstabs und wackelte uns zur Freude dabei mit den Flügeln. Vertreter der kommunistischen Seite waren nicht selten auch Gäste der Observer Group. Zu trinken gab es da mehr als genug. Wir tranken Cocktails, die von amerikanischen Soldaten sorgfältig zusammengestellt wurden. Dabei mussten sich die GIs beim Mixen der Cocktails mehrmals ablösen, da ihnen vom Kosten ab und an schwindlig wurde. Besonders wohl als Gast bei den US-Beobachtern fühlte sich unser Stabschef Ye Jianying, ein tüchtiger, selbstbewusster Mann, der viel Wein vertrug und, obwohl er kein Englisch sprach, am Tisch unendliche Male den Trinkspruch »To the Japanese fleet – bottoms up!« wiederholte, nachdem man ihm die Zweideutigkeit dieses Toasts klargemacht hatte. Er konnte einfach nicht genug von der Vorstellung bekommen, dass mit »Bottoms up!« nicht nur »Hoch die Tassen!« gemeint war, sondern man die japanische Flotte damit kieloben schwimmen sehen wollte.

Schon wenige Monate, nachdem die Amerikaner in Yanan angekommen waren, hatte sich mein Englisch enorm verbessert und ich wurde als Dolmetscher für Gespräche auf niedriger diplomatischer Ebene eingesetzt. Besonders gern wurden meine Dienste in Anspruch genommen, wenn es sich um eine Thematik handelte, von der niemand sonst von uns etwas verstand. Das Vergnügen, vor einer Zuhörerschaft zu stehen und nach Wörtern und Luft zu schnappen, überließ man dann bereitwillig mir. Einmal hatte ich für einen Amerikaner zu übersetzen, der einer großen Gruppe von chinesischen Armeefunkern die Handhabung eines amerikanischen Radiogeräts erklärte. Von Fachbegriffen wie Gitterspannung, Zwischenfrequenz, Verstärkerröhre, Hoch- und Niederfrequenzstufe hatte ich zwar eine vage Vorstellung aus Schweizer Jahren, in denen ich mich bereits für die damals moderne Radiotechnik interessierte, aber wie sich das nun alles noch auf Chinesisch nannte, wusste ich natürlich nicht, sodass meine Übersetzung eher kryptisch blieb.

Im Winter 1944/45 schlug mir Zhou Enlai vor, in der Schule für Fremdsprachen – dort wurden Russisch und Englisch gelehrt – zwei- oder dreimal die Woche Englisch zu unterrichten. Die Englischlehrer dort hatten zwar alle Hochschulbildung und waren stark in der Grammatik, sprachen jedoch nicht fließend genug und wandten eine Lehrmethode an, der ich Jahre später in der Sowjetunion erneut begegnen sollte. Dabei war man bemüht, den Fremdsprachenunterricht mit politischer Indoktrination zu kombinieren. »Class struggle« und »World revolution« waren da noch die verständlichsten Formulierungen. Insgesamt wurde im Unterricht also ein Wortschatz gepflegt, mit dem sich kaum eine normale Unterhaltung führen ließ. In meinen Stunden stützte ich mich hauptsächlich auf interessante aktuelle Artikel aus *Reader's Digest*, *Life* und *Newsweek*, weshalb auch Schüler aus anderen Klassen nach Beendigung ihres regulären Unterrichts gern zu mir kamen, um an meinen Diskussionen teilzunehmen. Der Schulleitung war mein Lehrmaterial zu apolitisch, woraufhin sie mich in ihrer unerforschlichen Weisheit für untauglich für den Unterricht erklärte. Obwohl ich so in gewisser Weise gemaßregelt wurde, erlitt ich dadurch zum Glück keinen weiteren Schaden, da mein Boss Zhou Enlai wohl weiter seine schützende Hand über mich hielt.

In der Fremdsprachenschule lernte ich auch eine Frau kennen, die mich bald in die Liebe einwies. Sie war Schülerin in meiner Klasse – obwohl schon vier Jahre älter als ich – und verheiratet. Dennoch lud ich sie in einer Zeit, da ich vorübergehend alleine in einer Wohnhöhle lebte, einige Male zu mir ein. So entwickelte sich zwischen uns für einige Monate ein wechselseitiges und inniges Schüler-Lehrer-Verhältnis. In Englisch unterrichtete ich sie – und in der Liebe sie mich. Letzteres wussten wir gut zu verbergen. Als ich wieder versetzt wurde, verlief diese Beziehung allerdings im Sande.

Der Zweite Weltkrieg ist zu Ende

Nach der Konferenz von Jalta und etwa zeitgleich mit der Kapitulation Nazideutschlands stellte sich heraus, dass Washington seine Politik der bedingungslosen und alleinigen Unterstützung Chiang Kai-sheks fortsetzen würde. General Stilwell, der mit dieser Politik der US-amerikanischen Regierung nicht einverstanden war, wurde als Chiangs Stabschef abgesetzt. Seit der Ankunft der US-Beobachter in Yanan hatten die chinesischen Kommunisten von den Amerikanern außer einiger Kisten Medikamente nichts bekommen. Mao war enttäuscht. Die US Military Observer Group, die einst als Verbindungsglied für eine eventuelle militärische Zusammenarbeit zwischen Washington und Yanan gedacht war, verwandelte sich in einen nutzlosen Fremdkörper in der Hauptstadt des Roten China. Nach Colonel Barretts Abfahrt wurde Lieutenant Colonel Peterkin am 27. Juli 1945 Leiter der Observer Group. Er benahm sich unserer Auslandsabteilung gegenüber demonstrativ feindselig, rannte mit seiner Pistole Kaliber 45, die er nachlässig in die hintere Hosentasche gesteckt hatte, herum und behauptete gegenüber seinen Untergebenen, hier in Yanan müsse man auf alles gefasst sein. Ihm schien der Gedanke, sich wie der Held eines Thrillers in großer Gefahr zu befinden und ständig auf der Hut und abwehrbereit sein zu müssen, zu gefallen und einen besonderen Kick zu verleihen. Einmal beobachtete ich ihn dabei, wie er vor seinen Soldaten großspurig Gewehrübungen mit einem aufgesteckten Bajonett ausführte, dabei einen großen Schritt auf den Türrahmen seines Zimmers zu machte und mit dem Bajonett in den Türpfosten stach, als hätte er einen Roten Soldaten im Kampfanzug vor sich. Ich fragte ihn, ob er das zu Hause in seiner Wohnung auch so mache, doch er winkte nur ab. Als einfacher Übersetzer konnte ich mir diese freche Bemerkung nur leisten, weil die Beziehungen zwischen uns und der Observer Group damals schon sehr schlecht waren, nachdem sich herausgestellt hatte, dass die Amerikaner nur offiziell eine neutrale Stellung zwischen Chiang Kai-shek und Mao einnahmen, in Wirklichkeit jedoch auf der Seite der Nationalisten standen.

Nach den amerikanischen Atombombenabwürfen auf Hiroshima und Nagasaki am 6. und 9. August, bei denen weit mehr als hunderttausend Menschen umkamen, erklärte Kaiser Hirohito am 15. August die Kapitulation, und der Zweite Weltkrieg war zu Ende. Unmittelbar darauf begann in China das erwartete Wettrennen zwischen den Kommunisten und den Nationalisten, um das durch den Abzug der japanischen Besatzungstruppen entstandene Vakuum aufzufüllen. Die Nationalisten wurden dabei von den Amerikanern mit Schiffen und Flugzeugen unterstützt. Binnen kurzer Zeit gelang es ihnen, alle größeren Städte des Landes zu besetzen. Weite Landflächen zwischen den Städten wurden jedoch von kommunistischen Truppen aus Yanan in Eilmärschen erreicht und eingenommen, während ehemalige »befreite« Gebiete nach dem Abmarsch der Japaner nach wie vor in den Händen der Kommunisten blieben. Tagtäglich verließen viele Menschen Yanan in Richtung Nordost – Truppen und Tross, Parteikader und ihre Familien. Auch ich wäre gerne mit einer militärischen Einheit nach Norden gezogen, wo ein harter Kampf mit den Nationalisten bevorstand. Es war eine Mischung aus Abenteuerlust und dem Gefühl, auf diese Weise aktiv etwas Sinnvolles für eine gute Sache tun zu können, doch Zhou Enlai hatte für mich seine eigenen Pläne. Er wollte, dass ich nach dem Sieg der Kommunisten – an dem keiner von uns zweifelte – im neu zu bildenden Auslandsministerium arbeitete, da dort dann Leute mit Sprachkenntnissen gebraucht würden. Das war gerade das, was ich nicht vorhatte. Nach den vielen politischen Kampagnen hatte ich die Politik satt und konnte mir ein lebenslanges Studium der Werke Maos schwer vorstellen. Noch im Frühling 1944 fragte mich Zhou Enlai, ob ich nicht in die Kommunistische Partei eintreten wolle – ein Vorschlag, den viele gerne gerade aus seinem Mund gehört hätten. – »Ja, natürlich«, antwortete ich ihm darauf, »nur fühle ich mich im Moment noch nicht reif dafür.« Ihm missfiel meine Antwort, er meinte, mithilfe der Parteigenossen würde sich mein politisches Niveau schneller heben lassen. Meine Vorstellungen von der Zukunft waren jedoch mit einer Parteimitgliedschaft nicht vereinbar. China war mir letztendlich fremd geblieben, und ich wusste, dass ich bei der erstbesten Gelegenheit nach Europa zurückkehren würde, dorthin, wo meine eigentlichen Wurzeln waren. Dies war auch der Grund, warum ich mich in den langen fünfzehn Jahren, die ich in China verbrachte, nie ernsthaft damit befasst hatte, die chinesischen Schriftzeichen zu erlernen.

Jahre später musste ich zwar feststellen, dass ich mit einer vorzüglichen Kenntnis der chinesischen Sprache auch im Westen größere Chancen auf eine gute Arbeit gehabt hätte, aber damals hatte ich eben ganz andere Ziele. Übrigens kannte ich in China Europäer, welche die chinesische Schrift nach zwei, drei Jahren gut genug beherrschten, um auf Chinesisch Unterricht zu geben. Ich nehme an, mit achttausend Schriftzeichen kommt man schon aus. Ich selbst habe es nur bis zu rund fünfzehnhundert Hieroglyphen gebracht, genügend, um mit einiger Mühe politische Zeitungsartikel – sie zeichnen sich durch einen beschränkten Wortschatz aus – zu lesen.

Im Frühling 1946 bekam ich von unserem Generalstab die Aufgabe, ein Paket mit Dokumenten nach Xing Xian zu bringen, wo sich der Stab einer unserer Armeeeinheiten befand. Diese Gegend war früher »befreites« Gebiet gewesen. Jetzt war hier kommunistisches Hinterland, durch das sich rote Truppen auf ihrem Marsch nach Norden bewegten. Ich machte mich zusammen mit einer Armeeeinheit auf den Weg, deren Ziel Nordchina oder die Mandschurei war. Ihre Maultiere waren schwer mit Waffen und Munition beladen, aber es gingen auch viele Nichtkombattanten mit – Rekonvaleszenten, Frauen und Kinder, die Familien von Armeekommandeuren und politischen Kommissaren. Wir übernachteten in den schmutzigen Wohnhöhlen der Bauern und hatten so die Gelegenheit, das Leben der Bevölkerung in dieser rückständigen Gegend kennen zu lernen. Hier humpelten noch immer viele Frauen, auch jüngeren Alters, auf eingebundenen, verkrüppelten Füßen herum, eine Sitte, die in den östlichen Provinzen Chinas schon lange abgeschafft worden war. Auf dem Marsch regnete es fast ununterbrochen, und wir mussten uns am Morgen überwinden, die nassen Sachen erneut anzuziehen. Was mich auf dem Weg nach Xing Xian besonders beeindruckte, war die Überquerung des Gelben Flusses. Das Wasser war vom Löss buchstäblich gelb. Wegen der starken Strömung mussten die kräftigen

Schiffer mit ihren langen Rudern schwer arbeiten, bis unser Boot das andere Ufer erreichte.

Nach zehntägigem Marsch traf ich endlich in Xing Xian ein, ich übergab dem Stab das Paket und musste mir noch am gleichen Tag in einem zehn Kilometer entfernten Lazarett einen eitrigen Backenzahn ziehen lassen – ohne Betäubungsmittel, diese waren nur für schwere Operationen vorgesehen. Auf dem Rückweg zum Stab – es wurde schon dunkel – folgte mir in größerem Abstand ein Wolf, der jedes Mal anhielt, wenn ich mich umdrehte. Wölfe gab es in der Gegend noch viele, aber sie fürchteten sich vor den Menschen und überfielen sie gewöhnlich nur, wenn sie sich unbemerkt von hinten heranschleichen konnten. Ich hatte also keine Angst, musste nur regelmäßig stehen bleiben und mich umschauen, um zu verhindern, dass er mich von hinten überraschte. Dadurch verlor ich viel Zeit. Irgendwann jedoch war mein Begleiter einfach verschwunden, und ich konnte wieder schneller gehen.

Den Rückmarsch aus Xing Xian trat ich alleine an. Bis zum Flussübergang kam ich schneller als gedacht voran, nach Überquerung des Gelben Flusses wurde ich allerdings aufgehalten. Zwei mit Mauserpistolen bewaffnete Reiter stellten sich mir in den Weg. Schon von weitem konnten sie an meiner Uniform, die ich immer trug, erkennen, dass ich aus der Roten Hauptstadt kam. Sie hatten fünfzig zwangsrekrutierte Bauern nach Yanan ins Hauptquartier zu bringen, wo sie als Hilfskräfte dienen sollten. Unterwegs waren zwanzig von ihnen weggelaufen und hatten schon den Gelben Fluss überquert, um in ihre Heimatdörfer zurückzukehren. Nun baten mich die Reiter, mit dem Rest der Gruppe hier am Flussübergang zu warten, bis man die Flüchtlinge wieder eingefangen hatte. So erfuhr ich, dass auch in der kommunistischen Armee zwangsrekrutiert wurde wie bei den Nationalisten, und ich war schockiert und entsetzt zugleich. Schließlich kam ich jedoch zu dem Schluss, dass diese Maßnahme vielleicht wirklich notwendig war, und nahm den Auftrag an. Zur Bewachung der Rekruten wollte man mir am nächsten Tag Leute aus der örtlichen Volksmiliz schicken. Doch warten wollte ich nicht und erklärte, ich müsse noch heute weitergehen, sei jedoch bereit, die dreißig Rekruten ins Hauptquartier zu bringen. Da ich ohne Waffe war, befürchteten die Reiter, ich allein würde es nicht schaffen, dann stimmten sie aber zu, weil sie keinen anderen Ausweg sahen. Die Bauern waren verschiedenen Alters – zwanzig bis vierzig Jahre –, manche weinten wie kleine Kinder, weil sie noch niemals im Leben ihr Dorf verlassen hatten und jetzt aus ihren Familien fortgerissen waren. Vor dem Marsch hielt ich vor den Bauern eine kleine Rede über die Ehre, in unserer Arbeiter- und Bauernarmee zu dienen, und erklärte ihnen die Nutzlosigkeit einer Flucht zurück ins Heimatdorf, da man sie dort später ohnehin wieder holen würde. Ich sagte den Leuten zu, beim Übernachten in den Dörfern keine örtliche Wachmannschaft aufstellen zu lassen, und ließ mir im Gegenzug versprechen, dass sie nicht ausreißen würden. Einige von den Männern bekamen von den für sie ungewohnten Märschen Blasen an den Füßen und konnten nur mühsam weiterlaufen. Für sie organisierte ich in den Dörfern zwei, drei Esel, die uns bis zum nächsten Stopp als Transportmittel dienten. Den Rekruten schien meine menschliche Umgangsart zu gefallen und wie ich mich in jedem Dorf um ein Essen für sie kümmerte. Unterwegs feierten wir das Neujahrsfest, das traditionell das wichtigste Ereignis im chinesischen Jahr ist. Zu diesem Anlass gelang es mir, vom Dorfältesten sogar ein paar Stückchen Fleisch für die Leute zu erhalten, was etwas Besonderes für sie war, weil wir sonst nur Gemüse und eine Schale Reis zu Gesicht bekommen hatten, und ihre Stimmung deutlich hob.

Drei Wochen nach unserer Ankunft im Hauptquartier begegnete ich zufällig einigen »meiner« Rekruten. Als Erstes beschwerten sie sich über die grobe Behandlung, die sie hier in Yanan erfuhren. Dann drucksten sie ein wenig herum, als wollten sie mich noch etwas fragen. Aus welcher Provinz ich denn stamme, rückten sie endlich mit der Sprache heraus und meinten verlegen, wegen meiner chinesischen Aussprache. Ich lächelte und sagte, aus der Provinz Berlin – ein dummer Scherz, den sie natürlich nicht verstanden. Für mich allerdings enthielt er einen wahren Kern.

Im März 1946 wurde ich mit einer Gruppe von Militärs nach Peking geschickt, um dort im Cease-Fire Executive Headquarters als Dolmetscher zu arbeiten. Dort fanden so genannte Friedensverhandlungen zwischen den Nationalisten und Kommunisten statt, an denen auch die Amerikaner teilnahmen, sozusagen als Schiedsrichter, obwohl sie unzweifelhaft auf der Seite der Nationalisten standen. Wirklich ernsthaft wurden die Verhandlungen nicht geführt, doch die Teilnehmer setzten auf Zeit, um die militärische Entscheidung so lange hinauszuzögern, bis sich eine der beiden Seiten sicher sein konnte oder zumindest stark genug fühlte, den Sieg zu erringen. Auf dem Yananer Flugplatz wartete eine Douglas der US Army auf uns. Vor dem Abflug kam Mao Zedong zum Flugplatz und wünschte jedem von uns eine gute Reise und viel Erfolg. Dabei reichte er auch mir seine Hand, sie war schlaff und weich, beinahe teigig. Als wir dann die Leiter zum Flugzeug hochstiegen, winkte er uns schüchtern lächelnd zu, so wie man sich etwa von einem kleinen Kind verabschiedet. Diese komische Art zu winken sah ich später in Russland wieder, wenn die sowjetischen Regierungsmänner vom

Mausoleum aus die vorbeimarschierenden Truppen und Demonstranten grüßten.

Das Cease-Fire Executive Headquarters befand sich im ehemaligen amerikanischen Krankenhaus Pekings und bestand aus Vertretungen der Kommunisten, der Nationalisten und der Amerikaner. Offizieller Hauptvertreter der Kommunisten war, soweit ich mich erinnere, Luo Ruiqing, der stellvertretende Generalstabschef der kommunistischen Truppen. Unter Leitung des Headquarters wurden Friedensgruppen, wiederum jeweils bestehend aus Vertretern der drei Parteien, an jene Konfliktherde geschickt, an denen bewaffnete Zusammenstöße zwischen den Kommunisten und Nationalisten stattfanden.

Meine Arbeit war nicht aufregend: viel Schreibarbeiten und gelegentliches Dolmetschen bei Besprechungen mit amerikanischen Repräsentanten. Nach den vielen Jahren, die ich in den Hügeln Yanans verbracht hatte, empfand ich das Leben im zivilisierten Peking jedoch als eine faszinierende Abwechslung. Was unsere Lebensweise und unser Verhalten in dieser von den Nationalisten beherrschten Stadt betraf, bekamen wir von unseren Vorgesetzten strenge Vorschriften: Wir sollten uns innerhalb der Stadt nur zu dritt bewegen, durften keine Fragen von Fremden beantworten, hatten kleine Gassen und unübersichtliche Orte zu meiden und so weiter ... Diese Gebote hinderten mich jedoch nicht daran, in meiner Freizeit allein in der Stadt herumzubummeln, Flohmärkte zu besuchen und abends viele schöne Stunden bei den Antiquaren auf der Wangfujin-Straße zu verbringen. Was dort alles an westlichen Büchern zu finden war – ganze mit Bücherregalen bedeckte Wände –, war überwältigend: schön eingebundene und wunderbar illustrierte alte Lexika, klassische Literatur, Lehr- und populärwissenschaftliche Bücher, Krimis ... Diese Bücher mussten von Ausländern in die Stadt gebracht worden sein. In den Buchhandlungen, die alle nebeneinander in einer längeren Passage lagen, durfte ich stundenlang schmökern und mich in die Fantasie- und Ideenwelt der europäischen, der westlichen Welt hineinbegeben, die mir so viel näher war als die chinesische. Was immer ein Rätsel für mich blieb, war das Prinzip, nach dem die alten Ladenbesitzer die Preise der Bücher, die sie ja gar nicht lesen konnten, festlegten. Sie wussten jedoch ziemlich genau, welche Bücher sich welcher Nachfrage erfreuten. So wurde *Lady Chatterley und ihr Liebhaber* von D. H. Lawrence bedeutend teurer verkauft als Margaret Mitchells *Vom Winde verweht*. Auch die Bücher von H. G. Wells lagen preislich am oberen Rand. Günstig oder teuer – zum Kaufen hatte ich ohnehin zu wenig Geld –, wichtig war für mich allein, dass ich die Antiquariate wie öffentliche Lesestuben nutzen konnte.

Im April schließlich wurde ich als Dolmetscher nach Shenyang abkommandiert, wo ich für die kommunistische Vertretung im dortigen Cease-Fire-Team arbeiten sollte. Shenyang befand sich in den Händen der Nationalisten, während das Gebiet rund um die Stadt von kommunistischen Truppen besetzt war. Das Cease-Fire-Team war im Yamato Hotel untergebracht. Laut Vereinbarung zwischen den Parteien waren Kost und Logis der Delegation von jener Partei zu tragen, auf deren Gebiet sich das Team befand, also in unserem Fall von den Nationalisten. Im Hotel durften wir alles bestellen, was wir uns wünschten, und es war das erste Mal nach Jahren, dass ich mich an gutem Essen laben konnte. Einmal habe ich aus lauter Übermut einen ganzen Teller Torte bestellt; mir war anschließend sehr übel.

Arbeit gab es in Shenyang für unsere Delegation fast keine. Die Nationalisten bewirteten uns zwar gut, ließen uns aber nicht aus der Stadt hinaus, was eigentlich notwendig gewesen wäre, um die vielen bewaffneten Konflikte zwischen kommunistischen und nationalistischen Einheiten außerhalb der Stadt beizulegen. Am liebsten wären uns die Nationalisten überhaupt losgeworden. Ihr Vertreter im Team ließ sich sogar zu einer versteckten Drohung hinreißen, indem er erklärte, er könne unsere Sicherheit im Hotel nicht garantieren, sollte jemand eine Handgranate in unsere Fenster werfen. Darauf erwiderte General Rao Shushi, unser Vertreter, verschmitzt, es wäre doch immerhin möglich, dass man dabei aus Versehen die Fenster verwechselte. Im weiteren Verlauf lebten wir im Hotel ziemlich friedlich mit den nationalistischen Vertretern zusammen, konnten jedoch wegen ihrer Obstruktionspolitik unsere Aufgabe als Cease-Fire-Team nicht erfüllen. In dieser Situation bekamen wir auch keinen Besuch von amerikanischen Vertretern aus Peking, sodass ich als unbeschäftigter Dolmetscher ein sorgloses Leben führte. Ich vertrieb mir die Zeit mit Lesen, stundenlangen Tischtennisschlachten und dem Bummeln durch die Stadt. Auf dem Flohmarkt kaufte ich mir für wenig Geld einen japanischen Fotoapparat und eine dicke Rolle Film. Auf der Blechdose, in die der Film eingepackt war, stand auf Japanisch: »Für Röntgenaufnahmen«. Obwohl die Nutzungsdauer schon lange überschritten war, machte ich damit eine Menge eindrucksvoller Aufnahmen, die später leider verloren gingen.

Obwohl seit der Kapitulation Japans schon ein dreiviertel Jahr verflossen war, lebten in Shenyang noch immer viele Japaner, die auf ihre Repatriierung warteten. Auch das Personal unseres Hotels – Putzfrauen, Schlosser, Küchenhilfen – bestand ausschließlich aus Japanern. Ihre Umgangsformen waren noch ausgeklügelter als die chinesischen, und ihre Höflichkeit übertraf bei weitem die chinesische Etikette. Verbeugungen, immer wieder Verbeugungen, bei jedem Anlass. Und dazu gehörte ein Lächeln, wie ich es früher nur auf japanischen Stickereien gesehen hatte. Es herrschte eine absolute Ehrfurcht der Frauen vor den Männern. Einmal kam es zu einem Streit zwischen dem Chefkoch und einer Kellnerin. Um was es dabei ging, konnte ich nicht verstehen, doch sah ich, wie der Mann plötzlich mit der Hand ausholte und seiner Kollegin einen kräftigen Schlag ins Gesicht versetzte, der sie ins Taumeln brachte. Sie richtete sich schnell wieder auf, lächelte und verbeugte sich mehrmals höflich.

Gelegentlich führte ich kürzere Gespräche mit den Hotelangestellten. Das war zwar verboten, da unsere Delegationsleitung sie alle als Berufsspitzel betrachtete, aber mich interessierten ihre Anschauungen über die Besetzung der Mandschurei und den verlorenen Krieg. Da sie kein Chinesisch sprachen – oder wenigstens so taten –, radebrechten wir englisch, unter Missachtung aller grammatikalischen Regeln. Meine Gesprächspartner waren sehr vorsichtig mit ihren Aussagen und meinten, der Friede würde nun China wie auch Japan zugute kommen. Dennoch hatte ich das Gefühl, dass sie die Niederlage Japans und den Verlust der Mandschurei eher als Schicksalsschlag und nicht als Triumph der Gerechtigkeit empfanden.

Von dem Wenigen, was ich in Shenyang über die Japaner und ihren Lebensstil erfuhr, ist mir ein nettes Erlebnis in Erinnerung geblieben. Da es in unserem Hotel zu der damaligen Zeit keine Bademöglichkeiten gab, schlug ich einigen meiner Kollegen, die alle aus kleinen Dörfern stammten, vor, eine japanische Badeanstalt zu besuchen. Als wir nackt den mit Dampf gefüllten Baderaum betraten und in den großen runden Becken von drei bis vier Metern Durchmesser japanische Frauen und Männer hocken sahen, die sich gegenseitig den Rücken einseiften, wollten meine Freunde gleich wieder zur anderen Tür hinaus. Es war einfach zu viel für einen ehemaligen chinesischen Bauern, ohne schützende Kleidung den Blicken der Frauen ausgesetzt zu sein, und es kostete mich viel Geduld und Überredungskunst, meine Kollegen zurückzuhalten und den Reiz eines japanischen Bades zu erkunden, aber schließlich gelang es mir. Einer meiner Begleiter setzte sich so schnell wie möglich ins Wasser und meinte dann: »Jetzt habe ich wieder das Gefühl, Hosen anzuhaben.« Später wurde der Besuch der Badeanstalt zu einem beliebten Ritual.

Im Mai erkrankte ich schwer und wurde nach Peking zurückgeschickt. Dort wurde Bauchtyphus festgestellt, eine Krankheit, die man sich damals im Land leicht einhandeln konnte. Ich hatte hohes Fieber und befand mich im Delirium. In diesem Zustand wurde ich eiligst ins Krankenhaus eingeliefert. Groß war meine Freude, als ich, nachdem das Fieber nachgelassen hatte, herausfand, dass ich ins Deutsche Krankenhaus gebracht worden war. Das medizinische Personal bestand größtenteils aus Deutschen, und während der Wochen, die ich in diesem Krankenhaus verbringen musste, fühlte ich mich hier wie zu Hause. Es war herrlich für mich, die deutsche Sprache zu hören und mich ein wenig auf Deutsch unterhalten zu können. Besonders nett waren die Krankenschwestern zu mir, sie brachten mir deutsche Bücher zu lesen und leisteten mir in ihren freien Minuten manchmal Gesellschaft. Ein chinesischer Patient mit deutscher Vergangenheit war für sie eine angenehme kleine Abwechslung. Dass es in Peking ein deutsches Krankenhaus gab, war für mich nicht erstaunlich; es gab ja auch ein amerikanisches. Durch die Errichtung von Universitäten, Krankenhäusern und anderen Einrichtungen verstärkten die Westmächte ihren wirtschaftlichen und politischen Einfluss in rückständigen Ländern wie China.

Da ich für meine völlige Rekonvaleszenz noch längere Zeit brauchte und nicht gleich nach der Entlassung aus der Klinik in Peking weiterarbeiten konnte, wurde ich nach Zhangjiakou geschickt, eine kleine Stadt in der Provinz Hebei, die sich in den Händen der Kommunisten befand. Hier wurde ich wieder dem Dolmetscherdienst zugewiesen, hatte aber nichts mehr mit dem Cease-Fire Executive Headquarters zu tun. Diese Einrichtung hatte in der Zeit ihrer Existenz nicht viel dazu beigetragen, den Bürgerkrieg zu verhindern. Sie hatte aber schon von vornherein keine große Aussicht auf Erfolg, da die beiden Hauptteilnehmer dieser Friedenseinrichtung – die Nationalisten und die Kommunisten – fest entschlossen waren, den Bürgerkrieg fortzuführen, um in einem günstigen Moment den Gegner entscheidend zu schlagen.

Der erste Ausländer, dem ich in Zhangjiakou begegnete, war Sidney Rittenberg, ein junger ungefähr fünfundzwanzigjähriger amerikanischer Überläufer. Er trug eine Brille, war schlank und sah intelligent aus. Er verstand schon etwas Chinesisch und war immer von einer Menge Chinesen umringt, die ihn bewunderten und mit Begeisterung die Antworten aus seinem Mund erwarteten. Überläufer vom Westen zum Osten gab es in der Welt nicht viele, und sie wurden von den Roten stets auf Händen getragen und mit übertrieben süßlicher Liebe behandelt. Rittenberg war einer von ihnen. 1946 wurde er Mitglied der Kommunistischen Partei Chinas. Doch ging es ihm im kommunistischen China nicht immer gut. 1949 wurde er als CIA-Agent verhaftet, 1955 für unschuldig erklärt. 1956 heiratete er eine Chinesin, nahm in den sechziger Jahren an der berüchtigten chinesischen Kulturrevolution teil und wurde 1968 zu zehn Jahren Gefängnis verurteilt. Erneut war ihm Spionage vorgeworfen worden. 1980 kehrte er schließlich in die USA zurück und wurde Geschäftsmann.

Bald nach meiner Ankunft in Zhangjiakou lernte ich Anna Louise Strong kennen, die über die Armeeleitung einen Dolmetscher für ihre Arbeit suchte. Die bekannte amerikanische Journalistin, die sich auf Berichte über die Sowjetunion spezialisiert hatte, war dort sehr gefeiert worden. Viele Jahre konnte sie praktisch ungehindert in das Land einreisen. Kurz nach dem Ende des Zweiten Weltkriegs allerdings wurde sie plötzlich von den Sowjetbehörden ausgewiesen und hatte das Land innerhalb von vierundzwanzig Stunden zu verlassen. Warum, weiß ich nicht. Nach Zhangjiakou war sie mit dem Vorhaben gekommen, eine Biografie über Mao Zedong zu schreiben. Ich hatte noch keine feste Arbeit von der Zentralen Kaderabteilung erhalten und erklärte mich bereit, für Strong die Schreibmaschinenarbeiten zu verrichten. Sie diktierte ziemlich schnell und war überrascht, dass ich ihrem Tempo leicht folgen konnte und dabei noch die Zeichensetzung richtig machte. Deshalb bat sie mich persönlich und über die Zentrale Kaderabteilung, mit ihr nach Yanan zu fahren, wo sich Mao noch immer aufhielt und sie besser zu dem nötigen Material käme. Dabei versprach sie mir, mich in amerikanischen Dollars zu bezahlen. In der damaligen Lebenssituation jedoch hatten Dollars für mich überhaupt keine Bedeutung. Nicht nur waren in den roten Gebieten Dollars nicht im Gebrauch – das heißt der Verkäufer hätte nicht gewusst, was er damit anfangen sollte –, wir existierten in unserem völlig militarisierten Leben ja praktisch ohne Geld und wurden mit allem Notwendigen, wenn auch auf minimalem Niveau, versorgt. Sich mit Geld, selbst wenn wir viel davon besessen hätten, merklich bessere Lebensbedingungen zu schaffen als der Nachbar am Tisch oder auf der Pritsche, war nachgerade undenkbar. Aber das war nicht der eigentliche Grund für meine zögerliche Reaktion auf Anna Louise Strongs Angebot. Letztlich konnte ich mich nicht mit dem Gedanken anfreunden, in die alte Rote Hauptstadt, aus der ich endlich raus war, zurückzukehren, um dort in einer Wohnhöhle etliche Monate mit Tippen zu verbringen. Deshalb sagte ich Frau Strong für dieses Vorhaben ab.

In Zhangjiakou dagegen dolmetschte ich für sie bei ihren Gesprächen mit chinesischen Genossen. Strong diskutierte lebhaft und verteidigte leidenschaftlich ihre radikalen Ansichten. Sie trat dafür ein, organisiert Waffen aus der Sowjetunion via Nordkorea in die roten Gebiete der Mandschurei zu schmuggeln. Darin sah sie die einzige Möglichkeit für die kommunistischen Truppen, zu einer Waffenparität mit den vorzüglich ausgerüsteten Nationalisten zu kommen. Die chinesischen Gesprächspartner versprachen Strong, ihre Meinung an die kommunistische Führung weiterzuleiten. Sie wussten jedoch, dass die Sowjetunion es sich aus diplomatischen Gründen nicht leisten konnte, die chinesischen Kommunisten mit russischen Waffen zu beliefern, da sie offiziell die Regierung Chiang Kai-sheks anerkannt hatte. Außerdem hatte man für die Versorgung von Maos Armeen mit Waffen eine zwar transparente, jedoch viel elegantere Lösung gefunden, die keine Spuren hinterließ: Beim Abzug aus der Mandschurei übergaben die sowjetischen Truppen den chinesischen Kommunisten nicht russische Waffen, sondern japanische, die von ihnen erbeutet worden waren. Diese etwas veralteten Waffen, zusammen mit der besseren Disziplin und der höheren Kampfmoral der roten Truppen, ermöglichten es Mao Zedong, im Laufe der nächsten zwei Jahre ganz China von nationalistischen Truppen zu säubern.

Im Herbst kam ein Dreier-Team der UNRRA (United Nations Relief and Rehabilitation Administration, auf Deutsch Hilfs- und Wiederaufbauverwaltung der Vereinten Nationen) nach Zhangjiakou: Mr. Moses Ausubel, ein älterer Zahnarzt aus New York, Miss Lillian Cantor, eine medizinische Laborantin, und Miss Dorothy Doyle, eine Krankenschwester, alle drei kamen aus den USA. Die UNRRA war nach dem Krieg in vielen wirtschaftlich rückständigen oder vom Krieg zerstörten Gebieten aktiv. Sie leistete der Bevölkerung humanitäre Hilfe, versorgte sie mit Kleidung, Nahrungsmitteln, industriellen, landwirtschaftlichen und medizinischen Einrichtungen und befasste sich auch mit der beruflichen Ausbildung von Fachleuten auf verschiedenen Gebieten. Mr. Ausubel, Miss Cantor und Miss Doyle hatten die Aufgabe, im Laufe einiger Monate in unserem Gebiet Zahntechniker, Laboranten und Krankenschwestern auszubilden. Zu ihrer Betreuung wurden den Amerikanern von den Behörden fünf englisch sprechende junge Leute zur Verfügung gestellt – darunter war auch ich. Zusammen mit den Amerikanern kamen wir an die Medizinische Hochschule des Jin-Cha-Ji-Gebiets – es umfasste Teile der Provinzen Shanxi, Chahar und Hebei.

Unsere Dolmetscher-Gruppe bestand aus Menschen sehr unterschiedlicher Herkunft. Der ehemalige Student Lang Xinkang etwa kam aus Shanghai, er hatte sein Studium an der Hochschule wegen des Krieges abbrechen müssen. Tian Yü hingegen war der Sohn des liberalen Dramatikers Tian Han. Während des antijapanischen Krieges war er in einer nationalistischen Eliteeinheit von den Amerikanern zum Offizier ausgebildet worden, worauf er sehr stolz war. Wegen seiner Rassenvorurteile, eher untypisch für die chinesische Intelligenz, war ihm die Zusammenarbeit mit Dorothy Doyle – sie war Afro-Amerikanerin – unangenehm. Ling Xin wiederum stammte aus Peking und war in wohlhabenden Verhältnissen aufgewachsen. Seine Ausgeglichenheit erlaubte es ihm, das Leben auch in der damaligen Situation mit Humor und Gelassenheit zu nehmen. Der Vierte hatte den Nachnamen Yü. Er war klein und schmächtig, weshalb wir ihn einfach Xiao Yü, kleiner Yü, nannten. In seiner Abwesenheit war er für uns aber einfach »der Petzer«, weil er als einziges Parteimitglied von uns Fünfen die Parteileitung regelmäßig über alles undenkbar Unwichtige aus unserer Gruppe informierte. So waren wir ständig unter Beobachtung.

In Ruhe arbeiten konnten wir auch nicht lange. Im Herbst 1946 hatte Chiang Kai-shek mithilfe der Amerikaner seine Truppenverschiebungen und andere militärische Vorbereitungen beendet, und er hielt den Zeitpunkt für gekommen, den Bürgerkrieg mit einem Angriff auf die kommunistischen Truppen zu eröffnen. Seine Entscheidung bekamen wir bald zu spüren. Innerhalb weniger Tage musste die Medizinische Hochschule all ihr Hab und Gut auf Pferdekarren und Maultiere packen und Zhangjiakou verlassen, da die Stadt vor der Einnahme durch nationalistische Truppen stand. Auf den langen Märschen, die wir auf dem Rückzug machten, hatten die UNRRA-Leute und wir, ihre Betreuer, gute Gelegenheit, uns gegenseitig kennen zu lernen.

Um der Beobachtung und dem Beschuss durch feindliche Flieger zu entgehen, benutzte unsere Kolonne auf ihren Märschen schmale Wege durch bewaldetes Gelände. Oft waren diese Pfade so schlecht, dass wir den Zugtieren beim Ziehen der Karrenräder helfen mussten. Ich hatte mich vom Typhus immer noch nicht ganz erholt, und abends waren meine Füße als Folge der Herzschwäche oft so angeschwollen, dass ich sie nur mit Mühe aus den japanischen Stiefeln, die ich mir in Shenyang auf dem Flohmarkt gekauft hatte, herauskriegte. Von einem Flugzeug aus wurden wir einmal kurz beschossen. Wir warfen uns flach auf die Erde, bis die Maschine wieder verschwunden war. Größerer Schaden entstand dabei nicht. Die Nächte verbrachten wir meist bei Bauern, die uns auch bei sich essen ließen. Eines Tages gingen wir durch das Tor einer hohen Mauer. Erst am Abend erfuhr ich von einem der Kollegen, dass es sich dabei um die »Große«, die Chinesische Mauer gehandelt hatte. Hätte ich dies beim Passieren schon gewusst, hätte ich mir das legendäre Bauwerk genauer angesehen, immerhin ist es wohl das einzige, das Raumfahrer vom All aus erkennen können. Einige Abwechslung in die Monotonie der Märsche brachten mir die Unterhaltungen mit Dr. Ausubel und den jungen Amerikanerinnen. Dr. Ausubel hatte vor vielen Jahren die Sowjetunion besucht und erzählte gerne von seinen Erlebnissen dort. Sehr angetan war er davon, wie offen in dem Land auf Versammlungen Kritik geübt wurde. Andererseits war er enttäuscht von den bürokratischen Einschränkungen, denen er als Ausländer ausgesetzt gewesen war. Wie sich herausstellte, konnten er und Miss Cantor gut Jiddisch sprechen, was ich seltsamerweise gut verstand. So unterhielten wir uns oft in einem bunten Gemisch aus Deutsch und Jiddisch, und das machte viel Spaß. Wir beschlossen, später einmal zusammen ein Buch über unsere Erlebnisse auf dem Rückzug aus Zhangjiakou zu schreiben. Lillian Cantor hatte sich schon einen Titel für das zukünftige Buch ausgedacht: »Let's Keep Sex Out of This«. Ein passender Titel für die gegebene Situation, in der es um wirklich ernste Dinge ging. Ich habe in späteren Jahren versucht, Lillian Cantor ausfindig zu machen, bekam zu meinem Bedauern jedoch aus den USA die Antwort, die Archive der UNRRA seien nicht erhalten geblieben. Dear Lillian, if I only knew where you are now!

Nach ungefähr zehn Tagen machte die Marschkolonne der Medizinischen Hochschule in einem kleinen Dorf Station. Studenten, Lehrer und Verwaltungspersonal wurden in den dortigen Bauernhütten untergebracht. Als Unterrichtsräume dienten gewöhnliche Zimmer, in denen die Studenten eng aneinander gepfercht den Vorlesungen zuhörten. Ich wurde Dr. Ausubels Dolmetscher, Lang übersetzte für Lillian Cantor und Tian für Dorothy Doyle. Ling Xin erhielt die Aufgabe, sich um das Wohlbefinden der Amerikaner zu kümmern, ihre Wünsche und Beschwerden entgegenzunehmen und an die Führung der Hochschule weiterzuleiten. Xiao Yüs konkrete Pflichten waren uns nicht bekannt, er kam uns vor wie das sprichwörtliche fünfte Rad am Wagen.

In der ersten Woche hatte ich eine Menge chinesischer und englischer medizinischer Begriffe und Fachausdrücke zu erlernen, die ich im Weiteren für die Übersetzung von Dr. Ausubels Vorlesungen brauchte. Die Thematik fand ich nicht gerade spannend, auch hatte ich keine ausgesprochene Vorliebe für Karies und übel riechende Mundhöhlen, doch gefiel mir Dr. Ausubel, sein Humor und die Zusammenarbeit mit ihm. Für den anschaulichen theoretischen Unterricht hatte Dr. Ausubel Hunderte von Röntgenaufnahmen von kranken Zähnen aus seiner Praxis in New York mitgebracht, an denen er den Studenten zeigte, wie jedes konkrete Röntgenbild zu deuten sei. Interessanter und lebhafter wurde der Unterricht, als er allmählich zur Praxis überging. Die Studenten machten sich gegenseitig Injektionen in die Ober- und Unterkiefer und prüften nach ein paar Minuten, ob die Anästhesie vollkommen war, indem sie die betreffenden Zähne mit einem Metallstäbchen abklopften. Mithilfe zweier schon etwas klappriger Zahnbohrmaschinen mit Fußantrieb wurden das Bohren und die Plombierung von Löchern geübt. Dafür mussten sich einige Studenten freiwillig melden. Jeder befürchtete, der Bohrer eines ungeschickten Kommilitonen könne ausrutschen und schmerzhaft ins

Zahnfleisch dringen. Zuletzt stand die Anfertigung von Brücken und künstlichen Gebissen auf dem Lehrplan. Sie forderte gute Handfertigkeit, die nicht alle Studenten in genügendem Maße besaßen. Geübt wurde an zahnlosen Bauern, die sich alles von den Studenten gefallen ließen, nur um zu einer Zahnprothese zu kommen, wie schlecht und unbequem sie auch sein mochte. Bei einer Bäuerin fiel das angefertigte künstliche Gebiss beim Sprechen ständig aus dem Mund heraus, doch sie wollte es Dr. Ausubel zur Verbesserung nicht aushändigen, aus Furcht, sie würde es nicht mehr zurückbekommen.

Im Winter froren wir in den Lehmhütten, denn geheizt wurde nur abends nach der Arbeit. Das Essen in dieser armen Gegend bestand hauptsächlich aus einer Art Brei mit ein wenig Gemüse, ganz selten gab es etwas Fleisch, meist vom Schwein. Aus jener Zeit stammte auch meine mehrere Jahre anhaltende Abneigung gegen Schweinefleisch. Die Tiere in jenem Dorf wurden in einer Art Graben gehalten, so tief, dass die Schweine nicht herausklettern konnten. An einer Ecke des Grabens befand sich die Toilette für uns, ein einfaches Brettergestell. Man konnte schon von weitem sehen, ob gerade besetzt war, doch an dieser Öffentlichkeit störte sich bald niemand mehr. Von dem Brettergestell führte eine Holzrinne direkt in den Schweinekoben. Immer, wenn nun jemand Richtung Toilette stapfte und den Gürtel der Hose öffnete, kamen die Schweine schon grunzend angerannt, postierten sich unterhalb der Holzrinne, warteten auf einen Leckerbissen und rissen dann die Mäuler auf. Perfektes Recycling eben.

Obwohl die UNRRA-Leute als Ausländer etwas besser als wir versorgt wurden, waren ihre Lebensbedingungen doch äußerst hart für sie. Über die Entbehrungen beklagten sie sich nie, sie verstanden, dass sie unter den Umständen des Bürgerkriegs von uns nichts Besseres erwarten konnten, und verrichteten tapfer ihre Arbeit. Wahrscheinlich half ihnen dabei auch der Gedanke, dass ihr Kontrakt mit der UNRRA im Frühling ablief und sie danach in die Vereinigten Staaten und in ein zivilisiertes Leben zurückkehren würden.

Die langen Winterabende verbrachten wir beim Schein kleiner Öllämpchen. Ich selbst hielt mich oft bei Dr. Ausubel auf, für den jemand ein altes Grammophon und einen ganzen Stoß amerikanischer Schallplatten aufgetrieben hatte. Diese Sachen stammten noch von den japanischen Soldaten. Nach einer kleinen Reparatur, die ich am Geschwindigkeitsregler des Grammophons vornahm, lief der Kasten wunderbar, und zusammen mit den beiden Amerikanerinnen veranstalteten wir gemütliche kleine Musikabende. Unter den Schallplatten gab es klassische und Tanzmusik. »This is the symphony that Schubert wrote and never finished ...«, summte Dr. Ausubel immer, wenn ich seine Lieblingsplatte mit der *Unvollendeten* auflegte. Von Zeit zu Zeit musste ich die einzig vorhandene Grammophonnadel auf einem Schleifstein spitz schleifen. Um die Stimmung zu heben, tranken wir an unseren Abenden aus kleinen Gläsern chinesischen Reiswein, der in dieser Gegend in großen Mengen produziert wurde. Er schmeckte abscheulich, hatte jedoch den großen Vorteil, dass er selbst bei übermäßigem Genuss keine starken Kopfschmerzen verursachte.

Den Winter überstanden wir gut. Er war, wie die Bauern meinten, in diesem Jahr relativ mild für die Gegend. Der kleine Fluss, der am Rande des Dorfes vorbeifloss, war nicht einmal zugefroren. Nur an den Ufern hatten sich dünne, fast durchscheinende Eisschichten gebildet, die wir einfach zerbrachen, wenn wir im Fluss unsere Wäsche wuschen.

Im März beendeten die Amerikaner ihre Lehrkurse. Die

Hochschulverwaltung organisierte eine große Versammlung unter freiem Himmel, zu der alle Studenten und die Amerikaner mit ihren Dolmetschern eingeladen wurden. Es wurden Reden gehalten, und auch die UNRRA-Leute erhielten die Möglichkeit, sich über die Zusammenarbeit zu äußern. Sie lobten den Fleiß der Studenten und die Bemühungen der Verwaltung um die erfolgreiche Durchführung der Kurse unter den schweren Bedingungen des Bürgerkriegs. Dabei äußerten sie sich aber auch kritisch über einige organisatorische Fehlleistungen auf chinesischer Seite und monierten, dass Versprechen nicht eingehalten worden waren. Lang Xinkang, der übersetzte, hielt es offensichtlich nicht für notwendig oder ratsam, es bei dieser feierlichen Angelegenheit zu Beschuldigungen kommen zu lassen. Deshalb übersetzte er die Kritik der UNRRA-Leute gar nicht ins Chinesische, sondern sagte stattdessen, sie seien empört über Chiang Kai-shek. Das fand natürlich Zustimmung bei den Chinesen, und ihr Nicken wurde wiederum von den Amerikanern als ein Schuldbekenntnis aufgefasst. Wir Übersetzter lachten später noch oft über dieses von Lang so geschickt inszenierte Missverständnis.

Das Dolmetschen für die UNRRA-Leute und ihre Betreuung waren für mich angenehme Arbeit gewesen, und ich bedauerte, dass nun alles beendet war. Dr. Ausubel schenkte mir zum Abschied seine Uniform der US Army mit aufgenähtem UNRRA-Abzeichen und fünfzehn Dollar. Zum Andenken bekam ich von jedem ein Foto. Die Amerikaner wurden von Soldaten bis an die Grenze des »befreiten« Gebietes gebracht – an eine Stelle, an der momentan keine Kampfhandlungen zwischen Nationalisten und Kommunisten stattfanden –, und gingen selber durch das Niemandsland. Man hatte einen »Frontübergang« für sie ausgewählt, der nahe an einer Eisenbahnlinie lag. Sie

mussten nach Tianjin zurückkehren, weil sich dort das
UNRRA-Büro befand, das sie nach Zhangjiakou geschickt
hatte. Die Adresse und Telefonnummer des Büros merkte
ich mir für alle Fälle.

Auf nach Shanghai

Mit der Abreise der UNRRA-Leute begann für uns Dolmetscher eine Periode der Ungewissheit. Wir hatten keine Arbeit mehr und wussten nicht, was man mit uns vorhatte. Eines Tages gegen Ende März wurden wir der Reihe nach in den Armeestab unseres »befreiten« Gebietes gerufen, der sich unweit von der Medizinischen Hochschule befand. Der Leiter der Kaderabteilung führte mit jedem von uns ein längeres Gespräch unter vier Augen, bei dem er unser politisches Niveau und Bewusstsein »prüfte« und uns danach mitteilte, welche Aufgabe für jeden von uns von der Führung vorgesehen war. Lang und Ling sollten ins nationalistische China eingeschleust werden und im kommunistischen Untergrund arbeiten. Ich dagegen sollte nach einer Anweisung Zhou Enlais bis zum Ende des Bürgerkriegs durch ein selbstständiges Intensivstudium meine Kenntnis der chinesischen Sprache und Schrift verbessern, um später als Diplomat arbeiten zu können.

Wie bereits erwähnt, hatte ich nie vorgehabt, chinesische Hieroglyphen zu büffeln oder einen mit Politik verbundenen Beruf auszuüben. Und lange in China wollte ich schon gar nicht bleiben. Das konnte ich dem Mann im Armeestab natürlich nicht sagen, und ich erklärte ihm einfach, ich betrachte es für unwürdig, während des Befreiungskriegs in einem kleinen abgelegenen Dorf im Hinterland zu sitzen und Chinesisch zu lernen. Ich sagte ihm, dass ich aktiv am Befreiungskrieg teilnehmen wolle, in welcher Form auch immer. Darauf antwortete mein Gesprächspartner mit ernster Miene: »Befehl ist Befehl!« Hier hätte mir eigentlich klar sein müssen, dass es für mich gar keine Chance gab, eine andere Aufgabe zu bekommen. Da ich in diesem Moment jedoch schon sehr erregt war, stand ich auf und sagte trotz meiner einundzwanzig Jahre wie ein kapriziöses Kind: »Wenn ich hier nicht gebraucht werde, haue ich ab und fahre zurück nach Europa.« Darauf lächelte der Kaderleiter verschmitzt und antwortete: »Na, weit wirst du es kaum schaffen, unsere Reiter sind etwas schneller als du! Und glaube nur nicht, dass du mit deinen spärlichen Kenntnissen der chinesischen Lebensweise und der politischen Situation im nationalistischen China lange frei herumlaufen würdest. Der Geheimdienst würde dich schon am ersten Tag schnappen.« Er hatte vollkommen Recht, aber in Gedanken war ich schon auf dem Weg nach Europa.

Noch am selben Tag ging ich zu einem Schneider und bestellte mir ein Qipao, ein langes blaues Kleid, wie es die Männer in China traditionell zusammen mit langen Hosen tragen. Ich hatte so etwas noch nie angehabt, und es sollte mir ein ziviles und etwas altmodisches Aussehen beim Übergang der Frontlinie verleihen. Lang und Ling machten große Augen, als ich ihnen von meinem Vorhaben erzählte, versuchten, mich zu beruhigen und mir abzuraten, versprachen jedoch, mich nicht zu verraten. Lang gab mir die Adresse seiner Freundin in Peking und die seines Vaters in Shanghai, die ich auswendig lernte. Auf meine Bitte schrieb mir Ling einen Zettel ungefähr folgenden Inhalts: »Wir bitten alle Dorfbehörden, dem Träger dieses Dokuments bei Durchführung seiner Aufgabe maximale Unterstützung zukommen zu lassen.« Ling fand einen kleinen Holzstempel von irgendeiner Abteilung der Medizinischen Hochschule, der dem Papier »offiziellen« Charakter verlieh – solange man nicht allzu genau auf den Stempel schaute. Dieser kleine Zettel sollte mir helfen, falls mich irgendwo auf meinem Weg eine Dorfmiliz aufhalten wollte. Es war waghalsig von Ling, mir dieses »Dokument« anzufertigen, er riskierte, damit selbst in Schwierigkeiten zu geraten.

Mir war bekannt, dass in China auch noch während des antijapanischen Krieges der Handel zwischen den chinesischen und den von den Japanern besetzten Gebieten nie vollkommen abgebrochen war. An den Frontabschnitten, wo nicht geschossen wurde, wo also »nichts los war«, fuhren die Bauern mit ihren Karren über das Niemandsland und verkauften ihre Waren auf der anderen Seite. Das wurde gewöhnlich von den Soldaten beider Seiten geduldet. Ich nahm an, dass dies im jetzigen Bürgerkrieg so ähnlich ablief. Da es weder Zeitungen noch Radioempfänger gab, wusste ich so gut wie nichts über die aktuelle militärische Lage, und so versuchte ich, in scheinbar harmlosen Unterhaltungen mit den Bauern herauszufinden, wo sich so ein »ruhiger Grenzübergang« befand, den man mit minimalem Risiko überschreiten könnte. Da unser Dorf weit entfernt vom nationalistischen Gebiet lag, konnte ich allerdings keine genauere Auskunft bekommen, gewann jedoch den Eindruck, dass nach dem Fall von Zhangjiakou die Kampfhandlungen in unserem Gebiet stark nachgelassen hatten und das aktive Kriegstheater in anderen Regionen stattfand. Ich beschloss daher, den Weg in Richtung Tianjin einzuschlagen, jenen Weg, den auch die UNRRA-Leute gegangen waren. Vielleicht würde ich in Tianjin noch Dr. Ausubel vor seiner Abreise in die USA antreffen. Er könnte mir unter Umständen helfen, nach Shanghai zu gelangen.

An einem der ersten Apriltage machte ich mich spät nachts auf den Weg. Im Armeestab hatte man meine »Drohung« augenscheinlich nicht ernst genommen und längst vergessen. Trotzdem marschierte ich die ganze Nacht durch, da ich sicherheitshalber einen möglichst großen Vorsprung erzielen wollte. Ich hatte Glück, denn ich wurde auf meinem Weg nirgends angehalten. Gegen Mittag des nächsten Tages – ich war bereits über zehn Stunden mit nur wenigen kurzen Pausen unterwegs – gelangte ich in ein größeres Dorf, das letzte vor dem Niemandsland, wie mir die Bauern auf meinem Weg erklärten. Todmüde mietete ich mich in einem kleinen Gasthof ein und rief den Besitzer zu mir ins Zimmer. Ich fragte ihn, ob die Situation es den Bauern erlaube, sich frei über die Frontlinie zu bewegen und Handel zu treiben. Als er dies bejahte, bat ich ihn, mir einen Händler zu suchen, dem ich einen einfachen, aber wichtigen Auftrag geben könnte: Radioröhren in Tianjin für den Radiosender des Armeestabs zu besorgen. Ich würde ihm hier die Typenbezeichnung der Röhren und das Geld geben und dann im Gasthof auf seine Rückkehr warten. In einem amerikanischen Radioröhren-Katalog, den mir Sergeant Remineh geschenkt hatte, zeigte ich dem verdutzten Mann einige Verstärkerröhren. Der Gasthofbesitzer machte ein erschrockenes Gesicht, als ich ihm den Katalog vor die Nase hielt, und meinte, für solch eine komplizierte Angelegenheit müsse ich wahrscheinlich selbst fahren, er könne mir jedoch jemanden suchen, der mich über das Niemandsland führen würde. Auf diesen Vorschlag hatte ich gewartet. Ich betonte, der Mann müsse absolut zuverlässig und ihm persönlich gut bekannt sein, denn sollte mir etwas passieren, würde der Armeestab ihn – den Gasthofbesitzer – verdächtigen. Meine Worte und vielleicht auch meine Rote-Armee-Uniform schienen großen Eindruck auf den armen Mann gemacht zu haben. Es war alles kindischer Bluff, da ich ja gar keine Möglichkeit gehabt hätte, mich mit dem Stab in Verbindung zu setzen und seinen Namen zu nennen.

Am nächsten Morgen um fünf wartete ein Pferdefuhrwerk vor dem Gasthof. Es war ein einachsiger Wagen auf Gummirädern, voll beladen mit etwas, was unter der großen Zeltplane nicht zu sehen war. Wahrscheinlich landwirtschaftliche Produkte, andere Ware konnte das kommunistische Gebiet kaum bieten. Für den Rückweg wurden im nationalistischen China Industriewaren – Stoff, Schuhe, Nähmaschinen, Taschenlampen und Ähnliches – eingekauft.

Der Gasthofbesitzer flüsterte dem Händler ein paar Worte zu, und wir brachen auf. Meine Uniform hatte ich im Gasthof zurückgelassen und stattdessen das Qipao angelegt. Ich war jetzt zum ersten Mal in meinem Leben richtig chinesisch gekleidet, nur die amerikanischen Hosen schauten unter meinem Kleid hervor. Wir liefen etwa vier Stunden durch sehr spärlich bewohntes Gebiet, und zu meiner großen Überraschung begegneten wir in diesem verschwommenen Niemandsland keiner einzigen kommunistischen Patrouille. Ich wünschte, die nationalistische Seite wäre auch so unbewacht. Schließlich hielt der Bauer sein Fuhrwerk an und deutete nach vorne. Ich folgte seinem Blick und entdeckte eine Brücke, die einen nicht sehr breiten Fluss überquerte. Am Anfang der Brücke war ein Tisch aufgestellt, an dem zwei Männer in weißen Kitteln saßen. Der Bauer erklärte mir, dass die Leute, offiziell Quarantäneärzte, die medizinische Untersuchung von Grenzübergängern aus dem roten Gebiet durchzuführen hatten, um Epidemien verhindern zu helfen. In

Wirklichkeit seien sie jedoch keine Ärzte, sondern nationalistische Geheimdienstler. Darauf wäre ich auch selber gekommen. Ich überlegte, ob es nicht sicherer wäre, nachts an einer unbewachten Stelle über den Fluss zu schwimmen. Aber gab es in dieser Gegend eine unbewachte Stelle? Ich verwarf die Idee schnell wieder.

Da mein Führer mich sicher durch das Niemandsland vor der Grenze gebracht hatte und ich nun am Grenzübergang angekommen war, ließ ich ihn gehen. Jetzt musste ich mich von den falschen Ärzten »untersuchen« lassen. Ich ging entschlossen an ihnen vorbei, als würden sie mich nichts angehen, bis ich eine höflich-ironische Stimme leise sagen hörte: »Kommen Sie doch bitte mal an den Tisch, vielleicht brauchen Sie ja eine Spritze.« Als ich vor den »Ärzten« stand, fragte mich einer der beiden über meinen Gesundheitszustand aus, während er mich sorgfältig abtastete. Ein harter Gegenstand in meiner hinteren Hosentasche ließ ihn innehalten. Er schien fündig geworden zu sein und warf mir ein schadenfrohes Lächeln zu. Dabei blitzten die goldenen Zähne in seinem Mund auf. Als er die vermeintliche Waffe herauszog, merkte er jedoch, dass sie nur ein harmloses Brillenetui war. Ich zuckte mit keiner Wimper und gab mich mit ruhiger Stimme als Dolmetscher bei der UNRRA aus, der für die Amerikaner Ausubel, Cantor und Doyle gearbeitet hatte und sich jetzt auf seinem Rückweg zum Tianjiner Büro der UNRRA befand. Adresse und Telefonnummer des Büros gab ich ihnen, damit sie dort anrufen und sich über mich erkundigen konnten. Je größer der Bluff, umso überzeugender seine Wirkung: Die beiden »Ärzte« ließen mich ohne weitere Fragen passieren. Ich war nun auf nationalistischem Gebiet.

Nicht weit vom Grenzübergang entfernt, befand sich ein kleines Städtchen, das eine Eisenbahnverbindung mit

Tianjin hatte. Der nächste Zug sollte am Morgen des darauffolgenden Tages fahren. Nun konnte ich die Dollars, die mir Dr. Ausubel geschenkt hatte, gut gebrauchen. Ich tauschte ein paar von ihnen in chinesisches Geld um und fand ein kleines Zimmer in einem Gasthof. Obwohl ich an diesem Tag nicht besonders viel gelaufen war, fühlte ich mich müde. Die innere Anspannung war doch enorm gewesen. Ich ging früh zu Bett, schlief aber sehr unruhig und wurde nachts um ein Uhr plötzlich von eigenartigen Geräuschen geweckt. Laute Stimmen und polternder Lärm drangen durch die Wände des Gasthofs. Offensichtlich suchte die Polizei irgendjemanden. Aus Angst davor, sie könnten mich meinen, verschwand ich unbemerkt durch die Hintertür und ging schnell zum Bahnhof, wo ich mich in einem Güterwagen versteckte. Darin saßen schon mehrere Leute, Männer und Frauen, die als blinde Passagiere nach Tianjin fahren wollten. Am Morgen kaufte ich eine Fahrkarte und setzte mich in einen Passagierwagen.

Die Fahrt nach Tianjin verlief ruhig und ohne weitere Zwischenfälle, doch gleich nach unserer Ankunft wurde ein Passagier aus unserem Zug von Soldaten festgenommen. Mich überkam ein Gefühl der Unsicherheit, und es dämmerte mir endlich, wie schlecht ich für eine Existenz im nationalistischen China gerüstet war.

Vom Bahnhof aus suchte ich sofort das Büro der UNRRA auf. Zu meiner Enttäuschung erfuhr ich, dass »meine Amerikaner« die Stadt schon verlassen hatten. Ich nahm ein kleines Zimmer in einem schäbigen Hotel und beschloss, am nächsten Tag nach Peking zu fahren, wo ich vorhatte, die Freundin von Lang Xinkang um Hilfe zu bitten. Gegen Mitternacht klopfte die Polizei an meiner Zimmertür. Polizeikontrollen waren in dieser Zeit nichts Ungewöhnliches. Man verlangte von mir einen Ausweis oder Papiere, die meine Identität beweisen könnten. Ich behauptete mit Entrüstung, während der ganzen Zeit, in der ich bei der UNRRA gearbeitet hatte, habe man von mir noch nie einen Ausweis verlangt. Wieder gab ich den Leuten die Telefonnummer vom UNRRA-Büro und behauptete, nötige Informationen über mich könnten sie dort zu jeder Zeit erhalten. Als der ranghöhere Polizist auf dem Tisch die Fotos von Ausubel, Cantor und Doyle sah, die ich extra dort hingelegt hatte, und auf dem Stuhl das Hemd mit dem aufgenähten UNRRA-Abzeichen entdeckte, entschuldigte er sich für die nächtliche Störung, bat mich jedoch, mir von den Polizeibehörden einen Ausweis ausstellen zu lassen und ihn in Zukunft bei mir zu tragen, um eventuelle Missverständnisse zu vermeiden. Ich versprach es ihm.

Am nächsten Tag setzte ich mich in den Zug und fuhr nach Peking. Viele von Dr. Ausubels Dollars waren nun zwar nicht übrig geblieben, aber zumindest konnte ich mich mit ihrer Hilfe ein paar Tage über Wasser halten.

Den Pekinger Wohnort von Langs Freundin fand ich ohne Schwierigkeiten. Hu Jinhua, so hieß sie, wohnte im Zentrum der Stadt in einem eingeschossigen Haus im typisch chinesischen Stil: kleiner rechteckiger Hof, umrahmt vom eigentlichen Haus. Ich klingelte, eine nette junge Dame öffnete die Tür und sah mich mit erstaunten Augen an. Ich war für sie fremd, mein Kommen unerwartet. Ich begrüßte sie und sagte freiheraus, ich sei ein guter Freund von Lang, von dem ich mich erst vor wenigen Tagen verabschiedet hatte. Hu erblasste und erklärte, sie kenne überhaupt keinen Lang. Ich wollte ihr die Zweifel ersparen und sagte: »Dass Lang sich seit langem im kommunistischen Gebiet befindet, weiß ich ganz genau, und wäre ich vom nationalistischen Geheimdienst, würde ich Sie jetzt einfach verhaften. Lassen Sie mich bitte herein, und ich werde Ihnen alles erklären.« Das half. Ich erzählte

ihr von Lang, mit dem ich die letzten Monate zusammen-
gearbeitet hatte, teilte ihr mit, dass er in der nächsten Zeit
– das genaue Datum war mir nicht bekannt – hier in Peking auftauchen würde, um später nach Shanghai zu fahren. Hu gab mir einen Schlafplatz, kümmerte sich um
mein Essen und bat mich, ihr Haus immer nur unbemerkt
von den Nachbarn zu betreten oder zu verlassen. Sie war
Mitglied der Young Women's Christian Association
(YWCA), einer Organisation, die zu dieser Zeit liberalen
und linksgesinnten Frauen in China oft als Tarnung
diente.

Die ersten Tage in Peking verließ ich die Wohnung gar
nicht. Abends, wenn Hu zu Hause war, erzählte sie mir
von den Lebensverhältnissen in der Stadt. Ich verstand
bald, dass ich in der gegenwärtigen wirtschaftlichen Lage
schwer eine Arbeitsstelle finden würde, auch dass ich
Schwierigkeiten haben könnte, meine Vergangenheit dar-
zulegen. Ich versuchte deshalb, einen Job in irgendeiner
Reparaturwerkstatt zu erhalten in dem Glauben, dass
man sich dort nicht besonders um meine Vergangenheit
interessieren würde. Als ich mit diesem Ziel die Stadt
durchstreifte, sah ich in einer der Hauptstraßen über einem Laden ein Schild, auf dem in großen Buchstaben
»The Salvation Army« geschrieben stand. Ich ging hinein,
sprach den Mann am Schalter auf Englisch an und erzählte ihm die alte Legende über meine Dolmetscherarbeit
bei der UNRRA und wie ich im Anschluss daran arbeitslos
geworden war. Der Mann in der schwarzen Soutane antwortete mir auch auf Englisch, aber mit einem, wie mir
schien, starken deutschen Akzent, worauf ich ihm erklärte, ich könne auch Deutsch mit ihm sprechen, sollte
dies für ihn einfacher sein. Ich hatte nur ein paar kurze
Sätze gesagt, da rief mein Gesprächspartner seinen Kollegen: »Hans, hier habe ich einen chinesischen Herrn vor

mir, der nicht nur Deutsch spricht, sondern richtig berlinert. Komm mal her, dem sollten wir doch irgendwie helfen können!« Ich hatte zwar immer geglaubt, ich spräche richtiges Hochdeutsch, aber ich muss mich wohl geirrt haben. Man riet mir, in zwei Tagen wiederzukommen.

Bei meinem zweiten Besuch des Heilsarmee-Büros erhielt ich ein Empfehlungsschreiben an Pater Hüngsberg, den Leiter der katholischen Furen Universität, die praktisch von deutschen Missionaren betrieben wurde. Pater Hüngsberg hörte sich meine zurechtgebogene Geschichte geduldig an und meinte dann teilnahmsvoll: »Leider kann ich Ihnen im Augenblick keine geeignete Arbeit anbieten. Aber wir brauchen einen Pförtner. Vielleicht wären Sie einverstanden, vorübergehend diese Arbeit anzunehmen, während ich etwas Passenderes für Sie suche.« Ich hatte keine Wahl und erklärte mich einverstanden.

Ich wohnte mit einem älteren Herrn zusammen in einem kleinen Zimmer direkt an der Pforte zur Universität, und unsere Hauptaufgabe bestand darin, am frühen Morgen das große Eisentor zu öffnen und es spätabends wieder zu schließen, täglich den Hof um das Tor herum zu kehren, telefonische Mitteilungen an die Professoren weiterzuleiten, die Post an die Adressaten in der Universität zu verteilen und Ähnliches. Feiertage gab es keine. Es war eine langweilige Arbeit, doch mit dem Geld kam ich aus. Ich führte immerhin ein quasi legales Dasein und wartete auf bessere Zeiten.

An der Universität lernte ich einen jungen deutschschweizer Missionar kennen, der gerade nach China gekommen war und intensiv Chinesisch lernte. Er spielte gut Zither und Gitarre und brachte mir einige Akkorde bei, mit denen ich anfing, einfache Lieder zu begleiten. Zum Üben stellte er mir eine alte Gitarre zur Verfügung. Meine Unterhaltungen mit ihm über Musik und die

Schweiz brachten etwas Abwechslung in meine Alltagsroutine.

Hu sah ich selten, ich wollte sie mit meinen Besuchen nicht unnütz gefährden. Als ich eines Tages aber doch mal wieder bei ihr war, ließ sie mich nicht gleich wieder gehen. Sie hatte eine Überraschung für mich. Als sie die Tür ins Nebenzimmer öffnete, entdeckte ich dort Lang Xinkang. Er sah mich verwundert an, lächelte und bohrte dann mit dem Zeigefinger an seinem Kopf. Ich verstand, was er meinte. Und er hatte ja im Grunde auch Recht. Es war schon verrückt von mir gewesen, mich auf dieses Abenteuer einzulassen. Aber nun war ich schon bis Peking gekommen, und zum Glück war mir bis jetzt nichts passiert. Ich erzählte Lang von meinem Vorhaben, von Shanghai aus mit einem Schiff nach Europa zu fahren. Kurz gesagt, ich teilte ihm mit, dass ich bald in Shanghai zu ihm stoßen würde und dort auf seine Unterstützung rechnete. Er schien nicht besonders begeistert von meiner Idee zu sein. Aber wie sollte er auch? Ich brachte ihn mit meinen Plänen in Gefahr. Und meine Sehnsucht nach dem alten Kontinent ließ sich hier in China schwer vermitteln. Lang nickte nur und bat mich um etwas Geld für seine Reise nach Shanghai. Ich gab ihm meine letzten drei Dollar.

Eines Tages im September rief mich Pater Hüngsberg zu sich ins Büro und sagte mit einem strahlenden Lächeln: »Ich habe lange auf diesen Tag gewartet. Heute kann ich Ihnen endlich ein richtiges Angebot machen. Ich habe in Peking eine reiche englische Dame gefunden, die sich einverstanden erklärt hat, für Ihre Ausbildung in der hiesigen American School aufzukommen. Nach Beendigung der Schule will Ihnen die Furen Universität ein Stipendium für ein Studium in den USA gewähren, dafür müssten Sie nur einen Vertrag mit der Universität unterschreiben, in dem Sie sich verpflichten, nach Absolvierung des Studiums in den USA fünf Jahre an der Furen Universität zu unterrichten. Was sagen Sie dazu?« Er sah mich aufmerksam an und erwartete Jubel und Dankbarkeit meinerseits.

Ich war in einer schwierigen Lage. Pater Hüngsberg hatte mit seinem Einsatz für mich traumhafte Bedingungen geschaffen, ich aber wollte nicht nach Amerika, sondern nach Europa; nicht in ein paar Jahren, sondern sofort; nicht für die Zeit meines Studiums, sondern für immer. Außerdem wusste ich, dass der Bürgerkrieg bald das gesamte Land überziehen würde. Die kommunistischen Truppen hatten ihre Reorganisation beendet und würden bald wie eine schwellende Lawine von Norden her das Land überrollen. Noch nie in den vielen Jahren ihrer Existenz waren sie so gut bewaffnet wie jetzt, nachdem sie von der Sowjetarmee die erbeuteten japanischen Waffen geerbt hatten. Zweifellos würde die Befreiungsarmee in ein, zwei Jahren in Peking sein und mich hier in der American School auffinden, die ausschließlich von Kindern ausländischer Diplomaten und chinesischer Unternehmer besucht wurde. Auch die Perspektive, später in der reaktionären katholischen Universität unterrichten zu müssen, war für mich vollkommen undenkbar. Ich musste Pater Hüngsberg absagen und dafür einen leidlich plausiblen Grund angeben, der keinen Verdacht hervorrufen würde. Da mir nichts anderes einfiel, murmelte ich etwas über meine Mutter vor mich hin, auf deren Suche ich viele Jahre gewesen wäre und die laut Briefen meiner Verwandten jetzt in Shanghai gesehen worden sein soll. Deshalb hätte ich vor, in allernächster Zukunft nach Shanghai zu fahren, um sie dort zu suchen. Pater Hüngsberg hörte mir aufmerksam zu und verlor die Selbstbeherrschung nicht. Er wünschte mir Glück und fügte leise hinzu: »Ich hoffe, dass Sie ihre Absage im Leben nie bereuen werden.«

Schon am nächsten Tag setzte ich mich in den Zug nach Shanghai. Eigentlich hatte ich vorgehabt, meine Fahrt dorthin erst später anzutreten, um vorher noch etwas Geld zu verdienen, aber ich befürchtete, meine Absage könnte Pater Hüngsberg eventuell doch verdächtig vorkommen. Ich durfte es auf keinen Fall dazu kommen lassen, dass in meiner Biografie recherchiert wurde.

In Shanghai suchte ich Lang Xinkangs Vater auf und erfuhr von ihm, dass Lang im 16. Lagerkomplex des Board of Supplies Executive Yuan (BOSEY) als Leiter eines Lagersektors arbeitete. Der Lagerkomplex befand sich auf Point Island, einer Art künstlichen Halbinsel außerhalb der Stadt. Er nahm eine Riesenfläche ein und bestand aus großen Hallen sowie offenen Lagerplätzen. Nach der Kapitulation Japans wurde das auf den Inseln des Stillen Ozeans herumliegende amerikanische Kriegsmaterial per Schiff nach China abtransportiert und den Nationalisten zur Bekämpfung der Kommunisten zur Verfügung gestellt. In den 16. Lagerkomplex kamen jedoch weder Waffen noch Munition, sondern nur technisches Material. Nach dem Löschen im Hafen wurde es zum Lagerkomplex transportiert, dort registriert, sortiert und gelagert, wenn nötig instand gesetzt – was besonders die Lastwagen betraf – oder verschrottet. Jeden Tag trafen Dutzende von 2,5-Tonnern, Jeeps und Weapons Carrier ein, aber auch Werkbänke, Radiosender, längst verdorbene Coca-Cola-Ladungen, sogar Kisten mit Lippenstiften, Zelte und vieles mehr.

Lang Xinkang fand ich schnell auf Point Island. Auf seine Empfehlung wurde ich vom Lagerleiter eingestellt. Leute mit guten Englisch- und Schreibmaschinenkenntnissen waren rar. Da der Lagerkomplex sich weit außerhalb der Stadt befand, besaß er ein Wohnheim für Angestellte. Ich wurde in Langs Zimmer untergebracht. Um

Geld zu sparen, bereiteten wir unser Essen auf einem elektrischen Kochherd selbst zu.

Meine Arbeit verlangte nicht viel Können, und sie wurde schlecht bezahlt, doch mit dem Geld konnte ich leben. Bei jeder neu eingetroffenen Ladung Material bekam ich von meinen Kollegen eine Reihe per Hand geschriebener Zettel, auf denen Art, Menge und Zustand der Lieferungen angegeben waren. Diese Informationen musste ich mit der Schreibmaschine sorgfältig in vorgedruckte Formulare auf Englisch eintippen und danach in dicke Ordner verteilen.

Ich hatte nicht vor, viel Zeit in diesem scheußlichen Lagerkomplex zu verlieren. Nach der Arbeit und sonntags fuhr ich oft zum Hafen in der Hoffnung, einen Arbeitsplatz auf einem der ausländischen Dampfer zu erhalten, um meine Reise nach Europa zu finanzieren. An die Kapitäne kam ich gar nicht ran, mit mir sprachen irgendwelche Offiziere. Wie zu erwarten war, wurden auf den Frachtschiffen keine unqualifizierten Arbeitskräfte benötigt. Auch sah ich nicht gerade wie ein kerniger »Seebär« aus, von dem sie sich eine gute Leistung hätten versprechen können. An »Tagen der offenen Tür«, die von den Schifffahrtsgesellschaften zu Werbezwecken veranstaltet wurden, besuchte ich einige Male Passagierschiffe. Dabei schaute ich mich unauffällig um, wo ich mich auf so einem großen Schiff eventuell verstecken und als blinder Passagier die Reise überstehen könnte. Doch ich erinnerte mich an meine Fahrt auf dem französischen Liner, und es leuchtete mir ein, dass ich mich kaum mehrere Tage unbemerkt auf einem Schiff aufhalten könnte. Das wäre vielleicht höchstens mithilfe eines legalen Passagiers möglich gewesen. Die Perspektive, nach zwei, drei Tagen unter dem Segeltuch eines Rettungsboots entdeckt und im nächsten Hafen in einem unbekannten Land abgesetzt zu werden, gefiel mir nicht sonderlich. Ich musste endlich einsehen, dass meine Pläne naiv und unrealistisch waren. Mich tröstete nur der Gedanke, alles versucht zu haben – eigentlich unter Lebensgefahr.

Um regelmäßig die Radionachrichten des kommunistischen Senders hören zu können, baute ich mir in meiner Freizeit einen kleinen kompakten Fünf-Röhren-Empfänger. Die Bauteile dafür entnahm ich hauptsächlich den amerikanischen Geräten, von denen es im Lager viele gab. Mein Empfänger war empfindlich genug, um auch unter schlechten atmosphärischen Bedingungen den schwachen kommunistischen Sender abzuhören. Fast jede Nacht stellte ich die betreffende Wellenlänge ein und lauschte zusammen mit Lang am Gerät. So waren wir gut über die Kriegslage informiert. Unter den Schlägen der von Norden anrückenden kommunistischen Truppen verschob sich die Frontlinie jetzt immer weiter nach Süden. Ich hatte mich in meiner Einschätzung der militärischen Entwicklung nicht geirrt: Lange würde der Bürgerkrieg nicht mehr dauern können.

Im Sommer 1948 passierte mir während der Arbeit ein kleines Unglück, das für mich und Lang leicht hätte verhängnisvoll werden können. Beim Aufräumen vor einer Lagerhalle fanden Arbeiter einen Satz Leuchtraketen und die Abschussvorrichtung dazu. Sie meinten, es seien Minen, und wollten einen Waffenspezialisten herbeirufen. Ich erklärte den Leuten, es handle sich nur um Leuchtraketen, und um meine Behauptung zu beweisen, schoss ich eine davon ab. Das Ding stieg steil nach oben und fiel ebenso schnell zischend und leuchtend auf einen Stapel Holzstangen herab. Der Fallschirm, der für den verlangsamten Niedergang der Rakete sorgen sollte, hatte sich nicht geöffnet. Es entstand ein kleiner Brand mit etwas Rauch, und schon konnten wir das Stampfen der bewaffneten Wachmannschaften in ihren amerikanischen Uniformen hören. Man vermutete einen Sabotageakt. Im Nu hatten sich alle meine Kollegen zurückgezogen, und auch ich wollte unbemerkt verschwinden. Aber ein Arbeiter flüsterte mir leise zu, ein Blauhemd – das war ein Angehöriger einer chinesischen faschistisch-nationalistischen Organisation – habe mich beim Abschuss der Leuchtrakete gesehen. Das änderte meine Lage radikal.

Der Leiter des Lagerkomplexes, ein sturer und despotisch veranlagter ehemaliger nationalistischer Offizier aus der Mandschurei, der mit seiner Familie vor Mao Zedongs Truppen hatte flüchten müssen, war im Lagerkomplex allgemein als ausgesprochener Kommunistenhasser und Hitlerverehrer bekannt. Er sah in jedem Menschen einen potenziellen kommunistischen Spion und Saboteur, und nach diesem Zwischenfall lief ich Gefahr, verhaftet und verhört zu werden. Zu einer Verhaftung durfte ich es auf keinen Fall kommen lassen, ich musste selbst die Initiative ergreifen. Weglaufen war ausgeschlossen, weil ich damit Lang gefährdet hätte.

Es war mir also klar, dass ich schnell zum Boss musste, noch bevor jemand mich anzeigte. Schon auf der Türschwelle sagte ich zu ihm: »Suchen Sie den Brandstifter nicht. Den Brand habe ich aus Versehen verursacht.« Zuerst sah er mich erstaunt an, besann sich dann und schrie wütend: »Ich lasse Sie verhaften!« Darauf antwortete ich ihm so ruhig ich konnte: »Ich bin auch zu Ihnen gekommen, um die Verantwortung für das Geschehnis auf mich zu nehmen. Aber es geht ja nicht um eine Brandstiftung, sondern nur um einen kleinen Unfall.« Immer schön alles auf sich nehmen, sich schuldig bekennen, dem anderen in allem Recht geben, selbst dort, wo er im Unrecht ist, das wirkt in der Regel wie ein Blitzableiter. Die anfängliche Wut des Mannes ließ sichtlich nach. Neugier gewann die

Oberhand, und er ließ sich von mir zu den Leuchtraketen führen und sogar eine abschießen. Zurück in seinem Büro musste ich stramm vor seinem Schreibtisch stehen und mir anhören, wie er mir eine Geldstrafe in Höhe eines halben Monatsgehalts verpasste. Die Sache hätte schlechter enden können, ich hatte Glück gehabt.

Glück hatte ich übrigens ständig, nachdem ich das nationalistische Gebiet betrat, sonst wäre ich schon längst nicht mehr auf freiem Fuß gewesen. Ich besaß keine Identitätsnachweise, wäre auch nicht imstande gewesen, eine plausible Erklärung über Herkunft und Vergangenheit zu geben. Aber man fragte mich nirgends danach, verlangte von mir weder Lebenslauf noch Referenzen. Wahrscheinlich passte ich mit meinem exotischen Hintergrund – in Europa aufgewachsener Chinese mit schlechter Kenntnis der Muttersprache – nicht in die Vorstellung von einem aus dem roten Gebiet kommenden Menschen.

Das nationalistische China litt mittlerweile an einer galoppierenden Inflation. Was wir heute zu einem bestimmten Preis kaufen konnten, kostete am nächsten Tag vielleicht doppelt so viel. Deshalb warteten wir stets ungeduldig auf die Auszahlung unseres Gehalts. Diese aber fand mit immer größerer Verspätung statt, was Unzufriedenheit unter den Arbeitern und Angestellten hervorrief. Als das Geld einmal mit mehrtägiger Verspätung eintraf, protestierten wir und weigerten uns, es anzunehmen. Danach wurden wir einzeln zur Personalabteilung zu einem persönlichen Gespräch bestellt, in dem wir Worte wie »kommunistische Agitation«, »politische Unzuverlässigkeit« und »Entlassung« zu hören bekamen. Nach dem, was ich hier schon alles erlebt hatte, fand ich, die Zeit für einen Wechsel der Arbeit und des Wohnorts sei gekommen.

Mittlerweile hatte ich von meinem jüngsten Onkel

Wanqiao in Chongqing die Adresse seines Bruder Chongkai erfahren. Dieser wohnte jetzt in Nanjing, der Hauptstadt Chinas, wo Chiang Kai-shek seinen Regierungssitz
hatte. Vermutlich war mein Onkel im kommunistischen
Untergrund aktiv. Ich setzte mich per Post mit ihm in Verbindung, woraufhin er mich zu sich einlud und mir vor-
schlug, für einige Zeit bei ihm zu wohnen. Ich nahm sein
Angebot dankbar an und verließ im September den
16. Lagerkomplex und Shanghai. Nach allem Erlebten
sehnte ich mich nach Ruhe und Sicherheit. Vielleicht
würde die familiäre Geborgenheit mir dazu verhelfen.

Maos Sieg

Onkel Chongkai nahm mich mit offenen Armen bei sich auf und freute sich, mich nach sieben Jahren wiederzusehen. Sehr verwundert war er allerdings, als er erfuhr, auf welche Weise ich das kommunistische Gebiet verlassen hatte. Er wohnte mit seiner Frau und seinen zwei kleinen Kindern in einem chinesischen Haus mit Innenhof, das er mit einer anderen Frau und ihrem sechsjährigen Sohn teilte. Chongkai arbeitete als Leiter eines nahe liegenden nicht sehr großen Kinos und besaß zusammen mit einem Bekannten ein Kommissionsgeschäft, das nicht besonders lief. Was er im Kino verdiente, reichte gerade aus, um seine Familie und mich zu unterhalten und gelegentlich nachts beim Karten- oder Mah-Jongg-Spiel etwas Geld zu verlieren.

Als ich eines Abends bei meinem Onkel den Parteifunktionär sah, mit dem sich mein Vater in den Jahren 1940 und 1941 in Chongqing regelmäßig getroffen hatte, bestätigte sich meine Vermutung: Obwohl Chongkai kein Parteimitglied war, hatte er tatsächlich Verbindungen zum kommunistischen Untergrund und seine Wohnung diente als Treffpunkt für dessen Mitglieder. Durch ihre Berichte war die Partei von nun an auch über meinen Aufenthalt in

Nanjing informiert. Damit hatte ich für Jahre später ein vollwertiges Alibi für die Zeit, die ich während des Bürgerkriegs im nationalistischen Gebiet verbrachte, einen Beweis, dass ich während meines Aufenthalts im nationalistischen China nicht gegen die Kommunisten tätig gewesen war. Ich würde ihn nach dem Sieg der Roten Armee sicher brauchen. Mein innigster Wunsch war zwar noch immer, so schnell wie möglich nach Europa zurückzukehren, doch ich hatte mittlerweile gelernt, die politische Gesamtlage und meine persönlichen Möglichkeiten etwas realistischer einzuschätzen. Es konnte also noch eine ganze Weile dauern, bis dieser Wunsch Wirklichkeit werden würde.

Im Herbst 1948 glaubte im nationalistischen China schon niemand mehr daran, dass die eigenen Truppen die kommunistische Generaloffensive aufhalten könnten. Ganze nationalistische Armeekorps wurden von den roten Truppen eingekesselt. Tiefe, breite Erdgräben, die rings um die umzingelten Regierungstruppen ausgehoben wurden, verhinderten ihre Versorgung von außen oder einen eventuellen Durchbruch der Blockade. Die nationalistischen Zensurbehörden konnten nicht mehr verhindern, dass ausführliche Berichte über die Notlage der Regierungstruppen in die Presse gelangten. Eine Stadt nach der anderen ergab sich den Kommunisten, meist kampflos. Das militärische Übergewicht der Roten Armee war zu eindeutig, um ihr hartnäckig Widerstand leisten zu können. Außerdem erleichterten die Kommunisten den nationalistischen Generälen die Kapitulation, indem sie ihnen persönliche Sicherheit garantierten und sogar die Möglichkeit einer zukünftigen einflussreichen Mitwirkung an der Neugestaltung des Landes nach dem Krieg in Aussicht stellten.

Im April 1949 nahmen die Roten Nanjing ein. Noch

am Vortag wurde es in der Stadt verdächtig still. Auf den Straßen war weder Polizei noch Militär zu sehen. Sie waren auf der Flucht. Als wir am nächsten Morgen aufwachten, war schon alles vorbei. Die Regierungstruppen hatten die Stadt auf leisen Sohlen geräumt. Aber auch rote Soldaten traf man sehr selten an. Es sah so aus, als hätten die Kommunisten die Stadt umgangen und seien ohne Stopp unaufhaltsam weiter vorgedrungen. Was auffiel, waren die Zettel mit den Verkündungen und Verordnungen der Befreiungsarmee, die an den Wänden der Häuser klebten.

Schon in den ersten Tagen suchte ich die kommunistische Militärverwaltung der Stadt auf. Mir stand ein unangenehmes Gespräch bevor. Doch zwei Jahre nach meinem plötzlichen Verschwinden aus den von den Kommunisten kontrollierten Gebieten musste ich mich irgendwie bei der Partei melden, meine Verbindung zu ihr wieder aufnehmen, da ich nun vermutlich für längere Zeit in dem von ihr regierten Land leben würde. Außerdem hatte ich die Stellung meines Vaters zu berücksichtigen, der jetzt stellvertretender Leiter der politischen Abteilung spezieller Truppengattungen der Vierten Feldarmee war. Ich war mehr als überrascht, als ich in der Militärverwaltung auf meinen ehemaligen Kollegen Huang Hua aus der Auslandsabteilung in Yanan traf. Er war kein Militär von Beruf und hatte, wie man mir erzählte, in Yanan eine Zeit lang den Kommunistischen Jugendverband geleitet. Der faden Rolle entsprechend, die er damals in der Auslandsabteilung spielte, würde ich ihn als »absolut zuverlässigen Genossen mit befriedigenden Kenntnissen der englischen Sprache« bezeichnen. Als Militärverwalter hielt er sich betont streng. Nach einigen giftigen Bemerkungen zu meinem »apolitischen Verhalten« erklärte er mir, es wäre höchste Zeit, mich zu besinnen und an meine Pflicht dem chinesischen Volk gegenüber zu denken. Zhou Enlai hatte ihm befohlen, mich in die Mandschurei nach Harbin zu schicken, damit ich in der Vorstudienanstalt des Harbiner Polytechnischen Instituts meine Schulausbildung beendete, um unter Umständen anschließend auch dort zu studieren. Nach meinen kapriziösen Abenteuern hatte man in höheren Kreisen offenbar schon davon Abstand genommen, mir eine politische Karriere angedeihen zu lassen; dies kam meinen Plänen sehr entgegen, und ich war froh darüber. Von Huang bekam ich die nötigen Ausweispapiere, die mir unter den Gegebenheiten des noch nicht beendeten Bürgerkriegs eine ungehinderte Fahrt nach Harbin sicherten. Auch teilte mir Huang mit, dass die militärische Einheit meines Vaters zur Zeit in Tianjin stationiert war und ich auf dem Weg nach Harbin meinen Vater dort sehen könne.

Im Sommer verließ ich Nanjing. Unterwegs nach Harbin machte ich in Tianjin zwei Tage Halt und suchte meinen Vater in einem Gebäude auf, das vom Militär besetzt war. Ich hatte ihn das letzte Mal vor acht Jahren in Chongqing gesehen, und unser Treffen verlief herzlicher, als ich es von meinem sehr förmlichen und sicher von mir enttäuschten Vater erwartet hatte. Er erwies sich als taktvoll und umging schweigend das Thema meiner Abtrünnigkeit. Wir sprachen zum ersten Mal im Leben Chinesisch miteinander, da ich zu dieser Zeit bedeutend besser Chinesisch konnte als er Deutsch. Doch wie gewöhnlich sprach er wenig über sich, und ich erfuhr erst vor kurzem aus einem chinesischen Zeitungsartikel über ihn, dass er nach meiner Fahrt von Chongqing nach Yanan zuerst in der Vertretung der 8. Armee in Chongqing im Abwehrdienst und als Verbindungsmann gearbeitet und dann im Mai 1946 kurz vor dem Ausbruch des Bürgerkriegs als

Mitglied der kommunistischen Delegation in Nanjing an den Friedensverhandlungen mit den Nationalisten teilgenommen hatte. Beim Abschied wünschte er mir viel Erfolg für mein Studium.

Noch heute wundere ich mich manchmal darüber, wie glimpflich ich mit meiner Eskapade davongekommen war. Dies war sicher meiner Bekanntschaft mit Zhou Enlai und teilweise meinem Vater sowie seiner Stellung in der Partei und der Armee zu verdanken.

Als Ausgangspunkt der kommunistischen Offensive gegen die nationalistischen Truppen war die Mandschurei im Nordosten Chinas und die darin gelegene Stadt Harbin bereits längere Zeit kommunistisches Gebiet gewesen, sodass hier zur Zeit meiner Ankunft alles schon recht friedlich und ordentlich aussah. Hier traf ich fünf oder sechs meiner ehemaligen Schulkameraden aus Yanan, die schon ein Jahr in der Vorstudienanstalt des Polytechnikums gelernt hatten und ziemlich gut Russisch konnten. Die Kenntnis der russischen Sprache war eine der Grundbedingungen für das Studium am Polytechnischen Institut, da diese Lehranstalt ursprünglich von den in Harbin lebenden Russen errichtet worden war und die Lehrkräfte damals noch hauptsächlich aus ortsansässigen Russen bestanden.

Harbin machte einen überraschend angenehmen Eindruck auf mich. Hier, weit entfernt von der Meeresküste und inmitten der chinesischen Provinz, entdeckte ich plötzlich eine Stadt mit europäischem Zuschnitt, deren Atmosphäre in bedeutendem Maße von ihrer russischen Bevölkerung geprägt war, die Ende der vierziger Jahre allerdings nur noch dreißigtausend Menschen betrug. An Sonntagen läuteten die Glocken der russisch-orthodoxen Kirchen, in den Geschäften und auf den Gebäuden waren Aufschriften auf Russisch zu lesen. Die einheimischen Händler unterhielten sich mit ihren russischen Kunden fließend in einer chinesischen Version der russischen Sprache. Es gab russischsprachige Schulen und Institute, in denen auch Chinesen lernen konnten. Interessant an der Entstehung dieser fast russischen Stadt auf einem öden, unbewohnten Fleck am Ufer des Sungari-Flusses im Jahre 1898 ist die enge Verbindung mit dem Bau der Ostchinesischen Eisenbahn. An diesem grandiosen russischen Unternehmen – dem Bau der Eisenbahn und der Stadt Harbin – nahmen in den ersten zwei Jahren fünftausend russische Ingenieure, Techniker, Facharbeiter und Angestellte sowie zweihunderttausend angeworbene chinesische Arbeiter teil. Harbin entstand als geplantes Verwaltungszentrum für die Ostchinesische Eisenbahn, einer Fortführung der Transsibirischen Eisenbahn durch das Gebiet der Mandschurei. Die russische Einwohnerzahl der Stadt schwankte stark und soll im Jahr 1922 über hundertfünfzigtausend erreicht haben. Sie setzte sich zum einen aus den Eisenbahnern zusammen, die um die Jahrhundertwende mit ihren Familien zum Bau und zur Bedienung der Bahn nach Harbin gekommen waren, und zum anderen aus Weißgardisten und Gegnern des Sowjetstaates, die gegen Ende der Oktoberrevolution auf der Flucht vor den Bolschewisten Harbin ansteuerten. Als die Sowjetunion auf Grund der politischen Lage im Jahre 1935 gezwungen war, ihren Anteil an der Ostchinesischen Eisenbahn – der zweite gehörte seit 1924 China – an den japanischen Marionettenstaat Mandschukuo zu verkaufen, wurde ein Teil der Eisenbahner repatriiert. Zwei Jahre später kamen viele von ihnen in GULAGs oder wurden erschossen, weil man in ihnen Gegner des Sowjetsystems sah. 1945 überrannte die Sowjetarmee die Mandschurei, und viele Harbiner Russen wurden von NKWD-Männern festgenommen –

Stalins NKWD oder »Volkskommissariat für innere Angelegenheiten« war insbesondere zuständig für politische Säuberungen, Massenliquidierungen und Beschickung der GULAG genannten Zwangsarbeitslager. Alle übrigen Russen erhielten nun Sowjetpässe, durften jedoch nicht gleich in ihre ursprüngliche Heimat zurück, weil man sie nicht für zuverlässig hielt. Das veranlasste viele Russen, Harbin zu verlassen und nach Australien, Brasilien und in andere Ländern auszuwandern. 1946 zog sich die sowjetische Armee allerdings aus der Mandschurei zurück und überließ das Gebiet den chinesischen Kommunisten.

Nach meiner Ankunft in Harbin wurde ich im Wohnheim der Vorstudienanstalt untergebracht. Ohne Zeit zu verlieren, machte ich mich ans Studium der russischen Sprache, indem ich bis Ende August bei einer älteren russischen Dame Privatunterricht nahm. Sie verlangte wenig Geld für ihre Stunden und sprach gut genug Englisch, um mir die komplizierte russische Grammatik erklären zu können. Zu meiner Freude stellte ich bald fest, dass es für die meisten Erscheinungen der russischen Grammatik eine Analogie entweder in der deutschen, französischen oder englischen Sprache gab, was mir das Studium bedeutend erleichterte.

Im Herbst kam ich in die Vorstudienanstalt des Polytechnikums. Ich war vierundzwanzig Jahre alt und saß auf einer Schulbank mit Achtzehnjährigen, die gerade die Mittelschule abgeschlossen hatten. Für sie war der Stoff vieler Unterrichtsfächer reine Wiederholung, nur Russisch bereitete den meisten von ihnen Schwierigkeiten. Mir ging es genau umgekehrt. Ich erinnerte mich weder an Chemie noch an Algebra oder Trigonometrie, ruhte mich aber während des Russischunterrichts buchstäblich aus. Schon nach einem Jahr unterhielt ich mich mit meinen russischen Freunden mehr oder weniger fließend auf Russisch. Schwieriger fand ich es, idiomatische Fehler zu vermeiden. Der russischen Aussprache maß ich wenig Bedeutung bei, da ich überzeugt war, dass ich es in meinem Alter sowieso zu keiner Perfektion mehr bringen würde.

Alle Studenten wohnten zusammen in einem Studentenheim und speisten in einer großen Mensa. In mancher Hinsicht erinnerte mich mein jetziges Studentenleben an Yanan. Es herrschte strenge Disziplin. Der ganze Tag war sorgfältig eingeteilt in Vorlesungen, selbstständiges Lernen, Freizeit, Essen und Schlafen. Die Freizeit war vorzugsweise kollektiv zu verbringen: Man spielte Korbball, betätigte sich in irgendwelchen politischen Zirkeln, gab Wandzeitungen heraus. Manchmal ging ich auch mit einem Mädchen ins Kino oder verbrachte ein paar schöne Stunden alleine mit ihr, doch diese Begegnungen fanden so weit wie möglich außerhalb des Instituts statt, da die Beziehungen zwischen Mann und Frau in China noch immer unter dem Mehltau feudalistischer Verhaltensmuster litten und Frauen wie Männer sich nachgerade genierten, ihre Gefühle offen zu zeigen. Schon ein harmloser Flirt galt, vor allem in ländlichen Gebieten, als unanständig. Zur Schlafenszeit, so gegen 22.30 Uhr, mussten sich alle im Bett befinden. Dennoch war das Leben nicht ganz so politisiert wie in Yanan. Die meisten Studenten waren im nationalistischen China aufgewachsen, sie benahmen sich etwas freier, und im Gegensatz zu den Studenten aus den kommunistischen Gebieten leisteten sie sich manchmal unvorsichtige Bemerkungen, die nicht ganz mit der offiziellen Politik übereinstimmten. So bekundete einer meiner Kameraden zum Beispiel starken Zweifel an der Theorie der gesellschaftlichen Entwicklung in Richtung Kommunismus. Er hielt das für reine Utopie. Das hätte in Yanan niemand gewagt. Dennoch kam es nie zu offenen Diskussionen, sodass niemand beschuldigt werden konnte, andere Studenten durch seine Meinung negativ beeinflusst zu haben.

Am 1. Oktober 1949, kurz nach meiner Ankunft in Harbin, rief Mao Zedong nach dem Sieg der Roten Armee im Bürgerkrieg die Volksrepublik China aus. Wir in Harbin merkten fast nichts von diesem großen Ereignis, das sich hauptsächlich auf dem Tiananmen-Platz in Peking abspielte. Obwohl mir China seit meiner Ankunft im Land fremd geblieben war, freute ich mich über den Sieg der Kommunisten und das Ende des Krieges. Dafür hatte mein Vater gekämpft, und dafür hatte ich mehrere Jahre in Yanan verbracht. Etwas weniger attraktiv fand ich den Gedanken, dass sich vieles vom Yananer Lebensstil nun auf das ganze Land übertragen könnte, ein Leben in einer großen Kaserne unter eiserner Disziplin.

Obwohl ich mit meiner Weiterbildung gut voran kam, überkam mich deswegen jetzt auch öfter das Gefühl, in eine Sackgasse geraten zu sein, mich in einer aussichtslosen Situation zu befinden. Nach meinen Erfahrungen aus Yanan wusste ich, dass man in ganz China nun nur noch wenig Rücksicht auf menschliche Wünsche, auf individuelle Bedürfnisse und Gefühle nehmen würde. Als technischer Spezialist konnte man auf Befehl der Kaderabteilung in irgendeine verlassene Ecke des Landes geschickt werden und dort für den Rest seines Lebens in einem kleinen, rückständigen Unternehmen sein Dasein fristen, ohne jemals die Möglichkeit zu erhalten, den Arbeitsplatz oder den Wohnort zu wechseln. Europa schien so nur noch weiter von mir wegzurücken. Mit solchen Gedanken, die möglicherweise übertrieben düster waren, hatte ich in den folgenden Jahren Schwierigkeiten, mich mit voller Energie meinem Studium zu widmen. Unter einer kommunistischen Herrschaft, so wie ich sie in Yanan kennen gelernt hatte, wollte ich auf keinen Fall die restliche Zeit meines Lebens verbringen, und auch das, was ich bei den chinesischen Nationalisten gesehen hatte, wäre für mich keine Alternative gewesen, sodass die Insel Taiwan, wohin Chiang Kai-shek geflohen war, auch keinen Ausweg bot. Über kurz oder lang musste ich dieses Land verlassen, so viel stand für mich fest.

Als weitaus ältester Student in der Gruppe, als Mensch mit »Yananer Hintergrund« und letztlich als nicht ganz »waschechter« Chinese war ich in vielem ein offensichtlicher Ausnahmefall und konnte mir deshalb mehr Freiheiten erlauben, ohne dabei zu großes Aufsehen oder Neid unter meinen Mitschülern zu erregen. Und ich machte reichlich Gebrauch davon.

Abends besuchte ich regelmäßig das Kino. Das Filmrepertoire in den Harbiner Kinos war spärlich, es wurden immer ein und dieselben sowjetischen Filme gezeigt, Zelluloidstreifen, die ich von den vielen Besuchen bald auswendig kannte. Sie spielten jedoch eine nicht unwichtige Rolle in meinem Studium der russischen Sprache. Dann lief in Harbin noch längere Zeit der deutsche Film *Die Frau meiner Träume* mit Marika Rökk, den die Russen in der Mandschurei als Beutefilm aufführten. Ich sah ihn mir gerne an: ein netter bunter Schmalzfilm mit viel Musik, gerade das Richtige zum Entspannen. Und die deutsche Sprache verlernte ich so auch nicht.

Schon nach kurzer Zeit hatte ich in Harbin einige freundschaftliche Beziehungen zu älteren »Weißgardisten« angeknüpft, wie die örtlichen Russen im Unterschied zu denen genannt wurden, die nach dem Sieg der chinesischen Kommunisten aus der Sowjetunion als technische Spezialisten nach Harbin gekommen waren. Bei ihnen verbrachte ich so manchen Abend, trank mit ihnen Tee und ließ mir interessante Geschichten aus den Jahren des russischen Bürgerkriegs erzählen. Stolz zeigten sie mir auch ihre Fotoalben, aus denen mich Leute in Kosakenuniform mit langem Säbel anlächelten, es waren typische Soldatenfotos: Vorderreihe symmetrisch liegend mit Kopf zur Mitte, zweite Reihe kniend und Hinterreihe stehend. Unter »Weißgardisten« verstanden viele Chinesen nicht nur Russen, die gegen die Bolschewisten gekämpft hatten, sondern auch jene, die noch vor der Oktoberrevolution als Betriebspersonal der Ostchinesischen Eisenbahn nach China gekommen waren, und deren Nachkommen.

Wie in der kommunistischen Gesellschaft üblich, wurde auch unser politisches Bewusstsein täglich geschärft, damit unser Enthusiasmus für die Ideen des Sozialismus nicht nachließ. Neben Diskussionen, Kaderschulungen und anderen Veranstaltungen betrachtete man die körperliche Arbeit als ein wirksames Mittel, unsere revolutionäre Energie nicht versiegen zu lassen. Gelegenheit dafür gab es mehr als nötig. An Sonnabenden oder Sonntagen verrichteten wir oft »freiwillig« Bau- und Aufräumarbeiten in der Stadt. Der Koreakrieg, der im Juni 1950 zwischen der nach dem Ende des Zweiten Weltkriegs im Norden gegründeten kommunistischen Demokratischen Volksrepublik Korea und der westlich orientierten Republik Korea im Süden ausbrach, und das Eingreifen chinesischer »Freiwilligenverbände« auf Seiten Nordkoreas im Herbst 1950 nahm uns so sehr in Anspruch, dass wir gleich mehrere Wochen unseres Studiums versäumten. In drei Schichten rösteten wir Mehl für unsere Freiwilligen in Korea. Dabei musste das Mehl in riesigen halbsphärischen Töpfen aus Gusseisen mit einem spatenartigen Instrument ständig gemischt werden, damit es nicht anbrannte, doch liefen uns vom Rauch die Tränen aus den Augen.

Da man annahm, dass die Amerikaner, die Südkorea unterstützten, bakteriologische Bomben mit Fliegen als Krankheitserreger in China ausprobieren oder einsetzen könnten, wurde im ganzen Land eine Massenbewegung zur Vernichtung der Fliegen ausgelöst. In Harbin hatte jeder Einwohner per Woche soundsoviel Gramm getöteter Fliegen an Sammelpunkten abzuliefern, und je schneller man seine Norm erfüllte, umso günstiger, denn mit der Zeit trockneten die erschlagenen Viecher in der Tüte aus und verloren an Gewicht. Der Eifer, mit dem wir in den Toiletten in den Hinterhöfen die Fliegenlarven mit ungelöschtem Kalk vernichteten, war nicht kleiner als der Ekel, mit dem wir diese Arbeit verrichteten. Obwohl die Bekämpfung von Fliegen in einem rückständigen Agrarland wie China eine absolut aussichtslose Sache zu sein schien, wurde auf diesem Gebiet Erstaunliches erreicht. In Peking sollen westliche Journalisten als Resultat dieser hygienischen Maßnahme Schwierigkeiten gehabt haben, überhaupt Fliegen zu entdecken, so auf jeden Fall die chinesischen Presseberichte.

Außerplanmäßige Arbeit verschaffte uns auch der breite Sungari-Fluss, an dem Harbin liegt. Bei einer größeren Überschwemmung Anfang der fünfziger Jahre trat der Fluss über die Ufer und drohte die Stadt zu überfluten. Zur Befestigung der Dämme wurde buchstäblich die ganze Stadtbevölkerung mobilisiert. Arbeiter, Angestellte, Schüler, Studenten, Händler, Soldaten und alle anderen verfügbaren Männer wurden zu Arbeitsbrigaden zusammengefasst und bestimmten Uferabschnitten zugeteilt. Wer Geld hatte – zum Beispiel Händler –, konnte jemanden für diese Arbeit anstellen. Hier zeigten sich die erstaunlichen organisatorischen Fähigkeiten der Chinesen: Für jede Arbeitseinheit – ob aus zehn oder fünfhundert Mann bestehend – war immer die genaue Menge von Spaten, Körben, Schulterjochen, Brechstangen und holzgefeuerten Trinkwasserzubereitungsgeräten am rechten Ort und zur rechten Zeit bereitgestellt. Da solche Maßnahmen in China gewöhnlich mit viel Pomp ausgeführt wurden, fehlten auch die Agitbrigaden, Lautsprecher und schwarzen Tafeln nicht, auf denen die Namen der »Helden der Arbeit« standen und ihre Leistungen vermerkt waren, etwa wie viele Sandsäcke pro Tag jemand geschleppt hatte.

Für »vorbildliche« Leistungen während der Dammarbeiten wurde auch ich, zusammen mit noch zwei Mitschülern, zum »Helden der Arbeit« ernannt, ein Ehrentitel, der bei den einen Stolz hervorrief, während ich dadurch eher peinlich berührt war, betrachtete ich mich doch nicht als Held, nur weil ich etwas Sand herumgeschleppt hatte. Noch dazu hatte ich in der Schule in Yanan viel Gelegenheit gehabt, schwere Lasten an einem elastischen Tragejoch zu tragen, wie es in China die Bauern tun. Es geht dabei nicht nur um Kraft und die Fähigkeit, den Schmerz zu ertragen, den das Tragejoch auf der Schulter verursacht, sondern auch um die richtige Technik. Man muss dabei jedes Mal den Fuß genau in dem Moment vom Boden abheben, wenn das Tragejoch nach oben federt. Zwei mit Erde gefüllte Körbe zu je dreißig Kilogramm schafften damals die meisten von uns, zweimal vierzig Kilogramm nur vier oder fünf Jungen aus meiner Klasse, darunter auch ich. Deshalb war ich für den Arbeitseinsatz am Schutzdamm des Sungari-Flusses körperlich gut vorbereitet, bedeutend besser als meine jüngeren Kameraden, für die dies vielleicht die erste Knochenarbeit in ihrem Leben war. Ich habe tüchtig mitgemacht, aber das haben eigentlich die meisten. Die unangenehme Seite dieser Geschichte war, dass sie der Parteiorganisation neuen Anlass gab, mich, den »Helden der Arbeit«, zum Eintritt in die kommunistische Partei zu bewegen. Wieder drückte ich mich, weil ich als Parteimitglied keine Chance mehr gehabt hätte, irgendwann ins Ausland zu kommen. Ich hatte allerdings große Schwierigkeiten, meine Absage erneut zu begründen, ohne den Eindruck politischer Rückständigkeit zu erwecken. Ich führte wieder einmal meine schlechten Kenntnisse der chinesischen Schrift an, die es mir nicht erlauben würden, die politische Literatur in dem Umfang zu studieren, wie es sich für neu gebackene Parteimitglieder gehörte. Meine Absage wurde nur zähneknirschend akzeptiert, doch man nahm sie hin.

1951 beendete ich meine Ausbildung in der Vorstudienanstalt und wurde ins Polytechnische Institut aufgenommen. Trotz erfolgreichen Studiums war ich, weil ich eher pessimistisch in die Zukunft blickte, nicht in der richtigen Stimmung weiterzulernen. Unter anderem befürchtete ich, nach dem Ende meines Studiums als Ingenieur in irgendeine gottverlassene Ecke des Landes geschickt zu werden, ohne Aussicht auf Veränderung der Situation. Deshalb nahm ich im Herbst 1952 eine Stelle als Dolmetscher an, die mir von den Behörden der Stadt angeboten worden war. Es ging darum, die seltenen Empfänge ausländischer Delegationen in Harbin vorzubereiten und ihre Betreuung während ihres Aufenthalts in der Stadt zu organisieren. Die Arbeit war völlig uninteressant, und im Frühling 1954 nahm ich auf Beharren meines Vaters und auf Rat guter Freunde, die mich davon überzeugen konnten, dass ich als Ingenieur trotz aller möglichen Widrigkeiten ein besseres und abwechslungsreicheres Leben vor mir hätte, das Studium wieder auf. Nach fast zweijähriger Unterbrechung war es anfangs für mich gar nicht so leicht, mich abermals in den Lernrhythmus einzufinden.

Größtes internationales Ereignis außer dem abklingenden Koreakrieg war für uns in diesem Zeitraum der Tod Stalins am 5. März 1953. Unendlich lang schien die Schlange von Menschen vor dem Sowjetkonsulat in Harbin zu sein. Sie alle waren gekommen, um in gut organisierter Weise und auf Befehl von oben ihre Trauer über den Tod des Führers der proletarischen Weltrevolution zu bezeugen. Ganze Institutionen besuchten das Sowjetkonsulat in einer Kundgebung, die viele Stunden dauerte. Hie und da schluchzten Leute. Andere schauten verdutzt auf dieses Spektakel. Mich selbst beeindruckte Stalins Tod nur wenig. War ich noch in der Schweiz, vor allem unter dem Einfluss meines Vaters, begeistert von Stalin gewesen, litt meine Bewunderung für den Führer der UdSSR zunehmend, als ich durch Mao erkannte, dass die vermeintlich großen Männer revolutionärer Bewegungen so bewundernswert nicht waren.

Obwohl die eigentliche Abrechnung Chruschtschows mit den Herrschaftsmethoden seines Vorgängers erst auf dem XX. Parteitag der KPdSU 1956 stattfand, erfuhr die russische Innenpolitik bereits nach dem Tod Stalins eine begrenzte Liberalisierung. Konkret zeigte sich dies für uns in Harbin durch die Öffnung der sowjetischen Grenze für alle russischen Emigranten: 1954 wurde allen Russen in der Stadt von der Sowjetregierung angeboten, in ihre Heimat zurückzukehren, um dort am Wiederaufbau des vom Krieg zerstörten Landes teilzunehmen.

Wie schon erwähnt, lebten Anfang der fünfziger Jahre rund dreißigtausend Russen in Harbin. Die meisten von ihnen sprachen kein Chinesisch, da sie unter sich lebten und eine ausländische Kolonie bildeten. Es waren die Chinesen, die sich an die russische Bevölkerung anpassten. Traditionell lebten Russen und Chinesen in Harbin friedlich miteinander. Das durchschnittliche Lebensniveau der Russen war bedeutend höher als das der Chinesen. Die verhältnismäßig wenigen gemischten Ehen bestanden in der Regel aus chinesischem Ehemann und russischer oder russisch-chinesischer Frau und waren hauptsächlich unter den einfacheren Schichten der Bevölkerung zu finden.

Obwohl es den Russen in Harbin relativ gut ging – viele von ihnen besaßen eigene Häuser, Milchvieh, kleine industrielle Unternehmen und Geschäfte –, zog es jetzt die große Mehrzahl von ihnen nach Russland. Besonders die jüngere Generation hatte es eilig, sie stürmte das Sowjetkonsulat geradezu mit Gesuchen für eine Einreiseerlaubnis. Nicht nur wollte sie in einem russischsprachigen Raum leben, sie sah im kommunistischen China auch keine Perspektive mehr für sich als Ausländer. Ehemalige Weißgardisten, die der Sowjetregierung immer noch stark misstrauten, standen vor dem Dilemma, hier in China den Rest ihres Lebens verbringen zu müssen oder ihre Heimat wiederzusehen, auf die Gefahr hin, nach Ankunft in der UdSSR für »vergangene Verbrechen« vor Gericht gestellt zu werden. In den meisten Fällen war Nostalgie der entscheidende Grund für die Rückkehr. Ein Ex-Weißgardist, mit dem ich befreundet war, erklärte sich sogar bereit, nach der Heimkehr in ein Gefängnis zu gehen, sollte dies der notwendige Preis für ein Wiedersehen mit der Heimat sein. Auch der Stolz auf den russischen Sieg über Nazi-Deutschland ließ bei vielen Weißgardisten den Patriotismus auflodern und ihren eigenen alten Hass auf die Bolschewisten vergessen. Typisches Beispiel für diese Rückkehrstimmung war Herr Schekin, ein in Peking allgemein bekannter Mann und russischer Besitzer einer großen Milchfarm mit hundertzwanzig Kühen, einer modernen Wurstfabrik, einer Konditorei und eines der vornehmsten Restaurants in der Stadt. Mit seinen Produkten versorgte er ausnahmslos alle ausländischen Botschaften in Peking. In einer Unterhaltung mit ihm bat er mich, seinem Sohn Boris, der zusammen mit mir im Harbiner Polytechnischen Institut studierte, zu sagen, er solle fleißig lernen, um später sein Wissen in den Dienst seiner sowjetischen Heimat zu stellen. Die Worte klangen aus dem Mund dieses reichen Herrn etwas merkwürdig, meiner Ansicht nach wäre es für ihn doch nahe liegender gewesen, nach Amerika auszuwandern. Doch da irrte ich mich: Im Sommer 1954 siedelte Herr Schekin samt Familie nach Riga um, wo in späteren Jahren seine Fähigkeiten als Manager vom städtischen Rat der Volkswirtschaft hoch geschätzt worden sein sollen.

Nach meinem Eindruck und nach den Informationen, die mir zur Verfügung standen, verlief die Repatriierung der Harbiner Sowjetbürger human: Ich habe nie von einer Verhaftung der Repatriierten oder von ihrer Diskriminierung gehört. Wenn es sie gegeben hat, so müssen es eher Ausnahmefälle gewesen sein. Nach dem Zweiten Weltkrieg mit seinen Zerstörungen war Russland dringend auf Arbeitskräfte angewiesen. Die Repatriierten bekamen vom Sowjetkonsulat Umzugsgelder, und ihre Familien wurden zusammen mit ihrem Gepäck und den Möbeln in großen Güterwagen kostenlos in Gegenden der Sowjetunion befördert, die in die Kategorie Neu- und Brachland fielen, in der Hoffnung, dass wenigstens einige von den

Neulingen in diesen menschenarmen und rückständigen Gebieten hängen blieben und dort den wirtschaftlichen Aufbau vorantrieben. Wollten die Repatriierten allerdings in Richtung einer der Großstädte ziehen, mussten sie die Weiterfahrt auf eigene Kosten unternehmen. Alle meine Harbiner Bekannten und Freunde, die 1954 und 1955 in die Sowjetunion übersiedelten, haben sich letzten Endes in den großen Industriezentren in Sibirien und im Westen des Landes niedergelassen.

Einige Probleme gab es 1954 bei der Repatriierung dennoch: Wollte etwa eine in einer gemischten Ehe lebende russische Frau ihre Auswanderungsmöglichkeit wahrnehmen und mit einem Teil der Kinder Harbin verlassen, musste der chinesische Ehemann mit dem Rest der Familie gezwungenermaßen in Harbin zurückbleiben – für ihn galt die Einwanderungsbewilligung nicht. Dieser Missstand wurde 1955 von der Sowjetregierung behoben, indem sie allen Familienmitgliedern die Einreise bewilligte, solange mindestens ein Familienmitglied Russe oder Russin war.

Ich selbst hatte mich bis zu diesem Zeitpunkt nirgends in China so wohl gefühlt wie in Harbin. Meine russischen Freunde und ihre Familien, in denen ich sehr freundlich aufgenommen wurde, bildeten eine Art quasi-europäisches Mikroklima, in das ich mich nach den vielen Versammlungen, Kundgebungen und anderen politischen Veranstaltungen zurückziehen konnte.

In meiner Gruppe studierten auch einige russische Jungs. Einer von ihnen, Gennadij Butorin, brachte sich die englische Sprache in seiner Freizeit selbst bei. Manchmal half ich ihm dabei, sodass wir uns schnell befreundeten. Seine Eltern besaßen ein kleines Haus und zwei Kühe. Als häufiger Gast seiner Familie lernte ich dort das Leben in einer russischen Familie und auch die großzü-

gige russische Gastfreundschaft kennen. Zuzusehen –
und als Gennadijs Gast ein bisschen mitzumachen –, wie
Ostern auf russische Art gefeiert wurde, war ein großes
Erlebnis für mich. Die Türen der Häuser standen alle offen, die Tische bogen sich unter der Last der Speisen: ge-
bratene Gänse, Enten und Hühner, Würste, Rinder- und
Schweinebraten, Eier und gefüllte Teigtaschen, Kuchen
und raffinierte Sahnetorten. Die Menschen besuchten
und bewirteten sich gegenseitig, scherzten herzlich, küssten sich, aßen und tranken dabei viel Wodka und Wein,
und das während einer ganzen Woche und in einer geho-
benen, feierlichen Stimmung. Bei unseren Unterhaltungen
auf Russisch berichtigte Gennadij meine häufigen
Sprachfehler. Mit seiner Hilfe wagte ich mich sogar an die
Lektüre eines russischen Buches, genauer gesagt an die
russische Übersetzung von Maupassants *Yvette*, in der
Annahme, dass ich es mit dieser mir bekannten Erzäh-
lung leichter haben würde. Ich hatte mich geirrt: es war
eine höllische Arbeit. Wir mussten das Buch zwei- oder
dreimal durchlesen, bis ich alles verstand. Aber mit Gennadijs Unterstützung habe ich es doch geschafft. In seiner
Familie und bei meinen anderen russischen Freunden und
Bekannten verspürte ich zum ersten Mal seit meiner Abreise aus Europa wieder so etwas wie heimatliche Gefühle.

Dieser Zustand währte jedoch nicht lange. Nach der
ersten Repatriierung der Russen im Sommer 1954, bei der
auch Gennadij Harbin verließ, wurde mir klar, dass ich
diese gemütliche und für mich lebenswichtige Atmosphäre bald verlieren würde. Ich musste dringend etwas
unternehmen. Ich ging ins Harbiner Sowjetkonsulat und
wandte mich direkt an den Generalkonsul mit der Frage,
ob für mich als Chinesen auch eine Möglichkeit bestehe,
in die Sowjetunion zu emigrieren. Als Grund meines Wun-

sches gab ich meine Sprachschwierigkeiten an. Der Konsul lächelte und meinte, in der Sowjetunion gäbe es auch für mich genug Platz und Arbeit, und überhaupt sei es vollkommen egal, in welchem Land ich am Aufbau des Kommunismus teilnehme. Eine Auswanderung sei jedoch nur möglich, wenn seitens der chinesischen Regierung kein Einwand erhoben werde, sodass ich erst von ihr die Bewilligung erhalten müsse. »Erklären Sie Ihrer Regierung einfach, dass die Sowjetunion nichts dagegen habe«, sagte er freundlich. »Das würde mir aber kaum jemand glauben«, antwortete ich, »könnten Sie mir vielleicht ein schriftliches Dokument zur Bestätigung Ihrer Worte geben?« Darauf schrieb er gutmütig etwas auf ein Blatt Papier und setzte den Stempel des Konsulats auf das Schriftstück. Unbürokratischer hätte der gute Mann kaum sein können. In späteren Jahren musste ich leider oft feststellen, dass Sowjetbürokraten sich auch ganz anders verhalten können.

An welche chinesische Behörden ich mich wenden sollte, wusste ich nicht, denn mein Anliegen war für die damalige Zeit vollkommen ungewöhnlich. Deshalb ging ich einfach zur Stadtverwaltung. Dort hörte eine der Frauen in einer der Abteilungen mir lange und aufmerksam zu und starrte mich an, als sei ich nicht ganz bei Sinnen. »Was heißt, in die Sowjetunion auswandern, das gibt's doch gar nicht«, meinte sie, »Russen leben in Russland, Chinesen in China...« Ich sagte, das stimme schon, aber Chinesen werden in China geboren und nicht in Berlin, weshalb sie besser Chinesisch sprechen und schreiben können als Berliner. Ich holte das Schreiben des sowjetischen Konsuls hervor und verwies auf das Einverständnis der sowjetischen Botschaft. So recht wusste man in der Harbiner Stadtverwaltung aber dennoch nicht weiter. Zuletzt wurde mir erklärt, man werde der Sache nachgehen, sich an kompetentere Behörden wenden und ich solle von Zeit zu Zeit anrufen.

Also rief ich die Stadtverwaltung regelmäßig einmal pro Woche an, erhielt jedoch immer die Standard-Antwort: »Von oben ist leider noch keine Antwort eingetroffen.« Dennoch ließ ich nicht locker. Die Idee, durch eine Einwanderung in die Sowjetunion Europa zumindest wieder ein Stück näher zu kommen, hatte sich in mir festgesetzt.

Im Herbst 1954 begannen die Vorbereitungen für die zweite Repatriierung, die für den Sommer 1955 geplant war. Eine wichtige Rolle dabei spielte der Verein sowjetischer Staatsangehöriger, eine gesellschaftliche Organisation, über die das sowjetische Generalkonsulat die Kontrolle und politische und kulturelle Führung der russischen Bevölkerung Harbins ausübte. Der Verein wurde 1954 praktisch in eine Abteilung des sowjetischen Generalkonsulats für Fragen der Aussiedlung umgewandelt, welche die für die Repatriierung nötigen Papiere ausstellte, Ausreisegruppen organisierte, Abreisetermine bestimmte und juristische Beratung erteilte. In diesem Verein wurde mir erklärt, dass ich als chinesischer Staatsangehöriger im Falle meiner Auswanderung in die Sowjetunion nicht selbstständig reisen könne, sondern nur als zumindest formaler Angehöriger einer russischen Familie.

Das erzählte ich Nikolaj Braman, einem russischen Studenten aus meiner Gruppe, mit dem ich auch befreundet war und dessen Familie ich gut kannte. Kolja, wie wir ihn nannten, wohnte in einem kleinen Häuschen zusammen mit seinem Großvater, seiner Mutter und seiner sechzehnjährigen Schwester Marija. Er meinte, über mein Problem müsse er unbedingt mit seiner Mutter sprechen und lud mich zu sich ein. In meiner Anwesenheit wandte er sich an seine Mutter mit den Worten: »Nächstes Jahr fahren wir nach Russland, da können wir Dima doch nicht einfach hier zurücklassen.« Dima war mein russischer Spitzname – man hatte mir diesen Namen gegeben, weil er für die Russen bedeutend leichter auszusprechen war als mein chinesischer, den man »Ziang Scheng« aussprach, und die üblichen Zweifel, welcher Teil des Namens nun Vor- und welcher Nachname sei, entfielen auch.

»Natürlich nicht«, antwortete seine Mutter freundlich, »wir nehmen ihn einfach mit.« So einfach war das. Und kurz darauf ließ sie mich offiziell im Verein sowjetischer Staatsangehöriger als Mitglied ihrer Familie registrieren. Koljas Familie wusste zu dieser Zeit schon, wann ihr Zug fahren würde – am 6. Juni 1955, Güterwagen Nummer soundso. Mein Hauptproblem war allerdings noch nicht gelöst: Ich hatte noch immer keine Ausreiseerlaubnis von der chinesischen Regierung erhalten und wusste nicht, ob ich sie jemals bekommen würde.

Von den Stadtbehörden bekam ich auf meine aufdringlichen Telefonate immer dieselbe negative Antwort. Im Frühjahr 1955 spürte ich jedoch, dass sich etwas rührte. Eine junge Sekretärin der Institutsleitung flüsterte mir im Vorbeigehen zu, man erkundige sich über mich. Am nächsten Tag bestellte mich der Rektor in sein Kabinett. Er wusste über meinen Vater, von meiner Arbeit bei Zhou Enlai. Auch hatte er wie ich mehrere Jahre in Yanan verbracht, und so etwas brachte uns näher. Von den Behörden sei eine Anfrage über mich eingetroffen, teilte er mir mit, aus welchem Anlass wisse er nicht, und die Institutsleitung »hielt es für möglich«, mir eine gute Beurteilung auszustellen. Das war sehr großzügig, denn ich war in Sachen Disziplin wahrlich kein Musterknabe. Nun wusste ich auf jeden Fall, dass sich etwas tat, und das beruhigte mich, obwohl ich nicht verstehen konnte, warum ich bis jetzt keine offizielle Antwort von den Behörden bekommen hatte.

Meinem Vater hatte ich nichts über meine Auswanderungspläne erzählt. Die Aussichten auf Erfolg waren noch sehr vage, und ich wollte ihm keine unnützen Sorgen bereiten. Eines Tages rief er mich jedoch selbst aus Peking an und sagte, er habe in einer »gewissen Instanz« bezeugen müssen, dass seinerseits keinerlei Einwände gegen meine Emigration bestünden. Mir war klar, dass ich ihm durch meine Angelegenheit politisch schwer geschadet hatte, denn von einem hohen Offizier wurde auch ein patriotisch gesinnter Sohn erwartet. Mein Vater tat mir Leid, doch für mich gab es kein Zurück mehr.

Unter den Studenten wussten von meinen Plänen nur zwei Menschen: Da war zum einen Wang Ying, eine jüngere Kommilitonin aus Peking, die in Harbin Bauingenieurswesen studierte und genauso gerne tanzte wie ich. Mit ihr war ich längere Zeit befreundet, und auch wenn sich unsere Liebesbeziehung nicht als stark genug erwies, dass ich Wang Ying heiratete und mich durch sie an China band, verbrachten wir doch eine schöne Zeit miteinander. Und zum anderen gab es da noch Gao Yi, den Sohn des damaligen Regierungschefs der Nordostprovinzen, der erst vor kurzem aus der Sowjetunion zurückgekehrt war, wo er in einem Internat für Kinder ausländischer Parteifunktionäre aufgewachsen war. Er sprach perfekt Russisch, schlecht Chinesisch und war dem Charakter nach in meinen Augen ein echter Russe: ein ausgesprochener Gemütsmensch, etwas undiszipliniert und unpünktlich, aber immer gelassen und hilfsbereit. Wir befreundeten uns während des Studiums. Gemeinsam war uns, dass wir beide außerhalb Chinas aufgewachsen waren und die chinesische Sprache und Schrift schlecht beherrschten. Vollkommen unterschiedlich war dagegen unsere Mentalität. Während Gao Yi sich wenig daraus zu machen schien, im Studium immer weiter hinterherzuhinken, war ich zielstrebiger und ehrgeiziger. Bis zu seinem Ausscheiden aus dem Institut studierten wir in derselben Gruppe. Gao Yi ging es materiell besser als den übrigen Studenten: Er wohnte nicht im Studentenheim, sondern in einer Mietwohnung, und speiste in einer kleinen Gaststätte, wo er anschreiben ließ und sein Vater allmonatlich mit dem Besitzer abrechnete. Trotz der hohen Stellung seines Vaters war er aber ein sehr netter und bescheidener Junge.

Gao Yis Vater, Gao Gang, der schon in den dreißiger Jahren Spitzenkader in der Parteiführung und Regionalregierung eines der roten Gebiete im Nordwesten Chinas war, genoss jetzt als Regierungschef große Beliebtheit unter der Bevölkerung der Mandschurei, eines Riesengebiets mit bedeutendem industriellen Potenzial. Doch unter Mao Zedong durfte sich keiner ein solche Popularität leisten. Niemand sollte vergessen, dass an Chinas Himmel nur eine Sonne scheint, die Mao Zedong heißt und vor deren Hintergrund die Errungenschaften aller anderen führenden Persönlichkeiten höchstens kleine schwarze Pünktchen sind. Und so wurde Gao Gang der maßlosen Selbstständigkeit und der Abtrünnigkeit der Zentralregierung gegenüber beschuldigt und in der Presse kritisiert. Sein Sohn Gao Yi zweifelte nicht daran, dass es sich um ein Missverständnis handle und Mao Zedong die Sache persönlich untersuchen und beilegen würde. Eines Tages hörten wir beim Mittagessen aus dem Lautsprecher die Meldung, Gao Gang habe sich erschossen. Wer etwas über den blutigen Machtkampf wusste, der bis jetzt die gesamte Geschichte der Kommunistischen Partei Chinas begleitet hatte, schloss er-

Bestattung erzählte mir Gao Yi vertraulich, wie der Vorsitzende Mao am Sarg seines Vaters »seine Mütze abzog und so seinem alten Kampfgefährten die letzte Ehre erwies«. Gao Yi war gerührt. So viel ich weiß, wurde er nach dem Tod seines Vaters von der Partei weiter wie ein Elite-Nachkomme behandelt, offensichtlich, um die Umstände, unter denen sein Vater umkam, zu vertuschen.

Der Weg aus China

Am 26. Mai wurde ich unvermittelt in die Stadtverwaltung bestellt. Was ich lange schon gehofft hatte, geschah nun tatsächlich. Man händigte mir einen Reisepass aus und wies mich ausdrücklich darauf hin, dass ich China nach zehn Tagen zu verlassen hätte. Die Behörden mussten im Sowjetkonsulat erfahren haben, dass mein Zug am 6. Juni fuhr. Ich nahm an, sie gaben mir die Ausreiseerlaubnis im letzten Moment, damit ich nicht dazu käme, »unnötiges Interesse« für meinen besonderen Fall im Institut zu erregen. Ich rief sofort meinen Vater an, wollte ihn vor meiner Abfahrt noch kurz in Peking besuchen, doch er sagte, ich solle die wenigen Tage lieber ausnutzen, um meine Prüfungen vorzeitig abzulegen. Mit den Zeugnissen, beglaubigt im Sowjetkonsulat, könne ich vielleicht später in Russland mein Studium fortsetzen. Er hatte Recht.

Die Vorlesungen im Institut waren noch nicht beendet – es war ja erst Ende Mai –, und die chinesischen Aspiranten, die jetzt fast das gesamte russische Lehrpersonal ersetzt hatten, verlangten von mir, dass ich meine Prüfungen im kompletten Umfang des Lehrplans ablegte. Sie waren so pedantisch wie Chinesen es nun mal sein können und zu keinerlei Zugeständnissen bereit. Meine letzten Nächte in China verbrachte ich daraufhin schlaflos mit Büffeln, doch ich legte alle Prüfungen erfolgreich ab, wenn auch völlig erschöpft.

Dann kam der Abend des 6. Juni. Zusammen mit Koljas Familie und der Familie seiner älteren Schwester Irina fuhr ich zum Harbiner Hauptbahnhof, wo unser Zug bereits auf uns wartete. Er bestand aus sowjetischen gedeckten Güterwagen, die noch am Vortag auf einem Nebengleis beladen worden waren.

Außer Kolja, seiner Mutter, seiner jüngeren Schwester, seinem Großvater und mir fuhr noch seine ältere Schwester mit ihrem Mann David – beide diplomierte Elektroingenieure – und ihre Schwiegermutter mit.

Auf dem Bahnhof herrschte große Aufregung: Abreisende und Zurückbleibende umarmten sich, weinten, versprachen, oft zu schreiben oder später nachzukommen.

Den genauen Tag meiner Abfahrt hatte ich nur meiner Freundin Wang Ying verraten. Sie war zum Bahnhof gekommen, um mir gute Reise zu wünschen. Wir verabschiedeten uns auf Chinesisch, ohne Gesten, mit einem einfachen Händeschütteln, so, wie sie es gewohnt war. In Charkow angekommen, schickte ich ihr meine Adresse, damit sie mir auf meine Briefe antworten konnte. In ihrem vorletzten Brief vom 30. Oktober 1957 schrieb sie, sie hätte ihr Studium beendet und arbeite jetzt als einfache Bauarbeiterin auf einer Baustelle im Nordosten Chinas. Ingenieure als Arbeiter einzusetzen, war im kommunistischen China eine verbreitete »Erziehungsmethode«. Sie war betrübt, weit weg von Peking und ihrer Familie leben zu müssen, besonders fehlte ihr ihre jüngere Schwester. Andererseits sei sie glücklich, aktiv am Aufbau ihrer Heimat teilzunehmen, und sie wünschte, ich würde mich bald besinnen und ins Land meiner Vorfahren zurückkehren.

Viele ihrer Äußerungen waren offensichtlich für die Zensur bestimmt, denn Wang Ying wusste gut, was ich von patriotischen Reden hielt. In ihrem letzten Brief bat sie mich, »vorübergehend« die Korrespondenz einzustellen. China näherte sich der Kulturrevolution, und es war gefährlich geworden, Verbindungen mit dem Ausland zu pflegen. Nach der Kulturrevolution versuchte ich, über Wang Yings Pekinger Adresse etwas über sie zu erfahren. Leider vergeblich.

Nach der Abfahrt aus Harbin machten wir uns gleich daran, den Waggon »gemütlich« einzurichten. Die Schränke, Kommoden und das in einen Bretterkasten verpackte Klavier der jüngeren Schwester wurden so aufgestellt, dass der Wagen wie in zwei Räume eingeteilt war, in dem Frauen und Männer sich getrennt aufhalten und auf Bretterpritschen schlafen konnten. Der schwer kranke Großvater lag auf einem alten Sofa. Ursprünglich war er Chirurg in der russischen Armee gewesen, die um die Jahrhundertwende beim Bau der Ostchinesischen Eisenbahn mitgewirkt hatte. Immer wenn ich im Haus von Koljas Familie auf meinen Freund gewartet hatte, hatte der Alte mir von seinem eigenen Leben erzählt. Als er 1954 erblindete – er war schon über neunzig Jahre alt – und seinen Familienangehörigen nicht mehr zur Last fallen wollte, hatte er einen erfolglosen Selbstmordversuch unternommen und sich anschließend empört, dass keiner seiner vielen ehemaligen Schüler – jetzt alle bekannte Ärzte – bereit gewesen war, ihn mit einer entsprechenden Spritze oder Arznei zu versorgen. Er philosophierte ganz nüchtern über Euthanasie und mochte es, wenn ich ihm aufmerksam zuhörte. Zur Zeit unserer Abfahrt aus Harbin befand sich der alte Mann schon in einem äußerst schlechten körperlichen und psychischen Zustand, was uns die Reise im unbequemen Güterwagen zusätzlich erschwerte: Er hatte große Mühe, von seinem Sofa, auf dem er während der ganzen Fahrt lag, aufzustehen, um seine Notdurft in einen Eimer zu verrichten, und nässte manchmal einfach ein.

Die Bretterwände unseres Waggons waren über und über mit Kritzeleien versehen, die mit Taschenmessern oder anderen harten Gegenständen dort hineingeritzt worden waren. Die Graffiti deuteten darauf, dass unser Waggon im Zweiten Weltkrieg für den Truppentransport im Einsatz gewesen war. Da stand unter anderem: »In diesem Wagen fuhren Iwanow und Firsow aus Swerdlowsk« oder »Schlagt die Deutschen!«, »Wir waren in Berlin«, »Jetzt geht's nach Hause«, und ein paar recht derbe Schimpfwörter, die in Russland wie fast überall auf der Welt fester Bestandteil jeder Wandmalerei sind.

Am nächsten Abend erreichten wir die sowjetische Grenzstation Otpor. Grenzwächter und Zollbeamte kamen in die mit Möbeln und Gepäck vollgepfropften Waggons, prüften unsere Dokumente und stellten Fragen über den Inhalt der Kisten und Koffer. Nicht zugelassen für die Einfuhr waren etwa weißgardistische Literatur und Schallplatten mit Aufnahmen gewisser russischer Sänger, die von der Sowjetunion als reaktionär erklärt worden waren. Ein unter den Harbiner Russen besonders beliebter russischer Unterhaltungssänger war Pjotr Lechtschenko, der 1918 aus Russland nach Rumänien emigrierte und deshalb in der Sowjetunion auf die schwarze Liste geriet. Er sang unter eigener Gitarrebegleitung ukrainische Volkslieder, Zigeunerromanzen sowie selbst komponierte Lieder. Wer von den Aussiedlern schwache Nerven besaß und befürchtete, bei einer eventuellen Kontrolle seines Gepäcks von den Zollbeamten ertappt zu werden, brachte seine Lechtschenko-Schallplatten selbst auf den Bahnsteig, wo sie mit Schwung und Krach auf den Boden geworfen wurden. Die Befürchtungen waren übrigens vollkommen unnötig gewesen: Bei den Gepäckstücken wurden nicht einmal Stichproben vorgenommen. Das hätte wahrscheinlich viel zu viel Zeit gekostet.

Unser Zug stand mehrere Stunden auf der Station. Auf dem Gleis neben uns kuppelten russische Eisenbahnerinnen Waggons aneinander. Männer waren fast keine zu sehen, was nach den enormen Verlusten an Menschenleben im Zweiten Weltkrieg verständlich war. Die Gewandtheit, mit der diese muskulösen Amazonen an den technisch veralteten schweren Zug- und Stoßeinrichtungen hantierten, rief bei mir echte Bewunderung hervor. Später musste ich allerdings entdecken, dass in Russland viele schwere körperliche Arbeiten vorwiegend von Frauen ausgeführt werden.

Endlich verließ unser Zug die Grenzstation. Wir waren alle sehr aufgeregt, denn wir hatten China hinter uns gelassen und kaum einer von uns wusste, wie es nun weiterging. Doch mit Passieren der Grenze erwartete jeder von uns den Anfang eines neuen Lebens in einem für uns völlig neuen Land. Auch ich spürte große Erleichterung bei dem Gedanken, Asien allmählich hinter mir zu lassen und mich auf dem Weg nach Europa zu befinden. Zwar war der westliche Teil Russlands, in den ich gelangen wollte, nicht ganz jenes Europa, in dem ich meine Kindheit verbracht hatte, und hinter meiner Zukunft hier stand noch ein großes Fragezeichen, doch war ich frohen Mutes und hoffte, dass ich mit meiner Aussiedlung bedeutend mehr zu gewinnen als zu verlieren hatte.

Unser Zug fuhr im Schneckentempo. Außerdem hielt er öfter auf einem Nebengleis für eine halbe Stunde oder mehr an, um einen Schnellzug oder Zug, der es eiliger hatte, vorbeizulassen. Dann konnte es geschehen, dass Scharen von Passagieren wie in einer Massenflucht ihre Waggons verließen und im nahe gelegenen Wald verschwanden, um ihre Notdurft zu verrichten. Vom Zug aus konnten wir die hockenden Menschen von hinten sehen. Sie wagten nicht, sich allzu weit von ihren Wagen zu entfernen, da der Zug jeden Moment seine Fahrt fortsetzen konnte. Wer schnell fertig war, pflückte auf dem Rückweg noch ein paar Blumen, die zu dieser Jahreszeit die Wiesen am Waldrand bedeckten. Während der Fahrt ersetzten uns Nachttöpfe und Eimer den Wald.

Der Juni war heiß in diesem Jahr. In den Waggons herrschte eine unerträgliche Hitze, die hauptsächlich von den sonnenbestrahlten Blechdächern kam. Wir fuhren mit offenen Schiebetüren, doch es half nichts. Wenn der blinde Großvater um frische Luft bat, schob einer von uns eine der offenen Türen zu und wieder auf, was ihn glauben machte, wir hätten die Tür jetzt für ihn geöffnet, und er war vorübergehend erleichtert.

In den drei Waggons vor uns fuhren mehrere Familien von Altgläubigen – Anhänger einer im 17. Jahrhundert entstandenen religiös-sozialen Bewegung gegen die offizielle russisch-orthodoxe Kirche und die vom Patriarchen Nikon eingeführte Kirchenreform. Sie machten auf mich den Eindruck eines kräftigen, tüchtigen und fleißigen Bauernvolkes, adrett gekleidet und sehr höflich im Umgang mit anderen Menschen. Alle Männer, auch die jüngeren, trugen Bärte. Im Vergleich zu den städtischen Russen aus Harbin hätte man meinen können, sie kämen aus einem vollkommen anderen Volk, repräsentierten eine andere Nation. Dies waren meines Erachtens die richtigen Leute für die Erschließung des Neulands, während alle anderen Aussiedler, solche wie ich, das Neuland nur als eine unvermeidliche Zwischenstation betrachteten mit dem Ziel, sich letztendlich in einer zivilisierten und modernen Großstadt der Sowjetunion niederzulassen.

Der nächste Ort nach der Grenze, den wir ansteuerten,

war Tschita. Dort mussten alle Passagiere aussteigen und sich in ein öffentliches Bad begeben. Während wir uns einseiften und warmes Wasser aus Kübeln über den Kopf gossen, wurde unsere Wäsche und Kleidung in Dampfkesseln bearbeitet. Eventuell aus China eingeführtem Ungeziefer sollte so der Garaus gemacht werden. Die Prozedur rief bei den Aussiedlern keine große Begeisterung hervor. Ich ertrug sie gleichmütig, war ich doch noch aus China an kollektive Maßnahmen ähnlichen Zuschnitts gewöhnt.

Nach der Stadt Ulan-Ude ging die Fahrt über eine längere Strecke am Baikalsee entlang. Der tiefste See der Erde mit dem weltweit größten Süßwasserreservoir ist von hohen, sehr waldreichen Gebirgen umrahmt. Und obwohl er »nur« ein See ist, machte er auf mich den Eindruck eines Meeres. Besonders fasziniert war ich jedoch von dem unglaublich klaren Wasser, das uns schon beim bloßen Ansehen ahnen ließ, wie kalt es sein würde. Einmal hatten wir auch die Gelegenheit auszusteigen und uns im Wasser des Baikalsees das Gesicht zu waschen. Es war tatsächlich eiskalt. Von den legendären Baikalrobben, die wahrscheinlich während einer Eiszeit hier heimisch wurden, bekamen wir leider keine zu sehen.

Wir wussten die ganze Zeit nicht, wohin wir fuhren. Am fünften oder sechsten Tag unserer Reise hielt der Zug gegen Mittag an. Zuerst dachte ich, nun würden wir wieder längere Zeit auf einem Nebengleis stecken bleiben. Dann sah ich, wie draußen Männer mit Dokumenten in der Hand am Zug entlangliefen und die Nummern der Waggons prüften. Ein Mann schaute durch die offene Schiebetür unseres Wagens hinein und sagte: »Genossen, ihr seid in der Stadt Kansk angekommen. Das ist eure Endstation. Bitte aussteigen und den Waggon entladen. Ich bin gekommen, um euch abzuholen. Ihr werdet im Taininskij Molsowchos leben und arbeiten« – das war die staatliche Milchwirtschaft des Taininsker Dorfrates. Ein Lastwagen wurde im Rückwärtsgang dicht an unseren Waggon herangefahren. Da es an dieser Stelle keinen Bahnsteig gab, befanden sich die Ladeflächen von Lkw und Waggon fast auf gleicher Höhe, was das Umladen größerer und schwererer Gegenstände wie Möbel und Kisten bedeutend erleichterte. Auf dem ersten Lastwagen verstauten wir unsere Möbel. Außerdem wurde dort der Großvater, auf seinem Sofa liegend, untergebracht. Auf einen zweiten Lastwagen kamen das Klavier, das Gepäck und alles, was nicht mehr in den ersten hineingepasst hatte. Kolja und ich fuhren zusammen mit dem Großvater, alle anderen auf dem zweiten Lastwagen. Auch die Passagiere der anderen Waggons wurden mit Lkws abgeholt, um von den verschiedenen Sowchosen, den staatlichen landwirtschaftlichen Unternehmen, des Kansker Gebiets aufgenommen zu werden: Mit anderen Worten, Sibirien sollte unsere erste Heimat in der Sowjetunion werden.

Wir fuhren eine, zwei Stunden nordwärts durch eine öde und trostlose Gegend. Die vielen tiefen Schlaglöcher erinnerten mich an die schlimmsten Autostraßen, über die ich in China gefahren war. Die Federung unseres Lastwagens war außergewöhnlich hart, und wir spürten jedes Schlagloch wie einen starken Stoß ins Gesäß. Von den Federn des Sofas nach oben gehoben, schwebte der Großvater mit wehendem Bart manchmal für den Bruchteil einer Sekunde regelrecht in der Luft, ein trauriger und zugleich höchst komischer Anblick.

Endlich erblickten wir in der Ferne Kuhställe, Bauernhäuser, Geschäfte, Traktoren und landwirtschaftliche Maschinen. Das war Leontewka – so hieß »unser« Dorf. Die beiden Lastwagen hielten vor einer langen neu erbauten eingeschossigen Baracke an, die aus mehreren aneinander gereihten großen Zimmern bestand. Von einem langen Gang führten Türen in die einzelnen Zimmer. Wir bekamen die ersten zwei Zimmer gleich nach dem Eingang in die Baracke.

Nachdem wir die Möbel und das Gepäck abgeladen und in unsere Zimmer geschafft hatten, konnten wir uns endlich um den Großvater kümmern, der schon lange ein richtiges Bad brauchte. Mit Kolja machte ich draußen neben der Baracke ein Feuer, über dem wir in einem großen Topf Wasser erwärmten. Unter den mitgebrachten Möbeln fanden wir auch einen alten Wandschirm, der neben dem Feuer aufgestellt wurde und hinter dem wir den auf einem Hocker sitzenden Großvater mit Wasser und Seife wuschen. Dann zogen wir ihm frische Unterwäsche an und trugen ihn ins Zimmer. Dabei saß er auf unseren zu einer Art Sitz verflochtenen Händen und schlang seine Arme um unsere Hälse, bis wir ihn wieder auf das Sofa legten, wo er sofort einschlief. Erst am nächsten Tag stellten wir fest, dass er nicht mehr lebte. Er war schon ganz starr und sein Mund stand offen. Ich schickte die anderen nach draußen, nahm eine dicke Schnur zur Hand und wickelte sie dem Toten um Kinn und Kopf. Dann ergriff ich einen Eisenstab, klemmte ihn unter die Schnur, spannte sie und drehte so lange daran, bis der Mund des Alten wieder geschlossen war. Es war eine stille Arbeit. Nur einmal knackte der Kiefer der Leiche leise. Nachdem ich die Schnur am nächsten Tag wieder entfernt hatte, blieb der Mund geschlossen. Wir waren alle sehr traurig über den Tod des alten Mannes, dem wohl die Strapazen der Reise den Rest gegeben hatten. Angesichts seines hohen Alters und seines ausnehmend schlechten Zustands war sein Tod jedoch auch eine Erleichterung für ihn – und auch für uns.

Mehrere Tage lang befand sich der Verstorbene in unserem Zimmer, das wir mit Hilfe von Möbeln und Gepäck ähnlich wie den Eisenbahnwaggon in zwei Teile eingeteilt hatten. In der einen Hälfte, wo auch der Großvater lag, schliefen Kolja und ich, während die Frauen die andere Hälfte bewohnten. Die Bestattung wurde hinausgeschoben, weil Koljas Mutter unbedingt einen Priester dabeihaben wollte, der in dieser menschenleeren Gegend allerdings nicht zu finden war. Letztlich fand das Begräbnis ohne Priester statt, da die Hitze in der Baracke keine Verzögerung mehr zuließ. Ein leichter, jedoch merklicher Verwesungsgeruch hatte sich im Zimmer schon ausgebreitet. Er rührte vor allem von den Gasen, die den Toten erst aufblähten und dann entwichen, sodass man manchmal den Eindruck hatte, er lebte noch und atmete gerade aus.

Am selben Tag wie wir, nur Stunden später, trafen noch andere Familien aus Harbin in Leontewka ein, darunter eine junge Frau mit ihrer Mutter und ein älteres, dem Anschein nach vermögendes Ehepaar, das mit vielen Möbeln und großem Gepäck angereist war. An die anderen kann ich mich nicht mehr erinnern. Die Baracke war jedoch bald vollständig bewohnt. Drei Tage nach unserer Ankunft wurden alle Harbiner von der Leitung der Milchwirtschaft zu einer Versammlung unter freiem Himmel zusammengerufen. Der Direktor, der Parteisekretär, der Gewerkschaftssekretär und der Komsomolsekretär, der Sekretär des Kommunistischen Jugendverbandes – das »Viereck«, wie sie hier hießen –, stellten sich vor. Dabei hatten wir die ersten politischen Unterweisungen über uns ergehen zu lassen. Man erzählte uns von der Sowjetunion, ihren großen Errungenschaften, von der wirtschaftlichen Bedeutung der Brach- und Neulanderschließung. Rundherum standen viele Dorfbewohner, Erwachsene und Kinder, die gekommen waren, sich die Neuankömmlinge anzusehen. Unserem ganzen Äußeren nach – gepflegt und in gebügelter Kleidung, nicht besonders kräftig und etwas zu intelligent – sahen wir kaum tauglich für eine Existenz in dieser etwas heruntergekommenen Landwirtschaft aus. Man musterte uns misstrauisch und mit einem Gefühl der Überlegenheit. Wir waren wie der unbekannte neue Kicker, der in die eingespielte Fußballmannschaft aufgenommen wird. Ich nahm es ihnen nicht übel. In einer Hinsicht war dieses arme Volk, das zu sechzig oder siebzig Prozent aus Frauen bestand, uns tatsächlich weit überlegen, nämlich in seiner Geduld und Fähigkeit, dieses harte Leben in rauem Klima, in Anarchie und unter der Willkürherrschaft der Verwaltung zu ertragen. Für sie waren wir Schwächlinge.

Auf uns hingegen machte die Landwirtschaft in Leontewka einen verkommenen, deprimierenden Eindruck. Die Kuhställe waren verdreckt und in einem erbärmlichen Zustand, die Kühe mager und krank; halb ausgeschlachtete landwirtschaftliche Maschinen lagen überall im Dreck herum; die Häuser der Bauern waren in einem verheerenden Zustand, und auf den Feldern wuchs das Unkraut. In den ersten Tagen wurden wir alle mit Hacken zur Unkrautbeseitigung losgeschickt. Rundherum kilometerweite Felder, und wir mit unseren kleinen Hacken! Es war reiner Unsinn, wir kamen uns lächerlich vor. Abends wurde uns mitgeteilt, was wir am Tag mit unserer Arbeit verdient hatten: wenige Kopeken! Man erklärte uns, wir hätten die Norm nicht erfüllt und in der Sowjetunion hänge die Bezahlung allein von der Leistung des Arbeitenden ab, was etwa bedeuten sollte, dass hier kein Platz für Faulenzer war. Doch um wie viel wir die Norm nicht erfüllt hatten, konnten sie uns nicht sagen. Niemand hatte die von uns bearbeitete Fläche gemessen oder wenigstens abgeschätzt.

Später wurden Kolja und ich als Erdarbeiter eingesetzt. Zusammen mit einer Brigade von Frauen hatten wir einen riesigen Silograben auszuheben. Die Norm war einige Kubikmeter pro Tag. Es war richtige Knochenarbeit, weil dieses Gebiet mit Dauerfrostboden bedeckt war. Um Erde auszuheben, mussste wir abwarten, bis an der vorgesehenen Stelle der gefrorene Boden unter Sonneneinwirkung auftaute. Dann aber war er nass und schwer, und beim Wurf blieben ganze Erdklumpen am Schaufelblatt kleben. Zudem plagten uns Schwärme von Mücken. Das landwirtschaftliche Unternehmen verfügte zwar über Bulldozer, aber sie wurden hier nicht eingesetzt. Warum, war mir unerklärlich.

Fast alle hiesigen Frauen, mit denen ich hier zusammenarbeitete, hatten im Gefängnis gesessen, bevor sie sich in diesem Dorf niederließen. Von sich und ihren Straftaten erzählten sie ohne Hemmung, und sie empfanden dabei keinerlei Scham. Ihre Verbrechen reichten vom kleinen Diebstahl über größere Betrügereien bis hin zum Mord. Hart bestraft wurden in der Sowjetunion auch die illegale Herstellung und der Verkauf von Selbstgebranntem. Trinken konnten diese Frauen so viel wie die Männer. Allerdings war man in dem armen Dorf sparsam und trank allgemein denaturierten Spiritus, ein für Genusszwecke unbrauchbar gemachter giftiger Alkohol, der einfach viel weniger kostete als Wodka. Der Aufkleber auf den Flaschen, den ein Totenkopf und die Warnung »Achtung, Gift!« zierte, rief nur Heiterkeit hervor.

Im einzigen Lebensmittelgeschäft des Dorfes konnten wir Brot, Zucker, Salz, Tee und noch ein paar Kleinigkeiten kaufen, alles Übrige bekamen wir für teures Geld bei den Bauern, die ihre eigenen Gemüsegärten, Milchvieh, Schweine und Geflügel besaßen. Der Laden war wie ein Treffpunkt, wo wir, in der Schlange stehend, den letzten Klatsch des Dorfes hören konnten. Hier schaute ich immer mit Vergnügen dem Treiben einer großen Schar von lustigen kleinen Kindern mit asiatischen Gesichtszügen zu, die dem Äußeren nach überhaupt nicht zu ihren blonden russischen Müttern passten. Neugierig geworden, woher diese Kinder denn kamen, erfuhr ich, dass in unserem Dorf zwei alte – aber offensichtlich noch zeugungsfähige – Chinesen lebten, Wang Ling und Chen Lou, die sich nach ihrer Entlassung aus dem Gefängnis hier angesiedelt hatten. Sie waren vor dem Krieg als Schmuggler auf der russischen Seite des chinesisch-russischen Grenzflusses Amur geschnappt worden. Nachdem sie ihre Strafe in der Sowjetunion verbüßt hatten, hatten sie beschlossen, nicht in ihre chinesische Heimat zurückzukehren und sich stattdessen hier niederzulasssen.

Chen Lou lernte ich später näher kennen. Wie mir seine russische Frau erzählte, litt er an einem bösem Magengeschwür und musste, wenn er vom Sowchos für Feldarbeiten eingesetzt wurde, zur Schmerzlinderung Opium einnehmen. Schlafmohn wuchs im Garten direkt vor seinem Haus, und der Chinese zeigte mir, wie man mit einer Rasierklinge, die zwei Millimeter aus einem Korken hervorragte, den Mohn spiralförmig anritzte. Den heraustretenden milchigen Saft wischte er mit dem Zeigefinger ab und schmierte ihn in ein hohles Kuhhorn, um ihn später weiterzuverarbeiten. In China, wo in den wärmeren Provinzen trotz strengsten Verbotes weiter Opium geraucht wurde, hatte ich nie Schlafmohn zu sehen bekommen – für dessen Anpflanzung konnte man zum Tode verurteilt werden. Umso überraschter war ich, diese Pflanze zum ersten Mal in einem kleinen sibirischen Dorf zu sehen, wo außer den beiden Chinesen wahrscheinlich niemand ahnte, in welch angenehme Gemütsverfassung man sich mit Schlafmohn versetzen kann. Ich selbst hatte noch in China aus reiner Höflichkeit einige Male eine mir angebotene Opiumpfeife an den Mund führen müssen, tat dies jedoch mit großem Ekel und hielt dabei den Atem an, so gut ich konnte. Die Wirkung von Opium habe ich deshalb nie gespürt.

Anfang Juli verließ Kolja das Dorf, um nach Nowosibirsk zu fahren. Mit seinem sowjetischen Pass hatte er in der größten Stadt Sibiriens keine Schwierigkeiten, sofort in eine Hochschule aufgenommen zu werden. Nicht allen meinen Bekannten aus dem Harbiner Polytechnischen Institut erging es so gut. Mein Freund Gennadij Butorin, der im Vorjahr mit seiner Familie angereist war und sich an das Polytechnikum von Swerdlowsk und später an jenes von Tomsk gewandt hatte, um aufgenommen zu werden, bekam eine Absage. Als Grund wurde ihm der Mangel an freien Studienplätzen genannt. Erst nachdem er einen Brief direkt an den damaligen sowjetischen Ministerpräsidenten, Georgij Malenkow, geschrieben hatte, konnte er sein Studium fortsetzen: im Institut von Tscheljabinsk, am Rande des Urals. Eine Bedingung dabei war allerdings, dass er als einfacher Arbeiter beim Bau des Studentenwohnheims mitwirkte.

Der Abschied von Kolja fiel mir schwer, schließlich hatten wir die letzten Monate wie Brüder zusammengelebt, ja sogar in seine Familie war ich aufgenommen worden. Doch ich hatte noch keine festen Pläne, wusste nicht, wohin ich fahren sollte. Allerdings war mir schnell klar geworden, dass meine Zukunft sicher nicht in der Milchwirtschaft oder in der Landwirtschaft überhaupt lag. Dass hier nichts zu verdienen war, merkte ich nicht zuletzt daran, dass die zurückgelegten Umzugsgelder, die ich in Harbin vom Sowjetkonsulat bekommen hatte, rapide schrumpften.

Mitte Juli lernte ich Sascha kennen, einen Kraftwagenfahrer aus Charkow, der in Leontewka geheiratet hatte und mit seiner Familie in diesem Nest geblieben war. Wie viele andere Menschen war er mit großen Versprechungen hierher gelockt worden, um bei der Erschließung von Neu- und Brachland in kurzer Zeit ordentlich Geld zu verdienen, mit dem sich dann später in der angestammten Heimat gut auskommen ließe, doch tatsächlich herrschte in den meisten dieser Regionen das reine Chaos und viele Neusiedler blieben hier hängen wie dieser Kraftfahrer und waren verbittert. Sascha schimpfte auf Sibirien, auf das raue Klima, die langen kalten Winter, den ewig gefrorenen Boden und überhaupt auf die harten Lebensbedingungen. Dem hielt er unablässig und mit glänzenden Augen seine Heimatstadt entgegen, in der seiner Ansicht nach alles besser war: das Wetter, das Essen, die Früchte, der Lebensstandard, die Menschen, einfach alles. Auch Hochschulen sollte es dort eine Menge geben, war seine Antwort auf meine neugierige Frage. Das machte mich hellhörig, und ich ließ mir mehr von der Stadt erzählen, bis ich glaubte, genug zu wissen, und beschloss, nach Charkow zu fahren. Es war die einzige größere Stadt in der Sowjetunion, über die ich nun einige Informationen besaß, und die waren positiv. Ich konnte damals noch nicht ahnen, dass ich die nächsten sechsundvierzig Jahre in dieser Stadt leben würde. Ohne noch lange zu überlegen, ging ich zum Verwaltungsgebäude der Milchwirtschaft, um dem Direktor meine Kündigung einzureichen. Wie mir die Sekretärin erklärte, fand beim Direktor im Moment eine wichtige Sitzung statt. Ich musste im Vorraum warten. Durch die geschlossene Tür des Kabinetts drangen von Zeit zu Zeit laute Stimmen und Gelächter. Dann ging die Tür auf, und ich sah, wie der Direktor, ein paar Männer und eine Frau mit vom Alkohol geröteten Gesichtern wankend das Kabinett verließen. Ich war offensichtlich im falschen Moment gekommen. Am nächsten Tag jedoch wurde ich vorgelassen. Ich erklärte dem

Direktor, dass ich das Dorf verlassen wolle und laut Erklärung des Sowjetkonsulats in Harbin nicht verpflichtet sei, nach Ankunft in der Sowjetunion an einem vorgeschriebenen Ort zu wohnen und zu arbeiten. Der Direktor grinste nur und meinte: »Es kümmert mich einen Dreck, was man dir in China gesagt hat. Jetzt bist du in der Sowjetunion und hörst zu, was ich dir sage. In der Erntezeit bleiben alle auf ihren Arbeitsplätzen. Von heute ab verbiete ich dir, das Gelände der Milchwirtschaft zu verlassen.« – Konfrontiert mit der nackten Willkür eines kleinen Sowjetbeamten, dachte ich nur, je schneller ich von diesem abgelegenen Ort wegkomme, umso besser. Und Verbote hatten mich schon in China nicht gehindert, meinen Weg zu gehen, im Gegenteil. So fuhr ich am frühen Morgen des nächsten Tages per Autostopp nach Kansk. Den Fahrer bezahlte ich in »harter Währung«, also in Wodka – gratis wurde man nicht mitgenommen. Von Kansk ging es mit dem Zug nach Krasnojarsk, dem Zentrum der Region, wo ich mich mit meinem Anliegen an die Verwaltung der Sowjetischen Staatlichen Landwirtschaftlichen Unternehmen des Gebiets wandte. Vom stellvertretenden Verwaltungsleiter erhielt ich ein offizielles Schreiben an den Direktor der Milchwirtschaft mit der Weisung, mir beim Verlassen des Unternehmens keine Hindernisse in den Weg zu legen. Bei meiner Rückkehr hatte ich das Pech, noch am Rand des Dorfes auf den Direktor zu stoßen. Er wusste von meiner kurzen Abwesenheit, hielt mir vor, die Arbeit geschwänzt zu haben, und drohte mit einer Strafe. Ich übergab ihm das Schreiben der Gebietsverwaltung, das ihn, noch während er las, schnell ernüchterte. Vor höheren Instanzen haben diese kleinen Bonzen gewöhnlich großen Respekt.

Ich war nun wild entschlossen, Leontewka zu verlassen. Das Einzige, was mir fehlte, war Geld für die Fahrt. Zufällig erfuhr ich, dass das wohlhabende Ehepaar in unserer Baracke vorhatte, zu Verwandten nach Alma-Ata, der Hauptstadt von Kasachstan, zu fahren. Da alle Lastwagen sich im Ernteeinsatz befanden, stand es vor der Frage, wie sich mit den vielen Möbeln und dem Gepäck die Eisenbahnstation in Kansk erreichen ließ. Ich schlug den beiden vor, für eine entsprechende Belohnung ihre Fahrt nach Kansk zu »organisieren«. So wollte ich mir etwas Geld für mein eigenes Vorhaben verdienen. Um die Lkw-Fahrer für das Unternehmen zu gewinnen, war zuallererst Bakschisch in Form von Wodka nötig. Daneben mussten aber auch deren direkte Vorgesetzte ihr Einverständnis geben. Noch mehr Wodka musste also her. In der schwierigen Situation erklärte sich das Ehepaar sofort mit meinem Angebot einverstanden. Ich war nicht ganz sicher, ob es klappen würde, doch war ich bereit, es zu riskieren. Mein Plan war, das Ehepaar nach Kansk zu bringen und die Stadt noch am gleichen Tag in Richtung Charkow zu verlassen. Da mein Gepäck aus einem einzigen großen Koffer bestand, war ich mobil und konnte zu jeder Zeit aufbrechen. Der Gedanke, von Koljas Familie Abschied nehmen zu müssen, stimmte mich etwas traurig, hatten sie mich doch behandelt wie einen eigenen Sohn. Aber in diesem Nest angekommen, musste sich jeder überlegen, wie er so schnell wie möglich wieder fortkam, um nicht hier hängen zu bleiben wie der Kraftfahrer Sascha. Kolja selbst befand sich mittlerweile schon in Nowosibirsk, und jetzt war meine Chance gekommen.

Meine letzten Tage in Leontewka nutzte ich, um einen kleinen Vorrat an Brennholz für die zurückbleibenden Familien von Kolja und seiner älteren Schwester Irina zu machen, denn sie befürchteten, in dem sibirischen Dorf überwintern zu müssen. Von der Milchwirtschaft bekam ich ein Pferdefuhrwerk geliehen und fuhr mit Koljas Schwester in ein nahe gelegenes Birkenwäldchen. Wir fällten einige Bäume, teilten sie in kürzere Stücke, luden sie auf den Wagen und brachten alles zur Baracke. Dort zersägten wir die Stämme weiter, anschließend spaltete ich sie mit einer Axt. Am Wagen waren die Räder locker, Säge und Beil waren stumpf. Befand sich denn das gesamte Werkzeug in diesem landwirtschaftlichen Unternehmen in solch einem kümmerlichen Zustand, oder war uns absichtlich so unbrauchbares Gerät gegeben worden?

Nach Westen

Anfang August fand ich Männer, die bereit waren, auf ihr Risiko und natürlich gegen reichlich Wodka zwei Lastwagen mit Möbeln und Gepäck nach Kansk zu schicken – in einer Zeit, wo sich die Losung »Alles für die Ernte!« unendlich viele Male am Rand der Autostraßen auf bunten Plakaten wiederholte. Wir fuhren am frühen Morgen los und erreichten Kansk ohne ernste Zwischenfälle. Unterwegs mussten wir an einem Kontrollposten, der den Inhalt unserer Wagen prüfte, einige Flaschen Wodka zurücklassen. Am Kansker Bahnhof angekommen, half ich dem Ehepaar, ihre Ladung in Containern zu verstauen. Gegen Mittag hatte ich meine Aufgabe erfüllt und dabei nicht schlecht verdient. Mit dem Geld konnte ich eine Eisenbahnfahrkarte nach Charkow lösen und mich dort einige Zeit über Wasser halten.

Die kurzen Sommer in Sibirien können sehr heiß werden. Und auch in diesem Jahr zeigte das Thermometer im August oft über dreißig Grad im Schatten an. Noch wärmer war es im Zug, der zudem stark überfüllt war. Mein ganzer Körper war von einem feuchten, klebrigen Film überzogen, und nicht einmal die Nacht brachte merkliche Linderung. Da ich eine obere Liegebank hatte, konnte ich den ganzen Tag in der Horizontalen verbringen; das war nicht so unbequem und ermüdend, wie zu dritt oder viert auf der unteren Bank zu sitzen, allerdings auch wärmer.

Im Zuge der Liberalisierungsprozesse nach dem Tod Stalins hatte in der Sowjetunion 1955 eine größere Amnestie stattgefunden, und in den Eisenbahnwagen wimmelte es von freigelassenen Straftätern, die während der Fahrt die Passagiere bestahlen. Schlafenden zogen sie das Geld aus den Taschen, und wenn sie eine günstige Gelegenheit fanden, warfen sie viel versprechend aussehende Koffer von Mitreisenden zum Fenster hinaus und sprangen danach vom Zug ab. Niemand von ihnen besaß eine Fahrkarte, und wann immer die Brigade von Kontrolleuren kam, zwangen sie die Schaffnerin, mit ihrem Dienstschlüssel die während der Fahrt von innen verschlossene Waggontür zu öffnen, um sie raus und aufs Dach klettern zu lassen. Während der ganzen Fahrt bis Charkow, die fünf Tage dauerte, ging ich nie an meinen Koffer heran, sodass niemand wusste, wo dessen Besitzer sich aufhielt, und ich mich, wenn nötig, für kurze Zeit von ihm entfernen konnte, ohne befürchten zu müssen, dass er gleich darauf gestohlen oder ausgeräumt wäre.

In Baschkirien stieg eine nette junge Frau in unseren Waggon ein. Wir kamen ins Gespräch, und sie stellte sich als Nina vor. Sie war Geologin und kehrte nach einer Dienstreise in ihre Heimatstadt Moskau zurück. Kurz vor dem Umsteigen gab sie mir ihre Adresse und lud mich zu sich ein. Ich bedankte mich höflich, dachte jedoch, dass es nie dazu kommen würde, sie aufzusuchen.

In Charkow angekommen, ließ ich meinen Koffer vorläufig am Bahnhof im Gepäckraum zurück und fuhr zum Polytechnischen Institut der Stadt in der Hoffnung, dort unter den chinesischen Studenten jemanden zu finden, den ich aus China kannte. Da ich im Institut nur sowjetischen Abiturienten begegnete, ging ich ins Studentenheim. Dort stieß ich auf eine große Gruppe chinesischer Studenten, die, im Unterschied zu den Studenten europäischer Länder, von ihren Regierungen kein Geld für eine Heimreise während der Ferien bekamen und deshalb den Sommer in Charkow verbringen mussten. Ich wurde sehr herzlich von ihnen empfangen, so wie es sich gehört, wenn sich Landsleute in einem fremden Land treffen. Sie fragten mich, auf welchem Weg ich nach Charkow gelangt war, und während ich ihnen meine Geschichte erzählte, luden sie mich zu einem selbst gekochten chinesischen Essen ein. Es schmeckte sehr gut, war scharf gewürzt und enthielt viel Kohl. Von ihnen erfuhr ich, dass auch Su Liuye, mein guter Freund aus Yananer Zeiten, hier studierte, nur befand er sich im Moment in einem Ferienheim in der Nähe der Stadt. Ich freute mich, ihn bald wieder sehen zu können.

Die ersten Tage in Charkow übernachtete ich in dem fast leeren Studentenheim, das zu dieser Zeit nur von chinesischen und vietnamesischen Studenten und vielen Wanzen bewohnt war. Als Erstes musste ich herausfinden, ob für mich eine Möglichkeit bestand, mein Studium im Charkower Polytechnischen Institut fortzusetzen. Ich ging deshalb zum Rektorat. Dort herrschte im Augenblick Hochbetrieb, weil die Abiturienten, die aus allen Teilen der Sowjetunion angereist waren, ihre Aufnahmeprüfungen ablegten. Erst am zweiten Tag gelang es mir, den Rektor zu sprechen. Er erklärte mir freundlich, mit einem chinesischen Pass könne man in der Sowjetunion sich nur als von der chinesischen Regierung abkommandierter Student immatrikulieren. Deshalb riet er mir, die sowjetische Staatsbürgerschaft anzunehmen und im nächsten Jahr erneut zu ihm zu kommen. Zum Abschied wünschte er mir noch viel Erfolg.

Ich überdachte seinen Vorschlag, und die Vorteile, die mir ein Wechsel der Staatsbürgerschaft bringen würde, waren unübersehbar. Nicht nur würde ich dadurch hier studieren können, auch konnte ich mich dann ungehindert im Land bewegen und hätte vermutlich keine Schwierigkeiten bei der Arbeitssuche. Und nicht zuletzt hätte ich mich nicht mehr regelmäßig in der chinesischen Botschaft in Moskau einzufinden. Denn dazu war es nun höchste Zeit geworden. Laut Vorschrift hätte ich dies schon längst tun müssen. Bei den großen Entfernungen in Russland war es allerdings nicht so einfach, Bestimmungen dieser Art einzuhalten. Von dem abgelegenen Dorf in Sibirien, in dem ich die ersten Wochen in der Sowjetunion verbracht hatte, bis zur Botschaft der Chinesischen Volksrepublik in Moskau war es weit. Von Charkow aus war es schon näher, nicht einmal achthundert Kilometer. Für mich, der ich die weiten Entfernungen in China gewöhnt war, geradezu eine Spazierfahrt. Also machte ich mich endlich auf den Weg in die sowjetische Hauptstadt. Dort beschloss ich sogleich, meine neue Bekannte Nina aufzusuchen, die ich während der Zugfahrt in die Ukraine kennen gelernt hatte. Das Haus fand ich ohne Schwierigkeiten, nur wusste ich nicht, auf welchen der vier Klingelknöpfe an der Eingangstür, unter denen verschiedene Namen standen, ich drücken sollte. Ninas Familiennamen hatte ich mir nicht gemerkt. Aufs Geratewohl drückte ich auf den ersten Knopf. Eine Frau öffnete, und ich fragte sie, ob Nina hier wohne. Sie bejahte und klopfte an eine Tür. Jemand öffnete sie von innen, und ich blickte in ein winziges dunkles Zimmer, in dem vier Gestalten auf zwei Betten saßen und gebannt auf den Bildschirm eines Fernsehers starrten. Zur optischen Vergrößerung des kleinen Bildschirms war vor ihm eine mit Wasser gefüllte Glaslinse angebracht – dies war einer der ersten russischen Fernseher.

Erst als das Programm zu Ende war und jemand das Licht anmachte, wurde ich begrüßt. Nina war nicht da, sie war schon wieder nach Baschkirien aufgebrochen. Doch hatte sie zu Hause von mir erzählt, sodass ich freundlich aufgenommen wurde. Ich lernte Ninas zwei Schwestern, ihren Bruder und ihre Mutter kennen. Der Bruder und eine Schwester schliefen auf Klappbetten, die tagsüber weggeschafft wurden, damit man sich in dem kleinen Zimmer bewegen konnte. Für mich wurde für die Nacht noch ein drittes Klappbett aufgestellt. So übernachtete ich einige Tage bei meinen neuen Bekannten und genoss ihre Gastfreundschaft. Es war das erste Mal, dass ich mich in einer so genannten »Kommunalka« befand. Kommunalkas waren ein Mittelding zwischen Wohnung und Wohnheim: Dabei wohnte in den verschiedenen Zimmern einer Wohnung je eine Familie, während die Küche, das Badezimmer – wenn es denn eins gab – und die Toilette gemeinsam benutzt wurden. Dieses erzwungene Zusammenleben von mehreren Familien in einer Wohnung war in Sowjetrussland weit verbreitet. Obwohl viel gebaut wurde, war es seinerzeit die einzige Lösung, um den akuten Mangel an Wohnraum einigermaßen in den Griff zu bekommen. Abhängig von der eher zufälligen Zusammensetzung der Bewohnerschaft einer Kommunalka lebte man dort manchmal friedlich und freundlich miteinander, manchmal betont korrekt und unabhängig voneinander und zuweilen wie in regelrechtem Kriegszustand.

Am zweiten Tag meines Aufenthalts in Moskau suchte ich die chinesische Botschaft auf. Als schlechter Patriot, der auf eigenen Wunsch sein Land verlassen hatte, wurde ich kühl empfangen. Außerdem wurde mir vorgeworfen, mich spät bei der Botschaft gemeldet zu haben. Ich erklärte, in Sibirien hätte ich nicht die Möglichkeit dazu gehabt, und nach Ankunft in Charkow sei ich sofort nach

Moskau gefahren. »Nicht sofort«, verbesserte mich der Sekretär mit einem sibyllinischen Lächeln und nannte das genaue Datum meiner Ankunft in Charkow. Von dem heimlichen Telefonat meiner Landsleute mit der chinesischen Botschaft war ich nicht gerade begeistert, doch bemühte ich mich, ihr Handeln vor mir selbst so gut wie möglich zu rechtfertigen. Die Art und Weise, auf welche ich in die Sowjetunion gekommen war, war letzten Endes ungewöhnlich – so etwas kann bei Menschen mit wenig gesundem Menschenverstand und überzogenem Ordnungssinn schon Verdacht hervorrufen. Alles weitere war Behördenroutine.

In den nächsten Tagen bummelte ich in Moskau herum, guckte mir diese Riesenstadt an und versuchte sogar, sie mit Berlin zu vergleichen. Dieser Vergleich fiel jedoch zwangsläufig zugunsten Berlins aus. Berlin war meine Heimatstadt, und Moskau einfach nur eine große Stadt, faszinierend zwar, doch mein Herz konnte sie nicht erwärmen. Anschließend fuhr ich zurück nach Charkow. Ich musste dringend eine Arbeit finden und ein Zimmer, in dem ich wohnen konnte. Als Ausländer hatte ich mich im Gebiets-OWIR, dem polizeilichen Visum- und Meldeamt anzumelden. Dort stellte der dienstführende Beamte, Oberstleutnant Ostapenko, fest, dass man im Sowjetkonsulat in Harbin vergessen hatte, die Nummer meines Einreise-Visums in meinen Pass einzutragen – glücklicherweise hatte man es an der Grenze übersehen, sonst wäre ich sicher zurückgewiesen worden. Um das Versäumnis nachzuholen, musste ich meinen Pass im OWIR zurücklassen und bekam dafür von dem freundlichen Beamten eine mit Polizeistempel versehene Bestätigung, dass sich mein Pass dort befand.

Trotz der herrschenden Wohnungsnot fand ich relativ schnell ein Quartier. Die Pförtnerin eines der Studentenheime des Polytechnischen Instituts – ich hatte die Frau durch einen chinesischen Studenten kennen gelernt – besaß am nördlichen Stadtrand ein schäbiges Häuschen. Dort konnte ich ein billiges kleines Zimmer mieten. Von hier aus unternahm ich täglich meine Ausflüge zu den industriellen Werken und Betrieben Charkows in der Hoffnung, irgendeine Arbeit zu finden. Arbeitsplätze gab es in den fünfziger Jahren zwar genug – an den Eingängen und Toren praktisch aller Unternehmen hingen Listen von Stellenangeboten, nach denen Dreher, Bauarbeiter, Schlosser, Wagenlenker, ungelernte Arbeitskräfte und vieles mehr gesucht wurden –, doch auf eine mir unerklärliche Weise verlief meine Suche erfolglos. Damals wurde in der Sowjetunion viel über die unverbrüchliche russisch-chinesische Freundschaft geredet und geschrieben, und ich dachte, als Chinese sollte ich hier eigentlich keine Schwierigkeiten haben. Dennoch wurde ich nirgends angenommen. Ich glaubte nun nicht, dass die Absagen mit einem Misstrauen mir persönlich gegenüber zu tun hatten. Aber ich war Ausländer, und niemand wollte etwas riskieren. Die Angst davor, Verantwortung zu übernehmen, war eine für kommunistische Länder typische Erscheinung, da man unter dem fadenscheinigen Grund, man trüge »Verantwortung für dieses oder jenes«, abgesetzt, entlassen und verhaftet werden konnte.

Lange konnte ich so nicht mehr über die Runden kommen. Mein Geld ging zur Neige, ich musste am Essen sparen und hatte bereits aufgehört, meine Miete zu bezahlen. Wieder suchte ich das OWIR auf und erzählte Oberstleutnant Ostapenko von meinen Problemen. Er war indes zuversichtlich und meinte, in der Sowjetunion ließen sich solche Sachen ohne Schwierigkeiten regeln, da es genug Arbeit für alle gebe. Er nahm den Telefonhörer ab, wählte eine Nummer und erklärte kurz darauf dem Personalleiter des Charkower Traktorenwerks, jetzt käme ein chinesischer Staatsangehöriger zu ihm, für den er eine geeignete Arbeit zu finden habe. Es war kurz nach zwei Uhr, und ich beeilte mich, so schnell wie möglich mit der Straßenbahn das außerhalb der Stadt gelegene Traktorenwerk zu erreichen. Als der Personalleiter erfuhr, dass ich kein »einfacher« – wie er es nannte – Chinese war, sondern ein in Deutschland geborener, verzog er das Gesicht und erklärte mit Bedauern, es gebe in seinem Werk leider keine geeignete Arbeit für mich.

Ich fuhr zurück ins OWIR. Der Oberstleutnant wollte mir schon gratulieren, doch als er von meinem Misserfolg erfuhr, wurde sein Gesichtsausdruck offiziell und ernst. Wütend nahm er den Hörer erneut ab, und es folgte ein Telefongespräch, von dem ich nur die eine Seite hörte:

»Hallo, haben Sie den Genossen angestellt?«

»Sie haben wohl nicht begriffen, mit wem Sie es zu tun haben? Ich wiederhole: hier Oberstleutnant Ostapenko. In einer Dreiviertelstunde bekommen Sie noch mal Besuch. Ich hoffe, diesmal haben Sie mich richtig verstanden!«

»Dass Sie Arbeitsschluss haben, ist Ihr Problem. Sie werden auf den Genossen warten, bis er zu Ihnen kommt, und mir persönlich melden, in welcher Werkhalle er arbeiten wird und ab wann.«

Abermals fuhr ich los. Der Personalleiter des Traktorenwerks empfing mich diesmal übertrieben freundlich und meinte, mein Russisch sei vielleicht noch nicht so gut, ich hätte ihn anscheinend falsch verstanden. Es war beinahe wie bei dem Direktor der Milchwirtschaft in Leontewka, nachdem ich ihm das offizielle Schreiben in die Hand gedrückt hatte. Sobald ein Befehl von oben kam, gehorchten die Menschen in der Sowjetunion widerspruchslos. Das hatte hier Tradition. Auch mir begegnete das Janusgesicht der Bürokratie immer wieder.

Am 22. Oktober 1955 war mein erster Arbeitstag im Traktorenwerk. In Werkhalle Nr. 3 zeigte man mir eine leere Drehbank in einer der vielen Fertigungslinien. Hier sollte ich arbeiten. Den Dreher, der bis vor kurzem an dieser Bank beschäftigt gewesen war, hatte man wegen Trunksucht entlassen. Unsere Fertigungslinie bestand aus sieben Werkzeugmaschinen: Drehbänken, Radialbohr- und Fräsmaschinen. Bearbeitet wurde ein schweres Arbeitsstück aus Grauguss, das Teil eines Traktors. An jeder dieser Werkzeugmaschinen wurde nur ein einziger Arbeitsgang ausgeführt, den man, wenn man über etwas Geschick verfügte, an einem Tag erlernen konnte. Alle Einstellungen an der Maschine, wie selbsttätiger Vorschub oder Schnittgeschwindigkeit, wurden von einem Einrichter vorgenommen, sodass man sich nicht einmal darüber Gedanken zu machen brauchte. Die Arbeit war unerträglich monoton, und schon nach wenigen Tagen wurde ich buchstäblich schwermütig. Aus purer Langeweile nahm ich einige kleine Verbesserungen an der Grenzrachenlehre – eine Art Messinstrument – vor, indem ich ein paar zusätzliche Teilstriche auftrug. Dadurch gelang es mir, meine Arbeitsleistung fast zu verdoppeln. Das war leider weder für mich noch für das Werk von Bedeutung, da die Produktivität einer Fertigungslinie von der Produktivität der langsamsten Werkzeugmaschine abhing. Außerdem wurden wir von der Graugießerei sehr unregelmäßig mit Werkstücken beliefert, sodass unsere Maschinen oft stillstanden. Das wirkte sich negativ auf unseren Lohn aus.

Im Werk wurde in drei Schichten gearbeitet. Am schlimmsten empfanden wir die dritte Schicht, die um Mitternacht anfing. Gegen drei Uhr wurden wir schläfrig und hatten Mühe, konzentriert weiterzuarbeiten. Wenn wir am Morgen nach Hause kamen, konnten wir nicht einschlafen. Nach der zweiten Schicht wiederum hatte ich immer Probleme, meine Wohnung zu erreichen, da sich das Haus der Pförtnerin am entgegengesetzten Ende der Stadt befand. Die Straßenbahn, die vom Werk abfuhr, erreichte ich in der Regel noch, doch die zweite, in die ich umsteigen musste, um nach Hause zu kommen, fuhr zu dieser späten Stunde schon nicht mehr. Deshalb schlief ich nach der zweiten Schicht gewöhnlich in der Umkleidekabine und fuhr erst am Morgen zurück.

Eines Tages hörte ich während meiner Fahrt zum Werk in der überfüllten Straßenbahn, wie sich zwei junge Frauen, Zwillinge, auf Französisch unterhielten. Ich fragte sie, auch auf Französisch, ob ich ihnen wohl zuhören dürfe. Für die beiden Mädchen, Marina und Natascha Wischnjewskij, war es eine Überraschung und Freude, jemanden zu treffen, der ihre Sprache sprach. Es stellte sich heraus, dass sie in Paris aufgewachsen und im Sommer mit ihren Eltern, Brüdern und einer Schwester nach Charkow gekommen waren. Ihre Repatriierung hatte auf Wunsch ihres Vaters stattgefunden. Er war 1918 vor den Sowjets geflohen. Jetzt arbeiteten sie in der Werkzeugmacherei des Traktorenwerks als Dreherinnen. Russisch konnten sie auch perfekt, da diese Sprache in der Familie von den Eltern gesprochen wurde. Von den hiesigen Lebensverhältnissen und der Sowjetunion im Allgemeinen waren sie sehr enttäuscht, doch einen Weg zurück gab es für Repatriierte nicht. Später lernte ich die ganze Familie kennen, mit ihr verband mich eine langjährige Freundschaft.

Geld wurde im Werk zweimal im Monat ausbezahlt: am Monatsanfang das Gehalt, in der Mitte des Monats der Gehaltsvorschuss. Bei den Auszahlungen bekamen die Arbeiter einen merklichen Teil ihres Lohns in Form von staatlichen Anleihescheinen, was immer viel Unzufriedenheit auslöste. Im besten Fall bekamen sie ihr Geld in zwanzig Jahren vom Staat zurück. Wer sich weigerte, diese Scheine anzunehmen, wurde vom Meister zur Arbeit nicht mehr zugelassen. Als Ausländer – ich war ja noch chinesischer Staatsbürger – war ich der Einzige, dem die Werkleitung die Staatsanleihe nicht aufzwang. Der Zahltag wurde von der Belegschaft gewöhnlich kollektiv »gefeiert«. Wer nicht mitmachte, riskierte, von den Kollegen ausgegrenzt zu werden. Nach Feierabend besorgten wir uns ein paar Flaschen Wodka, gingen dann zusammen in ein billiges Gasthaus und tranken auf nüchternen Magen gleich ein ganzes Glas, das seine Wirkung nicht verfehlte. Diese exzessiven Feierlichkeiten führten oft dazu, dass am nächsten Tag nicht die gesamte Belegschaft zur Arbeit erschien. So hatte ich manchmal zwei Drehbänke gleichzeitig zu bedienen. Das vergrößerte mein Einkommen zwar ein bisschen, verlangte aber auch erhöhte Wachsamkeit, da die Drehbänke nicht mit Automatik versehen waren. Schaltete man sie zu spät aus oder um, war die Produktion von Ausschuss oder Schlimmeres vorprogrammiert.

Da ich vorhatte, ab dem nächsten Herbst mein Studium fortzusetzen, musste ich mich, so wie es der Rektor des Polytechnischen Instituts vorgeschlagen hatte, allmählich um einen sowjetischen Pass kümmern. Mein Weg führte wieder über das OWIR, wo mich Oberstleutnant Ostapenko wie einen alten Bekannten freundlich empfing. Ich erzählte ihm von meinem Vorhaben. Sowjetbürger zu werden, meinte er, sei für mich noch einfacher, als eine Arbeitsstelle zu finden, nur brauche es mehr Zeit. Er gab mir ein Blatt Papier sowie eine Feder und sagte: »Jetzt werden Sie mit meiner Hilfe ein Gesuch an den Ministerrat der Ukrainischen Sowjetischen Sozialistischen Republik in Kiew schreiben.« Er diktierte, ich schrieb. An den genauen Inhalt meines Gesuchs kann ich mich nicht erinnern, doch es endete mit der Phrase: »… und möchte zusammen mit dem ukrainischen Volk den Kommunismus aufbauen.« Beim Abschied erkundigte sich der Oberstleutnant noch nach meinen Lebensbedingungen und meiner Arbeit im Werk. Er hatte das Herz auf dem rechten Fleck.

Eines Tages wurde der Einrichter unserer Maschinen entlassen. Er war nach einer Hochzeitsfeier mehrere Tage nicht zur Arbeit erschienen. Der Meister fragte mich, ob ich vielleicht bereit wäre, dessen Stelle einzunehmen. Meine Aufgabe, erklärte er mir, sei ganz einfach: für Quantität und Qualität der Erzeugnisse zu sorgen und, wenn jemand am Arbeitsplatz fehlte, einzuspringen. In meiner neuen Rolle würde ich zwar nicht viel mehr als ein Dreher verdienen, erhielte jedoch unabhängig von der Akkordleistung ein stabiles Einkommen. Die ineffiziente Arbeit in der Eisengießerei vor Augen, sagte ich ohne viel nachzudenken zu.

Schon bald handelte ich mir die ersten Schwierigkeiten ein. Da ich mich für die Qualität verantwortlich fühlte, erklärte ich bereits am ersten Tag einen Teil der bearbeiteten Produkte zu Ausschuss. Sie wiesen ganz feine, fast unsichtbare Risse auf, offensichtlich Gussfehler. Der Meister war krank, und als er drei Tage später wieder zur Arbeit kam und die vielen von mir als Ausschuss ausgesonderten Werkstücke sah, nahm er sich mich lautstark zur Brust: »Machen Sie das extra, damit ich keine Prämie bekomme? Ein Traktor ist doch kein Flugzeug. Wenn er auf dem Feld in die Brüche geht, passiert absolut nichts. Sehen Sie zu, dass ich von Ihnen nie mehr das Wort ›Ausschuss‹ höre!« Das war wenigstens eine konkrete und präzise Aussage, in welchem Ausmaß ich für die Qualität zuständig war.

Manchmal musste ich den Arbeitern Anweisungen geben oder sie auf etwas hinweisen, das sie zu beachten hatten. Das gehörte nun mal zu meiner Arbeit. Ich merkte bald, dass das den Jungen nicht besonders gefiel, vielleicht weil meine Position nun ein klein wenig höher angesiedelt war als ihre. Wenn ich die Leute freundlich bat, ihre Maschinen in sauberem Zustand zu halten, die Metallspäne zu entfernen, das Schneidewerkzeug zu wechseln oder sonst noch etwas zu tun, führten sie es mit Unlust aus. Katja, eine junge Kranfahrerin, die auch unsere Fertigungslinie mit ihrem Laufkran bediente, verriet mir in einem Gespräch: »Wir Russen sind einfach gestrickt und an grobe Ausdrücke gewohnt. Mit ›Bitte tun Sie dies‹ und ›Bitte unterlassen Sie das‹ kannst du bei uns nicht viel erreichen. Du musst immer tüchtig schimpfen.« Vielleicht hatte sie Recht. Wenn sie von ihrer Krankabine aus mit den Männern sprach, die unten am Haken die Last befestigten, bedachte sie sie gelegentlich mit solch saftigen Mutterflüchen aus dem reichen russischen Wortschatz, dass sich im Vergleich dazu Ausdrücke wie »Schwein« oder ähnliche wie Begriffe aus der französischen Etikette anhörten. Manchmal schien mir, dass die Arbeiter von der proletarischen Eloquenz dieses hübschen blonden Mädchens bezaubert waren. Und auch ich begann, mir diese Frau genauer anzusehen. Wenn sie von ihrem Arbeitsplatz herabgestiegen war und vom Duschen und Umziehen kam, war aus der kernigen Arbeiterin, die so virtuos fluchen konnte, eine elegante, sehr attraktive Erscheinung geworden. Diese Metamorphose machte mich neugierig. Katja blieb mein Interesse an ihr natürlich nicht lange verborgen, doch sie ließ mich zappeln. Da mich der eher derbe allgemeine Umgangston in dem Werk anfangs noch einschüchterte, verhielt ich mich auch der Kranführerin gegenüber zurückhaltend. Doch ich nahm mir ihren Rat zu Herzen und begann, etwas weniger feinfühlig mit den Leuten umzugehen, und allmählich verbesserten sich die

Beziehungen zwischen mir und der Brigade. »Jetzt bist du richtig einer von uns«, sagten sie eines Tages zu mir, nachdem ich wieder einmal heftiger werden musste. Ich glaube aber, wir waren einfach Freunde geworden. Und eines Tages forderte mich auch Katja zum Tanzen auf, und wir kamen uns näher …

Viele Arbeiter des Traktorenwerks wohnten in weit entfernten Dörfern und mussten jeden Tag mit der Bahn zur Arbeit fahren. Andere wiederum lebten in der Stadt, hatten jedoch keine eigene Wohnung und mieteten ein Zimmer, was einen bedeutenden Teil ihres Einkommens verschlang. Da verfiel jemand auf die Idee, die Kellergeschosse in einigen der nahe gelegenen Wohnhäuser zu nutzen und sie in Arbeiterwohnheime umzubauen. So kam auch ich zu einer Schlafstelle, das heißt zu einem Bett, in einem der neu errichteten Wohnheime, das hauptsächlich für Arbeiter aus der Stahlgießerei bestimmt war, und musste nicht länger quer durch die ganze Stadt zur Arbeit fahren. In jedem Zimmer standen vier Betten und vier Nachttische. Schränke fehlten, für sie hätte es in den kleinen Räumen gar nicht genug Platz gegeben. Durch die schmalen Fenster unter der Zimmerdecke konnte ich die Füße der Passanten sehen. Meine Zimmergefährten, wie auch die meisten Bewohner des Wohnheims, tranken viel und waren ziemlich laut. Da wir alle in verschiedenen Schichten arbeiteten, trat kaum einmal vollkommene Ruhe ein. Gegen ein Uhr nacht kamen die Leute von der zweiten Schicht nach Hause, und wer zu der Zeit schon fest schlief, wurde vom Zischen einer Bratpfanne, vom lauten Schlürfen und Schmatzen geweckt. Frauen waren offiziell nicht zugelassen, da das Wohnheim ausschließlich für Junggesellen gedacht war und in der Wohnungsverwaltung offenbar die Meinung herrschte, Frauen könnten die braven jungen Männer nur verderben. Eine ältere

Pförtnerin, die alle Bewohner persönlich kannte, weckte die Leute vor der ersten und dritten Schicht, sorgte für Ordnung und Sauberkeit und ließ auch keine Mädchen herein – solange man ihr nicht einen Rubel zusteckte.

Es brauchte einige Zeit, bis ich mich an das Zusammenleben in diesem Wohnheim gewöhnt hatte, betrachteten mich die Menschen hier doch als eine Art Fremdkörper. Die meisten meiner Mitbewohner entstammten einfachen bäuerlichen Verhältnissen; einen geeigneten Gesprächspartner konnte ich unter ihnen nicht finden, und wenn es doch gelegentlich zu Diskussionen kam, enthielt ich mich in der Regel jeglicher negativer Urteile über die Zustände im Land. Mir war aufgefallen, dass die Leute überempfindlich gegen Kritik waren, die aus dem Munde eines Ausländers kam. Besonders wenn sie angetrunken waren, konnte die Vaterlandsliebe mit den Russen durchgehen, geradezu wild wurden sie dann. Und wenn einer von ihnen mit geröteten Augen den Kampfruf »Hast du etwa was gegen die Sowjetmacht?« aussprach, hatte man gleich die ganze Gesellschaft gegen sich und tat gut daran, das Thema zu wechseln, um keine Handgreiflichkeiten heraufzubeschwören. Heutzutage ist es genau umgekehrt: Meckern gehört zum guten Ton.

Der Versuch, unser Wohnheim als reines Junggesellenheim zu erhalten, war von vornherein zum Scheitern verurteilt. Wer eine Freundin hatte, brachte sie ungeniert zum Übernachten mit. Andere Möglichkeiten für ein intimes Zusammensein gab es praktisch nicht. Ein Hotelzimmer bekam man nur, wenn man mit Pass beweisen konnte, dass man ein Ehepaar war. Mit der Zeit heirateten viele und nahmen, entgegen der Hausordnung, ihre Frauen zu sich ins Zimmer, sodass zu guter Letzt in vielen Zimmern Junggesellen zusammen mit verheirateten Ehepaaren wohnten. Dies war auch in meinem Zimmer so. Obwohl

ich nachts oft unfreiwilliger Zeuge der intimen Verhältnisse der Ehepaare wurde, hatte dies auch seine guten Seiten: Die Frauen, die bei uns im Zimmer wohnten, sorgten
bald dafür, dass Zigarettenstummel, schmutziges Geschirr
und der Dreck auf dem Boden verschwanden. Als ich später einmal »mein« Wohnheim besuchte – ich war schon
Student –, wohnten in fast allen Zimmern Ehepaare mit
ihren kleinen Kindern. Die Pförtnerin war noch immer da,
nur schob ihr nun niemand mehr einen Rubel zu. Das
Wohnheim war de facto ein Familienheim geworden.

Aber auch im Frauenwohnheim der Stahlgießerei ging
es lustig zu. Männer besuchten dort ihre Freundinnen und
blieben über Nacht bei ihnen. Die Arbeiterinnen wohnten
in einem ehemaligen Krankenhausgebäude, in großen
Zimmern zu neunt, und wenn einige von ihnen ihren
Freund im Bett hatten, kicherten die anderen Mädchen,
die ohne Partner waren, im Dunkeln oder ließen Bemerkungen fallen wie: »Wanja, beeil dich und komm dann rü-
ber zu mir. Oder geht dir etwa schon nach dem ersten
Weib die Puste aus?« Hier lebten die Frauen ihre Lust relativ offen aus. Im Unterschied zu manchen meiner Kollegen konnte ich intimen Zärtlichkeiten vor einem heiteren
Publikum nichts abgewinnen und besuchte meine Freundin Katja nur wenige Male im Frauenwohnheim. Wir fanden bald eine bessere Möglichkeit und trafen uns bei einer
ihrer Bekannten, die allein ein Zimmer gemietet hatte, das
sie uns ab und an zur Verfügung stellte.

Zu Sowjetzeiten hatte jedes Wohnheim in Russland
eine »Rote Ecke«, einen größeren Raum, in dem wir uns
in der Freizeit aufhalten und ausruhen konnten. Das
Männerwohnheim und das Frauenwohnheim der Stahlgießerei hatten eine gemeinsame Rote Ecke, die, obwohl
sie sich im Erdgeschoss des Frauenwohnheims befand, offiziell Niemandsland war, in dem sich junge Männer und

Frauen frei, durch keine Pförtnerin kontrolliert, bewegen konnten. Vorne im Zimmer befand sich ein langer Tisch mit einer roten Tischdecke und in einer Ecke stand eine rote Fahne, die die Stahlgießerei für hervorragende Leistungen im sozialistischen Wettbewerb erhalten hatte. Überhaupt dominierte in diesem Zimmer die Farbe Rot. Die Vorderwand schmückte eine große verstaubte Lenin-Gipsbüste, Standard-Zubehör einer jeden Roten Ecke. An einer Ehrentafel hingen die vergrößerten Fotografien der »Spitzenarbeiter« der Stahlgießerei. In den vergilbten Broschüren, die auf den Bücherregalen lagen, konnte man über die Beschlüsse der letzten Parteitage und Plenarsitzungen lesen oder Materialien für selbstständige politische Weiterbildung studieren. Was uns nach der Arbeit hierher zog, war jedoch hauptsächlich der Fernseher, um den wir uns abends scharten, um die letzten Nachrichten zu hören und uns Filme anzuschauen. Großen Nutzen brachte uns die Rote Ecke an Feiertagen, von denen es in der Sowjetunion eine ganze Menge gab: Weihnachten und Neujahr nach neuem Kalender, dann dasselbe noch mal nach altem Kalender, Internationaler Frauentag, Ostern, 1. Mai und viele mehr. Der typische Slawe ist ein lebenslustiger und fröhlicher Mensch, dazu fähig, religiöse wie kommunistische Feiertage mit der gleichen Leidenschaft zu feiern. Bei festlichen Anlässen wurde die Rote Ecke buchstäblich umgebaut. Aus Brettern wurden lange Tafeln improvisiert – das machten die Männer –, während die Frauen das Festessen zubereiteten. In ihren hübschen Kleidern und den schönen Frisuren waren die Mädchen nur schwer wiederzuerkennen. Gelegentlich sah ich sie im Werk in ihren beschmutzten Overalls mit eng anliegendem Kopftuch zum Schutz vor Staub und Formsand, hier waren sie die perfekten Gastgeberinnen: fröhlich, elegant, beschwingt, mit klangvollen Stimmen. Auch die Männer waren gut gekleidet, sie machten Witze und Komplimente und bemühten sich, galant zu sein, auf jeden Fall solange sie noch nüchtern waren und auf den Beinen stehen konnten. Wir tanzten ausgelassen und freuten uns des Lebens.

Wenige Tage vor dem Jahreswechsel 1955/56 brach im Werk beinahe Panik aus. Wir sollten um jeden Preis den Betriebsplan »retten«, denn davon hingen die Prämien für die Leitungsebene ab. Ein Viertel der Belegschaft unserer Halle wurde in die Montagehalle geschickt, um im Eiltempo Traktoren zusammenzusetzen, aus Teilen, an denen die Farbe noch nicht ganz trocken war. Gearbeitet wurde schnell und schlampig, darunter litt natürlich die Qualität. So wurden bei zu kurz geratenen Innengewinden die Bolzen einfach mit dem Vorschlaghammer hineingehauen, wie Nägel. Anfangs holte ich noch einen Gewindebohrer und behob den Defekt, doch die Zeit drängte und niemand sonst legte Wert auf Qualität, sodass ich es bald aufgab. Immer wieder hörte ich dieselbe Ausrede: »Ist ja alles nicht so schlimm. Ein Traktor ist doch kein Flugzeug.« Über den Pfusch machte sich niemand besondere Gedanken. Vielleicht war diese Gleichgültigkeit der Menschen das Resultat einer lang kultivierten Ideologie, nach der allen alles gehörte und alle für alles kollektive Verantwortung trugen. Der verursachte Schaden wurde somit keinem konkreten Individuum zugefügt, sondern der Landwirtschaft insgesamt, die Verantwortung von keiner konkreten Person getragen, sondern von einem ganzen Werk. Manchmal vermutete ich hinter dieser Gleichgültigkeit sogar einen bestimmten nationalen Charakterzug. Doch nach nun über fünfundvierzig Jahren, die ich jetzt in diesem Land verbracht habe, weiß ich, dass die Menschen hier durchaus imstande sind, bei der Arbeit glänzende Leistungen zu erbringen. Zu Zeiten der Sowjet-

Han Sens Vater
1938 bei den
Internationalen
Brigaden

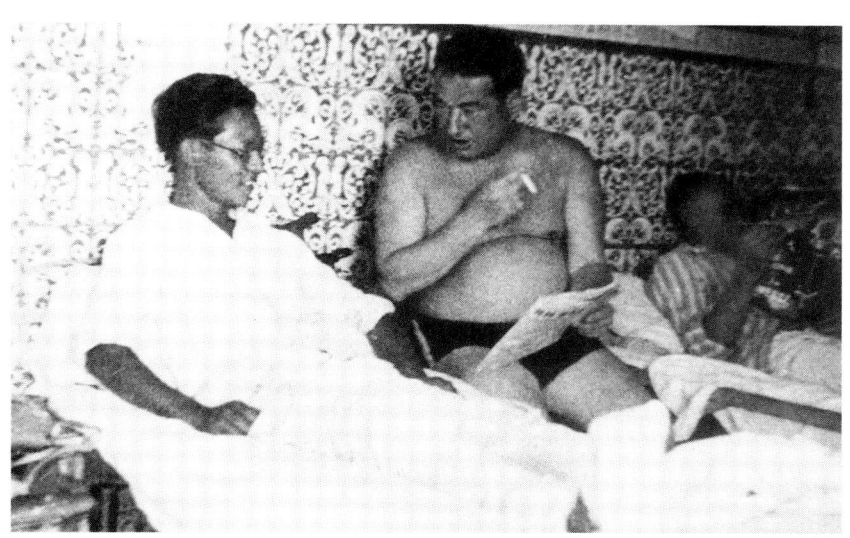

Han Sens Vater (links) zusammen mit Egon Erwin Kisch (Mitte)
während des Spanischen Bürgerkriegs in einem Sanatorium

Frühling 1940: Han Sen mit seinem Vater und Anna Kapeller
auf der Überfahrt nach Saigon

Sommer 1940: Auf dem Weg von Kungming nach Chongqing

Höhlenstadt Yanan (Foto: © Süddeutscher Verlag, Bilderdienst)

Eva Siao

Mao Zedong
(Foto: © Süddeutscher Verlag, Bilderdienst)

Zhou Enlai
(Foto: © Süddeutscher Verlag, Bilderdienst)

25. April 1947:
Kurz vor dem
Verlassen
des kommu-
nistischen
Gebiets
(links:
Han Sen)

In Harbin

Das Harbiner Polytechnische Institut

1958: Mit Lida auf dem Weg zum Standesamt

1963 mit Sohn Shenja

1966: Heirat mit Walja

Walja mit Tochter Tanja, 1967

1979: Endlich
wieder in Berlin!
(von links
nach rechts: Walja,
Johanna Zorn,
Han Sen)

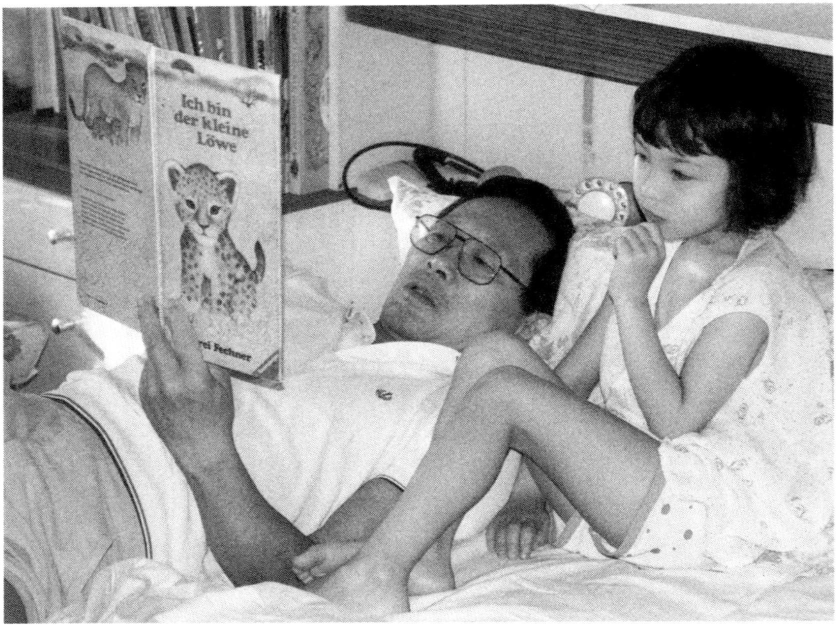

Mit Enkelkind Tanja

union fehlte leider den meisten die nötige Motivation dazu und so vieles ging in gleichmütiger, kollektiver Verantwortungslosigkeit unter.

Wie dem auch sei: Wir Arbeiter erfüllten den Betriebsplan – zumindest auf dem Papier –, und hatten die Genugtuung, der Leitung zu ihrer Prämie verholfen zu haben.

Der Winter und der folgende Frühling zogen sich in die Länge. Ich wartete mit Ungeduld auf eine Meldung vom OWIR. Ich konnte mir nicht vorstellen, warum bei dem scheinbar guten Verhältnis zwischen der Sowjetunion und China der Erwerb der sowjetischen Staatsangehörigkeit so viel Zeit in Anspruch nehmen sollte. Allerdings hatte ich ja schon in China die Erfahrung gemacht, wie langsam die Behördenmühlen mahlen können. Zumindest ließ ich die Zeit nicht nutzlos verstreichen, sondern wiederholte während meiner freien Zeit Mathematik und andere Fächer, die ich in China studiert hatte und die ich im Falle der Fortsetzung meines ingenieurwissenschaftlichen Studiums wieder brauchen würde.

An den Sonntagen fuhr ich, wenn ich nicht zu müde von der Arbeit der vergangenen Woche war, ins Stadtzentrum und besuchte dort im Wohnheim des Polytechnischen Instituts meinen chinesischen Freund Su Liuye, den ich noch aus den Jahren in Yanan kannte. Wie sehr ich mich gefreut hatte, nach so vielen Jahren meinen alten Schachfreund hier in Charkow anzutreffen, lässt sich nur erahnen. Jedenfalls war es beinahe so, als hätten wir uns nur für wenige Tage aus den Augen verloren, so vertraut waren wir miteinander, so viel hatten wir uns zu erzählen. Natürlich lachten wir auch über die alten Geschichten aus unserer Jugendzeit, das heimliche Schachspiel während der Unterrichtsstunden oder die verbotenen Blicke in die Wohnhöhlen der Lehrer. Doch es gab auch viel neues zu berichten: Su, der nur noch ein Studienjahr vor sich und schon vier Jahre in der Sowjetunion verbracht hatte, besaß eine ausgezeichnete Beobachtungsgabe, und er hatte, was dieses Land betraf, viele interessante Erfahrungen gesammelt, die er mir lebhaft und ausführlich schilderte. Viele von ihnen kamen mir eigenartig und fremd vor. Im Gegenzug erzählte ich Su von seiner Frau, die zur gleichen Zeit wie ich im Harbiner Polytechnischen Institut studiert hatte und noch immer dort war. Aus gesundheitlichen Gründen war sie nicht gemeinsam mit ihrem Mann in die Sowjetunion geschickt worden. Sie hatte einen Herzfehler.

Gelegentlich besuchte ich auch meine neuen Bekannten aus Frankreich, die beiden jungen Frauen, die ich in der Straßenbahn kennen gelernt hatte. Die meiste freie Zeit verbrachte ich allerdings mit meiner Freundin Katja. Wir bummelten durch die Stadt, unterhielten uns auf langen Spaziergängen oder sahen uns irgendeinen Film im Kino an. Bevor die sonntägliche Matinee-Vorstellung begann, musste ich mit ihr immer erst zum großen Nähmaschinengeschäft beim Bahnhof, eine Prozedur, deren Sinn mir zuerst unverständlich war. Doch allmählich begriff ich: Nähmaschinen gehörten zu den vielen Mangelwaren, für die man in Russland Monate, manchmal Jahre warten musste, bis man an sie herankam. Zur Einhaltung der Reihenfolge war von den potenziellen Käufern eine inoffizielle Warteliste aufgestellt worden. Jeden Sonntagmorgen erfolgte vor dem Geschäft ein namentlicher Aufruf. Wer ihn auch nur an einem einzigen Sonntag versäumte, verlor seinen Platz auf der Liste. Außer Geduld brauchte es also zusätzlich eine gute Portion Zähigkeit und Ausdauer, um zu einer Nähmaschine zu kommen. Als ich im Herbst das Werk verließ, nähte Katja ihre Kleider noch immer per Hand.

Der Sommer 1956 war warm. Nur selten zog abends ein Gewitter übers Land und brachte etwas Abkühlung. Doch schon am nächsten Tag war der Himmel wieder blau und die Sonne brannte unbarmherzig herab. Da wir in den drei kleinen verschmutzten Flüssen, die die Stadt durchqueren, nicht gut baden konnten, verließen viele Charkower an Sonntagen bei schönem Wetter die Stadt und fuhren mit dem Zug nach Tschugujew an den Donez, der im Hochland nördlich von Charkow entspringt. In dieser wunderschönen Gegend mit Wiesen und Wäldern hatte zu seiner Zeit der berühmte ukrainische Maler Ilja Jefimowitsch Repin gelebt und gearbeitet, dessen Werk zum Vorbild des sowjetischen sozialistischen Realismus wurde. »Kollektive Ausflüge« an den Donez machten manchmal die Belegschaften ganzer Werkhallen des Traktorenwerks. Das war die große Gelegenheit, zusammen mit den Kollegen einen unbeschwerten Tag in der Natur zu verbringen, Volleyball zu spielen und neue Bekanntschaften zu machen. Wie in Russland üblich, aßen wir dabei gut und tranken in Fülle. Und wenn der Alkoholspiegel ein bestimmtes Maß überstiegen hatte, konnte es passieren, dass wir aus Spaß verzweifelt kreischende junge Frauen ins Wasser warfen, die, wie sich dann herausstellte, nicht schwimmen konnten. Wir mussten dann die Retter spielen und schnell hinterherspringen, um sie wieder aus dem Fluss zu ziehen. Oder wir riskierten von den Bäumen am Ufer waghalsige Hechtsprünge in den seichten Fluss, an Stellen, wo man sich leicht das Genick brechen konnte. Dennoch verlief gewöhnlich alles gut, und die Erlebnisse während dieser Ausflüge boten uns noch tagelang Gesprächsstoff.

Ende Juni wurde ich über die Personalabteilung des Werks ins OWIR bestellt. Dort empfing mich am 27. Juni Oberstleutnant Ostapenko. Nach den üblichen Höflichkeitsfloskeln, den Fragen nach meiner Gesundheit und

Stimmung, setzte er eine amtliche Miene auf und überreichte mir mit feierlichem Gesichtsausdruck meinen neuen sowjetischen Pass. Den chinesischen Pass, der sich noch immer unter der Obhut des OWIR befand, nahm er mir gleichzeitig hochoffiziell ab. Mit meinen einunddreißig Jahren war ich von nun an Sowjetbürger, mit allen Vor- und Nachteilen, die mir diese neue Staatsbürgerschaft brachte und von denen ich im Moment noch keine genauen Vorstellungen hatte. Auf die Jahre und Ereignisse zurückblickend, kann ich jedoch heute sagen, dass ich durch meine Übersiedlung in die Sowjetunion das kleinere von zwei großen Übeln gewählt habe. Ich zweifle, ob ich mit meiner europäischen Biografie, mit meiner ausgesprochenen Allergie gegen politische Hysterie, letztlich mit meiner Unfähigkeit, bei absurden politischen Bewegungen mitzumachen, die Kulturrevolution überlebt hätte.

Bis zum Herbst und meiner geplanten Wiederaufnahme des Studiums waren es noch drei Monate, und da ich Geld brauchte, arbeitete ich weiter im Werk. Mitte August schien mir der richtige Zeitpunkt gekommen, den Rektor des Polytechnisches Instituts aufzusuchen und ihn um Aufnahme zu bitten. Frisch geduscht und umgezogen verließ ich nach der Arbeit das Wohnheim und eilte zur Straßenbahn. Im Rektorat war schon Feierabend, doch die alte mürrische Sekretärin im Vorzimmer war noch da und räumte gerade ihren Schreibtisch auf. Heute sei schon geschlossen, meinte sie grob, und der Rektor sei auch schon weg. »Kommen Sie morgen wieder, aber etwas früher«, riet sie mir. In diesem Moment trat der Rektor aus seinem Kabinett, im Regenmantel und mit seiner Aktenmappe in der Hand. Er begrüßte mich freundlich und fragte, warum ich gekommen wäre. Ich war fast sicher, jetzt würde er sagen, er wisse nichts von unserer Unterhaltung vor einem Jahr, doch er erinnerte sich auf einmal an mich, lachte herzlich, klopfte mir väterlich auf die Schulter und bat mich, ihm meinen nagelneuen Sowjetpass zu zeigen. Er gratulierte mir, zog seinen Regenmantel wieder aus, schaute sich meine chinesischen Zeugnisse an, die ins Russische übersetzt und beglaubigt waren, und diktierte seiner Sekretärin dann eine Verfügung, laut der ich von nun ab Student des dritten Studienjahres der metallurgischen Fakultät war. Sogar ein Stipendium wurde mir bewilligt. Die Fachrichtung hatte ich mir selber ausgewählt, weil dort das Stipendium anderthalbmal so groß war wie auf der Radiofakultät, die mich eigentlich viel mehr interessiert hätte, da dort Radiotechnik gelehrt wurde. Doch ich musste an meine finanzielle Lage denken.

Bei einem nächsten Besuch erhielt ich vom Rektor eine Einweisung ins Studentenwohnheim »Gigant«. Jetzt konnte ich meine Arbeit im Traktorenwerk seelenruhig kündigen, um mich vor dem Studium noch etwas auszuruhen. Ich hatte Geld zur Verfügung und ein Zimmer in Aussicht. Am 16. August zog ich in den »Gigant« um, das allergrößte Wohnheim des Charkower Polytechnischen Instituts. In diesem Monat war das riesige fünfstöckige Gebäude fast leer, da die meisten Studenten sich noch in den Ferien befanden. Vorübergehend wohnte ich im Zimmer meines chinesischen Freundes Su Liuye. Ende August wurde es im »Gigant« lebhaft. Die sowjetischen Studenten und jene aus Polen, der DDR, der Tschechoslowakei, Ungarn und anderen sozialistischen Staaten kehrten aus den Ferien zurück. Mir wurde nun ein Zimmer zugewiesen, in dem zwei Russen, Grischa und Sascha, und ein Deutscher wohnten. Damit die Ausländer die russische Sprache schneller erlernten, wurden sie im Wohnheim so untergebracht, dass sie im Zimmer zusammen mit Russen, jedoch in keinem Fall mit Landsleuten wohnten. Das machte es notwendig und gab ihnen die Gelegenheit, sich

auf Russisch zu unterhalten. Der Erfolg gab der Institutsleitung Recht. Mein deutscher Zimmerkamerad – er hieß
Franz – hatte es gut, er konnte, wenn er wollte, zur Abwechslung mit mir Deutsch sprechen. Und ich nutzte die
Gelegenheit, mein Deutsch aufzufrischen, das ich seit
1940 kaum mehr gesprochen hatte.

Am Anfang des Studiums musste ich bald feststellen,
dass die Lehrpläne des Harbiner nicht mit denen des
Charkower Polytechnikums übereinstimmten. Dadurch
war ich gezwungen, in ein, zwei Fächern kräftig aufzuholen. Die dazu benötigte Zeit musste ich vom Schlaf und
von meiner Freizeit abziehen. Zehn Tage nach Studienbe-
ginn allerdings wurde das Studium bereits wieder unterbrochen, und wir Studenten hatten für über einen Monat
bei der Ernte zu helfen oder am Bau zu arbeiten. Es war an
allen sowjetischen Hochschulen üblich, die Studenten im
Herbst als Arbeitskraft in der Produktion oder in der
Landwirtschaft einzusetzen. Dass wir dafür keinen Lohn
erhielten, war selbstverständlich, dafür wurde ja unser
Studium finanziert. Ich hatte Glück und kam in eine Bau-
brigade, die in Charkow eingesetzt wurde, was mir erlaubte, abends nach der Arbeit in aller Ruhe zu studieren
– wenn ich nach den Bauarbeiten noch die Kraft dazu
hatte. Trotz der widrigen Umstände gelang es mir so jedoch, den Stoff schnell aufzuholen. Allerdings litt dadurch meine Beziehung zu Katja zusehends, und es dauerte nicht lange, bis wir wieder unsere eigenen Wege
gingen.

Das Leben im »Gigant« unterschied sich nicht wesentlich vom dem, das ich im Arbeiterwohnheim erlebt hatte.
Jeder tat, was ihm gefiel. Einer las ein Buch oder machte
technische Berechnungen, während ein anderer Gitarre
spielte. In diesem Rummel war es wichtig, sich innerlich
vollkommen von der Umgebung abschotten zu können.

Wer dies nicht schaffte, dem blieb nur noch, sich mit Heften, Büchern und Rechenschieber in den Lesesaal zurückzuziehen. Zu Problemen konnte es kommen, wenn die Zimmergefährten unterschiedliche Lebensgewohnheiten und -vorstellungen hatten. Franz, der, wie die Russen meinten, an einer übertriebenen Ordnungsliebe litt, hielt in seinem Nachttisch immer ein Butterbrot bereit, das er am späten Nachmittag aß, wenn er von der letzten Lektion nach Hause kam. Eines Tages regte er sich fürchterlich auf, weil sein Butterbrot aus dem Nachttisch verschwunden war. Etwas später kam Grischa und gestand mit einem unschuldigen Lächeln, er hätte es aufgegessen, weil er sehr hungrig gewesen sei. Er konnte nicht verstehen, wie man sich über solch eine Kleinigkeit aufregen konnte. Grischa war ein typischer russischer Junge vom Land. Sein Vater war im Krieg gefallen, und die einzige Unterstützung, die er von Zeit zu Zeit von seiner Mutter, einer armen Kolchosbäuerin, bekam, war ein kleines Paket mit Schweinespeck. Als ich ihn an einem Samstagabend mit einer sauren Miene auf seinem Bett sitzen sah und fragte, warum er nicht tanzen gegangen sei, antwortete er ganz ruhig und leise: »Kann ich heute nicht, man hat mir meinen guten Anzug geklaut.« Er nahm dies ganz einfach und wie gottgewollt hin im Vergleich zu einem Polen, dem man im »Gigant« einen seiner Sakkos gestohlen hatte, was einen Riesenskandal im Wohnheim auslöste, der bis hinauf zur Institutsleitung reichte. Nach meinen Beobachtungen scheinen Russen Pech und Entbehrungen relativ gut zu ertragen, vielleicht aus ungewollter, jahrhundertelanger Übung. Es könnte jedoch auch eine Frage der Mentalität sein. Dennoch verstanden sich die Bewohner des »Gigant«, unabhängig von Nationalität und Mentalität, im Allgemeinen ausgezeichnet, und noch heute erinnere ich mich gerne an die drei Jahre, während denen der »Gigant« mein Zuhause war. Jeder von uns musste sich nur etwas an die anderen anpassen, dann klappte alles wunderbar.

Zu gewöhnen hatten wir uns auch an die Wanzen, die sich im »Gigant« wie in einem Brutkasten vermehrten. Wer empfindlich war und nachts von ihren Bissen wach wurde, verlor wertvolle Minuten seines Schlafs. Von Zeit zu Zeit wurden unsere Zimmer von jungen Arbeiterinnen in weißen Kitteln mit einem flüssigen Schädlingsbekämpfungsmittel behandelt, das zwar gelbe Flecken auf Wänden und Büchern hinterließ, den Bettwanzen jedoch nichts anhaben konnte. Einige erfinderisch veranlagte Kameraden zogen ihre Betten von der Wand weg und stellten die Pfosten in mit Wasser gefüllte Konservenbüchsen. Doch auch damit hatten sie keinen Erfolg. Warum nicht, stellten wir später nach genauen Beobachtungen fest: Die Biester ließen sich wie Fallschirmjäger von der Zimmerdecke auf die Betten fallen. 1958 erhielten wir DDT aus China, und innerhalb kürzester Zeit waren die Wanzen im »Gigant« ausgerottet.

Jedes Land, das im Institut durch eine größere Zahl von Studenten vertreten war, hatte seine eigene Landsmannschaft, eine informelle Organisation, die sich um die Interessen, Lernerfolge und Disziplin ihrer Mitglieder kümmerte. Außerdem diente die Landsmannschaft als organisatorisches Verbindungsglied zwischen ihren Studenten und der Institutsleitung. Die größte und zugleich aktivste Landsmannschaft war zweifellos die chinesische. Sie führte und kontrollierte ihre Mitglieder in dem autoritären Stil, der im kommunistischen China üblich war. Auf ihren Versammlungen wurden politische Dokumente der Kommunistischen Partei Chinas und der chinesischen Regierung studiert und diskutiert, Kritik an Kameraden und Selbstkritik geübt. Wie ernst es auf diesen Versammlungen zugehen konnte, zeigt ein Zwischenfall, den ich im Frühling 1958 erlebte. Ich ging im »Gigant« einen Korridor entlang, als sich plötzlich eine Tür öffnete und eine chinesische Studentin laut weinend aus dem Zimmer stürzte, in dem die chinesische Landsmannschaft gerade ihre Versammlung abgehalten hatte. Wie ich später erfuhr, war die Studentin für ein Verhältnis mit einem verheirateten chinesischen Aspiranten von der Landsmannschaft kritisiert worden. Zwei Tage später erhängte sie sich unweit von Charkow an einem Baum, nachdem sie sich mit Wodka betrunken hatte. Dieser Fall erinnerte mich an den moralischen Druck, der in Yanan Anfang der vierziger Jahre auf die Menschen ausgeübt wurde, und ich war froh, nun nicht mehr unter der Kontrolle der Kommunistischen Partei Chinas zu stehen.

Unter den deutschen Studenten hatte ich gute Freunde und wurde von ihnen, wie einer es formulierte, als fünfundzwanzigprozentiger Chinese, fünfundzwanzigprozentiger Russe und fünfzigprozentiger Deutscher betrachtet. Das kam auch meiner eigenen Einschätzung relativ nahe. Nur als Russe, glaube ich, hatte ich den hohen Prozentsatz zu der Zeit noch nicht wirklich erreicht. In Fleiß und Disziplin standen die Deutschen den Chinesen in nichts nach, doch schienen sie politisch nicht ganz so indoktriniert zu sein. Manche von ihnen wagten es gelegentlich, sich im Flüsterton missbilligend über das Leben in der DDR zu äußern. Sie wiesen mich auf jene deutschen Kameraden hin, die, wie sie sich ausdrückten, einen »Pickel« hatten, was bedeutete, dass sie das Parteiabzeichen trugen, also Parteimitglied waren, und warnten mich, in deren Anwesenheit negativ über die DDR zu sprechen. Was die Deutschen an ihrem Land auszusetzen hatten, konnte ich damals nicht recht verstehen, wusste ich doch, dass das Leben in der DDR bedeutend besser war als das in der Sowjetunion. Sowjetsoldaten, die in der DDR gedient, sowjetische Touristen, die das Land besucht hatten, und Leute, die dort auf Dienstreise gewesen waren, wussten davon in schillernden Farben zu berichten. Dass es dennoch um vieles schlechter war als das Leben in der Bundesrepublik, erfuhr ich erst später.

In einer Hinsicht hatten Charkow und Harbin viel gemeinsam: Hier wie dort waren politische Bewegungen und »Maßnahmen«, das ständige Wiederholen von Dogmen und Parolen durch Presse und Rundfunk, um die Menschen von der richtigen Ideologie zu überzeugen, der »freiwillige« Arbeitseinsatz an Wochenenden sowie die Versuche, die Produktivität mithilfe von formelhaften Losungen zu steigern, an der Tagesordnung. Und doch empfand ich die Atmosphäre hier weniger bedrückend als in China. Es fehlte dieser fanatische Geist des gedankenlosen Mitmachens, die Fähigkeit der großen Massen, sich buchstäblich über Nacht gegen die gestrigen Freunde aufwiegeln zu lassen, und andere Erscheinungen Rotchinas, die in mir immer fassungsloses Staunen und bohrende Zweifel hervorgerufen hatten.

Als kleines Beispiel für diesen gläubigen Enthusiasmus der Chinesen mag folgende Episode dienen: In den sechziger Jahren rechnete jemand aus, wie viele Reiskörner ein Spatz im Jahr frisst, und daraus schlussfolgerte man den Verlust, den die chinesische Landwirtschaft durch diese Vögel jedes Jahr erlitt. Nun wurde darüber nachgedacht, wie man der Spatzenplage Herr werden konnte. Ein Bauernjunge beobachtete das Verhalten der Tiere und stellte fest, dass sie, wenn man sie aufschreckte, zum einen immer im Umkreis ihrer ausgewählten Bäume oder Sträucher blieben – also nicht einfach wegflogen – und sich zum anderen nicht länger als zehn oder zwölf Minuten in der Luft halten konnten. Nun wurden die Menschen in China aufgerufen, die Spatzen zu vernichten. Dazu kamen die Leute regelmäßig im Freien zusammen, machten mit Stöcken, Eimern oder Kannen höllischen Lärm, der die Spatzen aufschreckte und umherflattern ließ, so lange, bis die Vögel einfach vom Himmel fielen. Dann konnte man sie einsammeln und töten. So gelang es, in China einen großen Teil der Spatzen zu vernichten. Später stellte man allerdings fest, dass diese Vögel für die Landwirtschaft von großer Bedeutung sind, da sie ganz bestimmte Insekten auf den Reisplantagen fressen, die schädlich für die Pflanzen waren, und so musste man die Spatzen wieder einführen – ich glaube, aus Kanada.

Hier in Charkow machten die Menschen bei von oben verordneten Maßnahmen auch mit – es blieb ihnen kaum etwas anderes übrig –, aber sie waren in der Mehrzahl apolitisch, besonders die Jugend, und sie taten es mit Widerwillen. Zu den »Subbotnikis«, den freiwilligen Arbeitseinsätzen am Sonnabend kam man oft mit Verspätung, brachte Wodka mit und legte viele Pausen ein. Bei Demonstrationen drückten sich üblicherweise die meisten davor, eine Fahne zu tragen, da sie dann bis zum Schluss mitmarschieren mussten, um die Fahne an einer bestimmten Sammelstelle abzuliefern. Wer dagegen nichts trug, hoffte auf die Möglichkeit, die Marschkolonne unterwegs unbemerkt verlassen zu können, obwohl alle Seitenstraßen von der Polizei vorsorglich mit Lastwagen blockiert waren. Dennoch fanden sich manchmal Schlupflöcher. Kurz gesagt, die Menschen in der Sowjetunion waren nicht vom gleichen politischen Fanatismus besessen, der in China herrschte.

Das bedeutete jedoch nicht, dass wir uns öffentlich über alles äußern durften. 1957 stellte ein Student im Polytechnischen Institut bei einer Vorlesung über politische Ökonomie die naive – vielleicht provokante – Frage, warum im angeblich stagnierenden Westen das Lebensniveau um so viel höher sei als in den sozialistischen Ländern. Statt eine erschöpfende Antwort zu erhalten, wurden der Student ebenso wie der Komsomolleiter der metallurgischen Fakultät – weil er in gewisser Weise »Verantwortung dafür trug« – vom Polytechnikum verwiesen; sie landeten damit automatisch im Armeedienst. Auch dem Dozenten dieser Vorlesung wurde von der Institutsleitung eine Rüge erteilt, wahrscheinlich nach dem sowjetischen pädagogischen Prinzip, welches da lautete: »Es gibt keine schlechten Schüler, es gibt nur schlechte Lehrer.«

Über das Weltgeschehen war man in den fünfziger Jahren in der Sowjetunion im Allgemeinen schlecht informiert. Westliche Zeitungen bekamen wir so gut wie keine zu lesen, und der Empfang ausländischer Radiosendungen war schwierig, weil die Frequenzen systematisch gestört wurden. Die Meinung des kleinen Mannes auf der Straße, wenn es überhaupt diesen kleinen Mann mit einer Durchschnittsmeinung gab, würde ich vereinfacht so zusammenfassen: »Wir sind für den Frieden, die Amerikaner nicht. Die Reichtümer des Landes werden in unserem Land wenn auch nicht ganz gerecht, so doch bedeutend gerechter verteilt als in den kapitalistischen Ländern. Bei uns gibt es weder Ausbeutung noch Arbeitslosigkeit, Unterricht und medizinische Betreuung sind kostenlos, was alles große Errungenschaften sind, die es nur in einem kommunistischen Staat geben kann. Wir haben Europa vom deutschen Faschismus befreit. Die Sowjetunion ist der Beschützer und Verbündete aller unterdrückten Völker. Nach Wiederherstellung der durch den Krieg zerstörten Wirtschaft werden wir die kapitalistischen Länder zuerst einholen und dann überholen. Möglicherweise hat auch Stalin Fehler begangen, doch ihm – und in seiner Person der Partei – haben wir den Sieg der Roten Armee im

Zweiten Weltkrieg zu verdanken.« Damit war die Bilanz aller Taten Stalins gut. Besonders zäh an dieser Logik hingen Menschen der älteren Generation. Auch nach dem XX. Parteitag der KPdSU im Jahre 1956, auf dem Chruschtschow in einer Geheimrede die Gräueltaten Stalins aufdeckte und die Entstalinisierung einleitete, hatten sie Schwierigkeiten, ihre politischen Ansichten im Licht des neuen Wissens zu korrigieren. Im Alter fällt es dem Menschen oft schwer einzusehen, sein ganzes Leben lang an das Falsche geglaubt, sich für die falsche Sache eingesetzt zu haben. Viele wollten nicht an die Ausmaße der von Stalin und der Partei verübten Verbrechen glauben. Waren die Hungersnöte im Land in den zwanziger und dreißiger Jahren nicht vielleicht doch zumindest teilweise durch die schlechten Wetterbedingungen hervorgerufen? Waren die Menschen, die in die sowjetischen Konzentrationslager gerieten, nicht vielleicht doch in irgendeiner Weise schuldig gewesen? – Sich in politische Diskussionen einzulassen, war damals riskant, man konnte falsch verstanden werden, besonders ich mit meiner erst vor kurzem erworbenen sowjetischen Staatsbürgerschaft. Ich war vorsichtig. Aber auch über die Geschehen im Inland wussten wir sehr wenig. In den täglichen Meldungen über das verheerende Erdbeben in Taschkent im Jahre 1966 etwa wurde niemals etwas über Tote berichtet. In der Presse wurde nur ständig betont, die Regierung habe alles Notwendige für die Unterbringung der Menschen aus den zerstörten Häusern getan. Wenn es um politische Ereignisse ging, war die Informationssperre noch dichter. Erst als Michail Gorbatschow Mitte der achtziger Jahre mit Glasnost, der neuen Offenheit, Transparenz nach innen wie nach außen versprach, änderte sich etwas, politisch wie auch in der Berichterstattung. Selbst Vergangenes wurde nun aufgearbeitet. So erfuhren wir beispielsweise nachträglich von der brutalen Niederschlagung einer friedlichen Arbeiterdemonstration in Nowotscherkassk am Don am 1. Juni 1962, bei der es vierundzwanzig Tote und neununddreißig Verwundete gegeben haben soll. Die Arbeiter hatten lediglich eine Erhöhung ihrer Gehälter gefordert. Weitere sieben Demonstranten waren zum Tode verurteilt und erschossen worden. Generalleutnant Matwej Schaposchnikow, Veteran des Zweiten Weltkriegs und »Held der Sowjetunion«, dessen Soldaten man zuerst zur Unterdrückung der Demonstration geschickt hatte, hatte sich geweigert, den Schießbefehl zu erteilen. Daraufhin war er aus der kommunistischen Partei ausgeschlossen und aus der Armee entlassen worden.

In ruhigeren Bahnen

Im Großen und Ganzen hatte ich mich in Charkow gut eingerichtet und war zufrieden mit meinem Leben. Es war mir gelungen, mein Studium fortzusetzen, und das kleine Stipendium reichte fürs Essen. Gewöhnlich speiste ich in der Mensa des Instituts. Brot, Salz und Senf, die auf jedem Tisch standen, waren gratis, sodass ich, wie auch andere ärmere Studenten, manchmal einfach einen Teller Suppe nahm und den Magen dann mit Brot voll stopfte. Gelegentlich leistete ich mir einen zweiten Gang, wenn er normales Fleisch und nicht Kuheuter enthielt. Die chinesischen Studenten schienen mit ihrem Geld besser als alle anderen auszukommen. Sie kochten ihr Essen im Wohnheim selber und schafften es sogar, etwas beiseite zu legen und sich Fotoapparate, Radioempfänger und andere relativ teure Artikel zu kaufen, die sie nach Abschluss ihres Studiums nach Hause mitnehmen wollten. Dabei konnten sie nicht ahnen, dass die chinesischen Behörden bei ihrer Rückkehr nach China an der Grenze alles beschlagnahmen würden mit der Begründung, man habe sie in die Sowjetunion zum Studium geschickt und nicht, um sich zu bereichern.

Einen Teil meiner Sommerferien verbrachte ich gewöhnlich im Sportlager des Instituts am Ufer des Donez, wo wir in Armeezelten schliefen und den ganzen Tag am Wasser verbrachten. Das Essen schmeckte gut, und erfreulich war, dass das ganze Vergnügen uns Studenten überhaupt nichts kostete. Im Sommer 1957 wurde ich von Wladimir Strach, einem Studenten aus meiner Gruppe, für zehn Tage aufs Land eingeladen. Seine Mutter und seine jüngere Schwester wohnten dort in einer bescheidenen, strohgedeckten Lehmhütte. In dem seichten Fluss, an dem das Dorf lag, fingen wir mit einem langen schmalen Netz Hechte, die uns die Schwester dann briet. Sie schmeckten köstlich. Diese Beschäftigung war zunächst interessant und sogar spannend, doch bald begann ich mich zu langweilen und bereits nach wenigen Tagen zog es mich wieder nach Charkow; hätte ich im Dorf nicht zufällig einen netten Franzosen kennen gelernt, wäre ich vermutlich früher als geplant nach Hause gefahren. André Ogier hatte sich als Kriegsgefangener in Frankreich in eine ukrainische Zwangsarbeiterin verliebt und war nach dem Krieg mit in ihr ukrainisches Heimatdorf gekommen. André war ein ausgezeichneter Handwerker: Kraftfahrer, Schlosser, Mechaniker und Elektriker zugleich. Unweit des Dorfes arbeitete er in einer großen Zuckerfabrik und war ein von der Fabrikleitung sehr geschätzter Mann. Als ich ihn in seinem Haus besuchte, bewirtete er mich mit einem starken französischen Aperitif, den er von seiner erwachsenen Tochter aus erster Ehe aus Frankreich geschickt bekommen hatte. Mit seiner zweiten Frau hatte er ein ungefähr zehnjähriges Töchterchen. André erzählte mir vom Krieg, von seiner Gefangenschaft. Wir trafen uns mehrmals, und die unerwartete Bekanntschaft mit diesem vielseitigen Menschen gab meinem Aufenthalt in dem abgelegenen Dorf einen neuen Inhalt. Was mir auffiel, war Andrés Optimismus. Er fühlte sich hier, in diesem Dorf, zu Hause, die Ukraine war für ihn Heimat geworden. Ich beneidete ihn ganz offen darum, denn meine Heimat lag noch immer weiter im Westen und schien so unerreichbar fern. Beim Abschied schenkte mir André ein speziell für französische Kriegsgefangene herausgegebenes Liederbuch, das er im letzten Kriegsjahr im Gefangenenlager bekommen hatte. Ich freute mich sehr darüber, darin auch Lieder zu finden, die ich als Kind in Genf gesungen hatte. »C'est si simple d'aimer« stand darin oder »En passant par la Lorraine«, aber auch Schlager aus den dreißiger Jahren wie das lustige Stück: »Tout va très bien, Madame la Marquise!«

1958 lernte ich Lida kennen, eine schlanke blonde Studentin aus der Charkower Universität. Sie erholte sich im Universitäts-Sportlager, das sich in unmittelbarer Nähe von meinem Sportlager befand. Am Tag schwammen wir zusammen im Donez, an dessen bewaldetem Ufer sich die Lager befanden, und die Abende verbrachten wir beim Tanz. In der unbeschwerten Ferienatmosphäre und der schönen Umgebung kamen wir uns schnell näher und verliebten uns ineinander. Im Herbst heirateten wir etwas übereilt. Es war eine bescheidene Hochzeit, ohne Brautkleid und Brautschleier, gefeiert von den Studenten ihrer und meiner Gruppe. Lida studierte Chemie und befand sich, wie auch ich, im letzten Studienjahr. Ich verließ das Studentenheim und zog zu ihr. Zusammen mit ihren Eltern bewohnte sie in einer großen Kommunalwohnung mit einem langen dunklen Korridor ein Zimmer. Außer uns hausten noch weitere fünf Familien in der Wohnung. In einem mit Bücherregalen überfüllten Zimmerchen wohnte Viktor Sokolowskij, ein älterer Professor aus dem Institut für Veterinärmedizin, mit seiner Frau. Sie waren ein hochgebildetes Ehepaar und die einzigen Menschen in der Wohnung, mit denen ich gerne verkehrte. Von den übrigen Mitbewohnern, die ich höchst unsympathisch fand, hielt ich meist Abstand, auch von meinen neuen Schwiegereltern, deren ständige Anwesenheit im Zimmer für uns als junges Ehepaar schwer zu ertragen war: Wir hatten fast keine Privatsphäre. Als Neuling hielt ich mich so gut wie möglich an die Spielregeln der Kommunalka. In der Küche standen zwei Vierflammenherde, und jeder Familie war ein bestimmter Herdring zugewiesen, auf dem sie ihr Essen kochen konnte. Zwei Reserveherdringe durften von allen genutzt werden, zum Beispiel zur Zubereitung von Warmwasser für die große Wäsche. Jede Familie hatte in der Küche ihren eigenen Tisch und ihre Glühbirne, gespeist über den eigenen Stromzähler. Auch für die Beleuchtung auf der Toilette gab es mehrere Schalter. Jeder besuchte die Toilette mit eigener hölzerner Klobrille, die sicherheitshalber im Wohnzimmer aufbewahrt wurde, damit sich kein anderer darauf setzte. In der heruntergekommenen Badewanne wagten nur wenige, ein richtiges Vollbad zu nehmen. Sie wurde hauptsächlich zum Wäschewaschen genutzt. Besonders sensibel musste ich mit Herrn Daschewskij umgehen, einem betagten Komponisten, der gegenüber unserem Zimmer untergebracht war und schizophrene Anwandlungen hatte. Durch seine dicken Brillengläser konnte er schlecht lesen, und so lauerte er immer in der Küche auf mich, damit ich ihm die letzten Neuigkeiten aus den Zeitungen berichtete. Hatte ich ihm nichts zu erzählen, war er überzeugt, es stecke ein ernster Grund hinter meinem Schweigen, und fing an zu raten. In dieser Situation war es für mich zweckmäßig, schleunigst die Küche zu verlassen. In mein Zimmer zurückgekehrt, bekam ich im Laufe des Tages kleine Zettelchen unter meiner Tür durchgeschoben, auf denen er mir seine freundschaftlichen Gefühle ausdrückte und behauptete, ich hätte ihn falsch verstanden.

Mit meinem Studium und der Vorbereitung zur Diplomarbeit beschäftigt, hatte ich wenig Zeit, um über die schreckliche Atmosphäre in der Kommunalwohnung zu grübeln, die jede Privatheit verhinderte und aus unbedeutenden Alltagsproblemen schnell Zündstoff werden ließ. Gelegentlich sehnte ich mich jedoch nach meinem kleinen Zimmer im Studentenwohnheim zurück.

Meine Diplomarbeit über die Entwicklung einer Exzenterpresse wurde mit »Ausgezeichnet« bewertet, und mit der Übergabe der Zeugnisse am 20. Juni 1959 war meine Ausbildung zum Ingenieur-Mechaniker auch offiziell abgeschlossen. Im Korridor des Instituts warteten schon die Vertreter verschiedener Unternehmen, um sich unter den neu gebackenen jungen Ingenieuren Kader auszusuchen. Zusammen mit zwei Kameraden aus meiner Gruppe bekam ich eine Stelle in der Schmiede des Werks Nr. 75, dessen Panzerwagen T-34 im Zweiten Weltkrieg halb Europa überrollt hatten. Als Anfangsgehalt wurden uns achthundertachtzig Rubel pro Monat angeboten, eine Summe, die nicht einmal zwei Monatsstipendien an der Hochschule entsprach. Anfang August sollten wir uns in der Personalabteilung des Werks melden, bis dahin hatten wir unbezahlten Urlaub. Auch meine Frau schloss unterdessen ihr Studium ab und bekam eine Stelle als Chemielaborantin an der Universität.

Als meine beiden Kameraden und ich im August in die Personalabteilung des Werks kamen, um unsere Firmenausweise zu erhalten, nahm mich der Personalleiter zur Seite und erklärte mir, im Volkswirtschaftsrat wolle man mir eine besser bezahlte Stelle anbieten. Diese rührende Fürsorge des Staates wunderte mich nicht im Geringsten. Alle mit einer Nummer gekennzeichneten Werke und Fabriken in der Sowjetunion gehörten zur Rüstungsindustrie, und für die war ich als – noch dazu in Deutschland geborener – Chinese auch mit Sowjetpass offensichtlich nicht zuverlässig genug. Nun bot man mir eine Stelle in einem Charkower Institut für Technologie an, das Herstellungsverfahren und -ausrüstungen für größere industrielle Unternehmen entwickelte. Mein Monatsgehalt betrug tausend Rubel plus fünfzig Prozent Zuschlag, wenn ich außerhalb von Charkow arbeitete.

Bereits einen Tag später wurde ich mit einer Brigade von Konstrukteuren mit dem Zug ins zweihundertfünfzig Kilometer entfernte Krementschug geschickt. Dort sollte eine ehemalige Mähdrescherfabrik in kürzester Zeit in ein Werk zur Herstellung von schweren Lastwagen verwandelt werden. Zwei Brigaden Konstrukteure, eine aus Moskau und eine zweite aus Charkow, arbeiteten schon an der technologischen Umrüstung des Werks. Meine Aufgabe bestand darin, hydraulische Einspannvorrichtungen zu konstruieren. Wir wohnten alle in einem gemütlichen kleinen Hotel in Zweibettzimmern, was ich nach den mehr als beengten Verhältnissen in der Kommunalwohnung als große Erleichterung empfand. Das erste Mal seit langem gab es wieder so etwas wie ungestörte Nachtruhe. Lida und ich besuchten uns ab und an gegenseitig, und im Frühjahr erfuhr ich von ihr, dass sie schwanger war. Etwas mulmig war mir schon bei dem Gedanken, Vater zu werden, doch auf der anderen Seite freute ich mich auch auf das Kind, obwohl die Beziehung zu Lida nicht einfach war. Wir waren in vieler Hinsicht grundverschieden, aber vielleicht würde uns ja ein gemeinsames Kind wieder näher zusammenbringen.

Ende Oktober fuhr ich für drei Tage nach Charkow, wo meine Frau am 16. Oktober einen Sohn zur Welt gebracht hatte. Ich freute mich sehr über das Kind, und wir gaben ihm den Namen Jewgenij, die russische Variante von Eugen, gemeinhin nannten wir ihn allerdings Shenja. Im Zimmer herrschte eine unbeschreibliche Unordnung. Alles, was in einer normalen Wohnung ins Badezimmer oder in die Küche gehörte, befand sich hier im Wohnraum: Die frisch gewaschenen Windeln trockneten auf einer langen Leine, die das ganze Zimmer diagonal durchquerte, neben dem Tisch stand eine Kinderbadewanne, auf dem Boden türmte sich schmutzige Wäsche. Mit meiner Frau zu reden, blieb nun noch weniger Zeit als vorher, so sehr war sie beschäftigt mit Wickeln, Stillen, Waschen ... Ich war geradezu erleichtert, nach dem kurzen Besuch ins Autowerk zurückkehren zu können, obwohl mir klar war, dass ich die neue Verantwortung nicht fliehen und nicht ewig in einer anderen Stadt arbeiten konnte, selbst wenn ich dort besser verdiente. Am 25. Juni 1960 kündigte ich deshalb in Krementschug und nahm eine Stelle im Charkower Turbinenwerk an.

In der Sowjetunion gab es zwei Großbetriebe, die Dampf- und Wasserturbinen für die Stromerzeugung herstellten: das Charkower und das Leningrader Turbinenwerk. Ihre Produktionskapazitäten waren enorm, sie versorgten nicht nur die ganze Sowjetunion mit Turbinen, sondern exportierten ihre Produkte auch ins Ausland. Ich kam ins Konstruktionsbüro für Wasserturbinen. Es brauchte einige Zeit, bis ich mich in dieses Fachgebiet eingearbeitet hatte.

Im Turbinenwerk war es einfacher, Bekanntschaften zu machen und Freundschaften zu schließen als im Technologischen Institut, weil die Zusammenarbeit mit den Kollegen sehr eng war. Jede Konstruktionsabteilung arbeitete während eines längeren Zeitraums – fünf bis sechs Monate – am Entwurf einer Turbine, die maßgeschneidert den vom Besteller angegebenen technischen Parametern entsprechen musste. Es war reine Teamarbeit, bei der die Entwürfe der einzelnen Konstrukteure ständig miteinander abgestimmt wurden und wir uns gegenseitig unterstützten. Diese Arbeit gefiel mir, und ich fühlte mich sehr wohl.

In den Jahren, die ich im Turbinenwerk verbrachte, wurden Kaplan-Turbinen für Wassergefälle bis zu neunundfünfzig Meter und Leistungen bis zu siebzig Megawatt gebaut sowie Francis-Turbinen für Gefälle bis zu dreihundertfünfundzwanzig Meter und Leistungen bis zu zweihundertfünfundsechzig Megawatt, sollte dies jemanden mit Ingenieurwissen interessieren. Damit belieferten wir hauptsächlich die anderen Sowjetrepubliken und sozialistische Länder. Zu meiner Zeit führten wir aber auch einzelne Aufträge für Afghanistan, Marokko und Norwegen aus.

Das Leben und die Arbeit eines Ingenieurs in einem sowjetischen Werk hatte seine Eigenarten, die ich im Krementschuger Lkw-Werk nicht zu spüren bekommen hatte, weil die Konstrukteure dort nicht zum Werk gehörten, sondern nur für eine bestimmte Zeit angestellt waren und als Außenseiter betrachtet wurden. Hier im Charkower Turbinenwerk erfuhr ich bald, dass es außer unserer eigentlichen Arbeit, der Ausführung von Berechnungen und Anfertigung von technischen Zeichnungen, noch eine Menge Nebenaktivitäten und sozialistischer Rituale gab, mit denen wir uns zu befassen hatten.

Wer von seinem Vorgesetzten einen konkreten Arbeitsauftrag bekam, der zu einem bestimmten Termin zu erfüllen war, hatte einen freiwilligen »Gegenplan« aufzustellen, in dem er sich verpflichtete, den gegebenen Auftrag soundsoviele Tage früher oder zusätzlich zu ihm noch eine Arbeit auszuführen. Dieser »Gegenplan«, auch sozialistische Verpflichtung genannt, musste sorgfältig auf einem Papierbogen aufgeschrieben und mit einem Reißknopf an sichtbarer Stelle ans Zeichenbrett genagelt sein, damit Betriebs- und Parteileitung ihn zu jeder Zeit sehen und seine

Ausführung überprüfen konnten. Mit diesem – wie mir schien absurden – Getue kam ich mir lächerlich vor, und ich heftete meine sozialistische Verpflichtung deshalb an die Innenseite meiner Schreibtischtür, wo sie nur zu sehen war, wenn man das Türchen öffnete. Diese kleine Ungezogenheit wurde komischerweise längere Zeit von meinen Vorgesetzten geduldet, bis unserer Abteilung eines Tages »für hervorragende Leistungen« vom Parteikomitee der Ehrentitel »Abteilung der kommunistischen Arbeit« verliehen wurde. Jetzt musste auch ich meine sozialistische Verpflichtung öffentlich machen. Eine offizielle Definition des Begriffs »kommunistische Arbeit« habe ich nie zu sehen bekommen, aber ich glaube, darunter verstand sein Erfinder eine fanatisch aufopferungsvolle Einstellung zur Arbeit, die ausschließlich auf Enthusiasmus und Gewissenhaftigkeit basierte und letztendlich die ganze sowjetische Gesellschaft erfassen und den Übergang zum Kommunismus ermöglichen sollte. Man war in der Sowjetunion an das ständige Entstehen von neuen politischen Begriffen und Massenbewegungen gewöhnt und nahm sie nicht allzu ernst. Das Schlimme an ihnen war jedoch, dass sie von uns die Bewältigung zusätzlicher zeitaufwändiger und fantasievoller Berichterstattungen über den Verlauf des sozialistischen Wettbewerbs forderten, der nichts anderes als ein politisches Spiel war und mit Ingenieurwesen wenig gemein hatte.

Wenn es auf Grund der für die Planwirtschaft typischen schlechten Arbeitsorganisation in den Sommermonaten an Arbeitskräften für Ernteeinsätze und die Ausführung unqualifizierter Bauarbeiten mangelte, wurden in der Regel in erster Linie Ingenieure und Angestellte aus den Städten »mobilisiert«. Geistige Arbeit war in der Sowjetunion – wenn auch nicht offiziell, so doch praktisch – verpönt, ein Resultat der marxistischen Theorie, nach der dem Proletariat, also den Arbeitern, in der Produktion eine weit wichtigere Rolle zukommt als der »kleinbürgerlichen Intelligenz«, zu der auch die Ingenieure zählten. Diese Verachtung der Ingenieure spiegelte sich unter anderem in ihrer schlechteren Bezahlung im Vergleich zu den Arbeitern wider. In meinen Gesprächen mit Arbeitern des Turbinenwerks waren viele von ihnen fest davon überzeugt, man könne und solle ruhig alle Ingenieure aufs Land schicken, damit sie im Werk nicht herumstünden und hinter ihren Zeichenbrettern so täten, als arbeiteten sie. Der Entwurf und die Entwicklung von Maschinen waren für sie reiner »Papierkram«, während nur sie, die Arbeiter, die Maschinen durch Gießen, Schweißen, Drehen und Fräsen herstellten.

So hatte ein Ingenieur wie ich oder ein Angestellter eines Betriebs in den Sommer- und Herbstmonaten durchschnittlich mit einem drei- bis fünfwöchigen Ernteeinsatz zu rechnen. Es war eine Aufgabe der Bezirkskomitees der Partei, die Kolchosen ständig mit Arbeitskräften aus der Stadt zu versorgen, und sie taten es mit großem Eifer, selbst wenn dort im Moment keine Hilfen gebraucht wurden, doch mit dieser und ähnlichen Scheintätigkeiten rechtfertigten sie ihre eigene Existenz. Bei solchen Einsätzen wurden wir in den Dörfern bei den Bauern, in Schulen oder anderen Gebäuden untergebracht und von den Kolchosen verpflegt. Dabei kam es nicht selten vor, dass ein Teil der für die Städter vorgesehenen spärlichen Nahrungsprodukte – besonders Fleisch – auf dem Weg zur Küche auf dubiose Weise verschwand. Manchmal wollten die Kolchosen die Hilfe gar nicht, da sie von den uninteressierten und an landwirtschaftliche Arbeiten nicht gewöhnten Städtern keinen Nutzen erwarteten. Dennoch wagten sie es nicht, auf die ihnen gesandten Helfer zu verzichten, da sie sich dann bei schlechten Ernteergebnissen nicht darauf hätten berufen können, dass die Stadt ihnen zu wenig Unterstützung geschickt hätte.

Der Ernteeinsatz war für viele körperlich Schwächere, besonders für die Frauen, eine Zumutung: Er bedeutete tägliche Arbeit auf den Feldern unter praller Sonne, das Heben und Tragen von schweren, mit Obst und Gemüse gefüllten Kisten, das lange gebückte Laufen beim Kartoffelklauben – all dies ging an die Substanz. Dazu kamen noch die rückständigen Verhältnisse sowjetischer Dörfer: unasphaltierte Straßen, die sich an Regentagen in einen knöchelhohen Matschteppich verwandelten; kleine, aus Brettern grob zusammengenagelte Plumpsklos, in denen wir von einem Schwarm fetter Fliegen belästigt wurden und Schwierigkeiten hatten, am Rand der Brettereröffnung einen nichtbeschmutzten Platz zu finden; keine Möglichkeiten, sich einmal zu duschen oder zu baden und vieles mehr. Bei einer der Zuckerrübenernten im November hausten wir einmal drei Wochen im großen Sportsaal einer Dorfschule. Bettgestelle gab es keine, unsere Matratzen lagen direkt auf dem Fußboden, und in dem ungeheizten Saal war es nachts so kalt, dass wir uns in unseren Arbeitsklamotten schlafen legten. Natürlich gab es unter uns auch robustere Kollegen, für welche die landwirtschaftlichen Arbeiten ein Kinderspiel waren und eine Gelegenheit, sich fern von der Familie mal richtig zu betrinken und bis in die frühen Morgenstunden hinein Karten zu spielen. Zu denen gehörte ich allerdings nicht, und ich war froh, dass ich die körperlichen Belastungen einigermaßen gut überstand.

Übrigens war der Beitrag der Städter zur Versorgung der Bevölkerung mit frischer Ware von geringer Bedeutung. Oft blieb das geerntete Obst oder Gemüse in Kisten verpackt auf den Feldern liegen und verkam im Regen oder unter der Sonne, weil zu wenig Lastwagen für ihren

Abtransport in die Stadt zur Verfügung standen; oder in der Nacht kamen die Kolchosbauern und nahmen sich davon so viel sie konnten. Die guten Tomaten, Gurken oder Äpfel behielt der Kolchos gewöhnlich für die eigenen Leute, in die städtischen Gemüsegeschäfte gelangten in der Regel nur Produkte geringerer Qualität.

In späteren Jahren bemühte man sich, die städtischen Helfer nicht in den Dörfern unterzubringen, sondern sie jeden Morgen mit Bussen aufs Land und am späten Nachmittag zurück in die Stadt zu befördern. Gleichzeitig wurden auf dem Land Baracken für die Belegschaften größerer Fabriken und Werke gebaut. Letzteren wurden von dem jeweiligen für den Bezirk zuständigen Parteikomitee große Feldflächen zugeteilt, für deren Bewirtschaftung diese Unternehmen volle Verantwortung trugen. Solche landwirtschaftliche Komplexe, die gänzlich von den Belegschaften industrieller Unternehmen bearbeitet wurden, nannte man »grüne Werkhallen« – im Unterschied zu den Werkhallen der Fabriken, in denen die industrielle Produktion stattfand. Damit zwang der Staat die Industrie, einen Teil der landwirtschaftlichen Produktion zu übernehmen: ein verzweifelter und wirtschaftlich irrationaler Versuch, der rückständigen Landwirtschaft unter die Arme zu greifen.

Eine weitere Gelegenheit für uns Ingenieure und Angestellte, dem Staat mit unserer Muskelkraft zu dienen, war die Teilnahme an städtischen Bauprojekten. Hier war die Arbeit oft noch ermüdender als in der Landwirtschaft, da wir als einfache Hilfsarbeiter den ganzen Tag Zement, Beton, Ziegelsteine, Eisenrohre, Baumüll und vieles mehr schleppen mussten. Der große Vorteil war, dass wir in der Stadt blieben und nach der Arbeit die Zeit zu Hause mit unserer Familie verbringen konnten. In den Jahren, in denen ich zu diesen Bauprojekten eingeteilt war, habe ich am

Bau von Wohnhäusern, Straßenbahnlinien, der städtischen U-Bahn, eines großen Sportstadions, eines öffentlichen Hallenbads und eines zwölfstöckigen Bürogebäudes mitgewirkt. Unser normaler Arbeitstag dauerte acht Stunden, doch manchmal gelang es mir, durch Absprache mit der Bauleitung die Arbeitszeit um einige Stunden zu verkürzen, indem ich ein paar tüchtige Kollegen zu einer Brigade zusammenstellte und mit der Bauleitung konkrete Tagesaufgaben vereinbarte, die wir gewöhnlich schon bis zum frühen Nachmittag erfüllten. Die Möglichkeit, die Arbeit früher zu beenden, war für uns ein Anreiz, und die dabei erzielte gute Arbeitsleistung wurde wiederum von der Bauleitung begrüßt. Manchmal allerdings waren wir Bauleitern unterstellt, die es nicht verstanden, die Leute zu motivieren. Unter ihrem Kommando mussten wir unsere acht Stunden auf dem Bauplatz absitzen, und wir schonten uns dabei so gut wir konnten.

Eine dritte, weniger aufreibende Ablenkung von der Arbeit als Ingenieur waren die alljährlich stattfindenden künstlerischen Wettbewerbe zwischen den verschiedenen Konstruktionsbüros des Turbinenwerks. Wir sangen, rezitierten Gedichte, führten witzige Sketche auf, in denen wir es gelegentlich sogar wagten, uns über die Leitungskader lustig zu machen, oder spielten auf irgendeinem Instrument. Mitzumachen hatte praktisch jeder, der imstande war, einen Laut von sich zu geben; sich vor der Beteiligung am Wettbewerb zu drücken, wurde als unsportlich angesehen. So wurde auch ich mehrmals mit einer Gitarre, auf der ich ein paar einfache Akkorde zupfen konnte, auf die Bühne geschoben, um dort jemanden beim Singen zu begleiten oder selber mit dumpfer Stimme ein französisches Lied aus dem Repertoire von Yves Montand, der damals bei uns sehr populär war, zum Besten zu geben. Unser Konstruktionsbüro für Wasserturbinen belegte des öfteren den ersten Platz in diesen Wettbewerben, und unsere Siege wurden nach Arbeitsschluss gebührend gefeiert.

Völlig unerwartet bekam ich 1965 vom Werk, das heißt vom Staat, eine kleine Zwei-Zimmer-Wohnung für mich und meinen Sohn Shenja, der offiziell bei mir lebte, jedoch in Wirklichkeit bei seiner Mutter wohnte. Von Lida hatte ich mich ein Jahr zuvor in aller Freundschaft scheiden lassen, weil wir einfach zu verschieden waren – unsere Hochzeit nach den fröhlich verbrachten Ferien am Donez-Ufer hatte sich als einziger Irrtum herausgestellt. Die Trennung war für uns beide eine Erleichterung.

Ich hatte Glück, denn in jener Zeit zu einer Wohnung zu kommen, war nicht einfach. Dazu hatte man sich bei der Gewerkschaft seiner Institution oder seines Unternehmens in eine Liste einzutragen, die lang war, und musste sich jahrelang in Geduld üben. Zudem tauchte ständig irgendein Parteimitglied oder wichtigerer Mitarbeiter auf, dem die Leitung unter Umgehung der Reihenfolge den Vorzug gab.

Ich hatte mich immer gewundert, wenn Kollegen mir wochenlang und in aller Ausführlichkeit erzählten, wie sie ihre neue Wohnungen einrichteten. Ich dachte, für sie sei dies ein neues Hobby geworden. Erst nachdem ich in meine eigene Wohnung umgezogen war, begriff ich, wie viel Arbeit es in einem sowjetischen Neubau machte, bis man dort einigermaßen normal leben konnte. Das Parkett war schlampig geschliffen, manche Fenster und Türen ließen sich nicht einwandfrei schließen, die Wände waren nur grob weiß gekalkt und mussten tapeziert werden, der Spülkasten in der Toilette war defekt, die Wasserhähne hielten nicht dicht. Immerhin war ich froh, jetzt mein eigenes Nest zu haben, alles andere ließ sich nach und nach reparieren und einrichten. Das Geld für die Möbel hatte ich schon, das Problem bestand wie immer in der Anschaffung der Mangelware. Es gab zwar – ähnlich wie bei Katjas Nähmaschine – eine von den potenziellen Käufern verwaltete Warteliste, doch darauf stand ich auf einem der hinteren Plätze. Hier half mir ein wenig Glück weiter: Mir war aufgefallen, dass die Verkäufer bestrebt waren, Ware, die eingetroffen war, so schnell wie möglich wieder aus dem Laden zu schaffen, ohne sich um irgendeine Liste zu scheren. Also ging ich beinahe täglich mit einer größeren Summe Bargeld an dem Möbelgeschäft vorbei, bis eines Tages eine Lieferung vor der Tür stand. Und kurz darauf war ich stolzer Besitzer einer ungarischen Möbelgarnitur. Auch mit dem Kühlschrank hatte ich Glück: Ich bekam ihn kurz nach meinem Einzug in die Wohnung, hierfür hatte ich sieben Jahre auf der offiziellen Warteliste gestanden und plötzlich wurde ich mit einer Postkarte darüber informiert, dass ich nun am Zuge sei.

1966 heiratete ich Walja, eine junge Mitarbeiterin des Turbinenwerks. Sie arbeitete im selben Konstruktionsbüro wie ich und machte ein Abendstudium in Deutsch an der Charkower Universität. Im Frühling des nächsten Jahres kam Tanja auf die Welt, unsere Tochter. Als meine Frau sie mir durch das Fenster der Neugeborenenstation im Entbindungsheim zeigte, war ich richtig gerührt und freute mich darauf, unsere Tochter bald selbst in den Armen zu halten.

Das Leben verlief nun wie in einem großen Strudel: Am Tag arbeitete ich im Werk, wenn ich nach Hause kam ging meine Frau an die Universität, ich kümmerte mich unterdessen ums Baby und übersetzte technische Dokumente für die Handelskammer – den Nebenverdienst konnte ich gut gebrauchen. Manchmal musste meine Schwiegermutter einspringen. Sie arbeitete im Zwei-Schicht-Betrieb und konnte deswegen gelegentlich am Tag das Baby nehmen.

Allmählich richtete ich mich hier in Charkow ein, obwohl mein Traum von Westeuropa noch immer in mir lebendig blieb. Mein Leben kam nach und nach ins rechte Gleis. Ich hatte nun fast alles, was einen Sowjetmenschen glücklich machen sollte: eine Familie, Kinder, eine eigene Wohnung und ein für sowjetische Verhältnisse halbwegs vernünftiges Gehalt. In dieser Situation verfiel ich auf den kühnen Gedanken, das idyllische Bild einer glücklichen Familie durch die Anschaffung eines Autos zu vervollständigen. Glücklicherweise hatte ich mich bereits als Student in die Liste für den Kauf eines Pkw vom Typ »Moskwitsch« eingetragen. Im Autohaus erfuhr ich, dass ich noch eine ellenlange Warteschlange vor mir hatte. Es war mehr ein Trost als eine Enttäuschung, denn ich hatte zu diesem Zeitpunkt noch gar kein Geld für einen Wagen. Dann aber entdeckte ich einen kleinen unauffälligen Zettel in der Vitrine des Geschäfts mit der Mitteilung, dass alle »Moskwitsch«-Bewerber in der Warteschlange bis Nr. 1200 das Recht hatten, an Stelle eines »Moskwitschs« einen Kleinwagen vom Typ »Saporoshez« zu erwerben. Offensichtlich ließ sich dieser Wagen nicht gut verkaufen. Er war eine Neuentwicklung, eine misslungene Kopie des Fiat 600, wie spöttisch bemerkt wurde. Er war extrem klein, besaß wenige PS, und sein luftgekühlter Heckmotor überhitzte sich an warmen Tagen so stark, dass viele Fahrer mit halb geöffneter Motorhaube fuhren. Ich stand vor der Wahl, mich jetzt mit einem kleinen Wagen zu begnügen oder noch etliche Jahre auf einen größeren warten zu müssen. Ich wählte das Erstere, zweifelte jedoch an der Richtigkeit meiner Entscheidung. Einige meiner Kollegen versicherten mir, sie hätten diese Kleinwagen in den Städten der Krim-Insel auch mit Charkower Autonummern gesehen, ein Beweis, dass die Dinger fuhren. Das beruhigte mich. Weiter als ans

Schwarze Meer hatte ich nicht vor, mit dem Auto zu fahren.

Der Wagen kostete zweitausendzweihundert Rubel. Davon hatte ich im Moment gerade mal zweihundert. Die übrigen zweitausend Rubel borgte mir großzügig Professor Sokolowskij, der noch immer in der alten Kommunalka wohnte, wo ich ihn gelegentlich besuchte, wenn ich in seiner Gegend war. Mit meinem Nebenverdienst war ich imstande, monatlich einhundert Rubel meiner Schulden zu tilgen, sodass ich in nicht mal zwei Jahren wieder schuldenfrei war.

Im Sommer 1968 fuhr ich mit meiner Frau Walja in unserem neuen Gefährt Richtung Moskau zum Einkaufen. Es war die erste längere Autoreise, die ich gewagt hatte, doch der Saporoshez hielt durch. Moskau war das Schaufenster der Sowjetunion und wurde mit Waren unvergleichlich viel besser versorgt als alle anderen Städte des Landes. Von den vielen Menschen, die sich auf den Straßen der Stadt bewegten, kam ein großer Teil aus anderen Gegenden Russlands oder anderen Sowjetrepubliken, um hier Waren zu ergattern, an denen sonst im Lande Mangel herrschte: Lebensmittel – hauptsächlich Fleisch –, importierte Kleidung und Schuhe, Autoersatzteile, Sanitärtechnik, Toilettenpapier und anderes. Mit Geduld, Zähigkeit und Glück konnten wir in den hiesigen Geschäften schon so einiges finden. Zwar mussten wir oft vier, fünf Stunden lang Schlange stehen, aber was taten wir nicht alles, um zu der gewünschten Ware zu kommen. Sobald wir uns eingereiht hatten, wurde uns mit Kugelschreiber eine Nummer auf die Hand gekritzelt, und wenn es eine hohe Zahl war, die in die Hunderte ging, nutzten wir die Zeit und stellten uns gleichzeitig noch in andere Warteschlangen, manchmal ein paar Straßenblöcke weit entfernt. Simultan sozusagen in mehreren Schlangen anzustehen, erforderte einige taktische Fähigkeiten, damit wir den Moment nicht verpassten, an dem wir tatsächlich an die Reihe kamen. Gelegentlich stoppte ich die Geschwindigkeit ab, mit der sich die Warteschlangen bewegten, und rechnete aus, zu welcher Zeit ich wieder an Ort und Stelle sein musste. Dabei irrte ich mich natürlich oft, dann musste ich wieder von vorne, das heißt von hinten beginnen. Auch passierte es, dass die Ware ausging, bevor wir an die Reihe kamen. Doch trotz aller Unwägbarkeiten füllte sich unser Wagen allmählich mit Pullis, Blusen, Röcken, Mänteln, Schuhen und Winterstiefeln für die ganze Familie.

Die Nächte verbrachten wir auf einem Campingplatz am Rande der Stadt. In dem kleinen Wagen schlief es sich nicht besonders bequem. Wir saßen auf den Vordersitzen, die Füße auf dem Boden, mit dem Rücken drückten wir uns in die zurückgeklappte Sitzlehne, die sich mit ihrer Oberkante in unsere Schulterblätter bohrte, den Kopf betteten wir auf gefüllte Einkaufstaschen. Nach ein paar Nächten hatten wir uns an diese Schlafweise gewöhnt und spürten die Schmerzen kaum mehr. Vielleicht waren wir aber auch einfach zu müde und erschöpft dazu. Außerdem hatten wir unsere Liegeplätze tagtäglich verbessert, indem wir die Unebenheiten halbwegs mit unserer Jagdausbeute aus den Moskauer Geschäften ausfüllten.

Eines Tages parkte auf dem Campingplatz in der Nähe unseres Wagens ein deutscher Kleinbus. So machten wir die Bekanntschaft mit einem netten Ehepaar aus München, den Lößls. Sie waren ein reiselustiges Pärchen und hatten schon viele Länder der Welt besucht. Da die Sowjetunion wegen der harten Währung, die dadurch ins Land kam, sehr an westlichen Touristen interessiert war, hatten die Lößls keine Schwierigkeiten gehabt, ein Visum zu erhalten. Als Touristen, die mit dem Auto unterwegs waren, mussten sie allerdings eine vorher festgelegte Reiseroute mit Zeitplan genau einhalten. Sie wollten Moskau besichtigen und schlugen uns vor, sie als Dolmetscher ein, zwei Tage in ihrem Wagen zu begleiten. Dies war eine angenehme Abwechslung nach der intensiven Jagd auf notwendige Güter des täglichen Bedarfs. Wir unterhielten uns ungezwungen, und auch für meine Frau war es eine gute Gelegenheit, Deutsch zu üben. Sie erzählten uns über ihre Eindrücke von der Sowjetunion. Peter Lößl meinte, die Russen liefen alle mit ernsten und besorgten Gesichtern umher. Dem wollte ich nicht zustimmen, denn mir war es in über zehn Jahren, die ich in der Sowjetunion verbracht hatte, überhaupt nicht aufgefallen. Dabei sah höchstwahrscheinlich auch ich nach den nervenzehrenden Tagen in den Warteschlangen nicht sehr fröhlich und frisch aus. Erst Jahrzehnte später, als ich die Möglichkeit bekam, den Westen zu besuchen, wurde mir klar, was Peter gemeint hatte. Die Menschen schauten tatsächlich heiterer drein als bei uns, was hinsichtlich des deutlich höheren Lebensstandards auch verständlich war. Dann war Peter noch von der Korrektheit unserer Verkehrspolizisten beeindruckt. Ich weiß heute nicht mehr, wie er zu dieser originellen Schlussfolgerung gekommen war, aber über sie hätte sich jeder sowjetische Verkehrsteilnehmer gebogen vor Lachen, weil wir hier ganz andere Erfahrungen machten. Den Lößls gab ich einen Brief an meine ehemalige Schulfreundin Beatrice Reventlow mit, in dem ich mich unverblümt über die Sorgen und Nöte meines hiesigen Lebens aussprach, was ich in einem Brief, der auf dem normalen Postweg befördert worden wäre, der Zensur wegen nicht riskiert hätte. Zu Beatrice hatte ich, wenn auch mit langen Pausen, den Kontakt über die Jahre nie abreißen lassen, und wir waren zu engen Freunden geworden.

»Die Welt ist doch ein Dorf!«, antwortete mir Beatrice im September 1968 auf meinen Brief. »Stehst du eines Tages auf dem Moskauer Campingplatz neben einem Ehepaar aus München und sie, die junge Frau, hat hier in München noch dazu bei Suzanne – der zweiten Frau meines Vaters, die er in Spanien kennen lernte – Unterricht gehabt... Nun weiß ich also ein wenig im Detail, wie du lebst – in den großen Zügen habe ich es wohl immer gewusst bzw. gespürt...«

Außerdem ließ ich Beatrice auf diesem Weg noch eine Matrjoschka zukommen, eine jener typisch russischen Holzpuppen. Peter und Rosi Lößl konnte ich erst 1990, also zweiundzwanzig Jahre später, in München besuchen.

Den größten Nutzen aus unserem Wagen zogen wir während der Sommerferien. Anstatt ein teures Urlaubszimmer weit entfernt vom Strand mieten zu müssen und den Launen einer Hauswirtin ausgeliefert zu sein, campten wir jetzt jeden Sommer direkt am Meeresstrand der Halbinsel Krim im Südosten der Ukraine im eigenen Zelt und zahlten für zwei Plätze – einen fürs Auto, einen zweiten fürs Zelt – die lächerlich geringe Summe von sechzig Kopeken plus vierzig Kopeken zusätzlich für »Dienstleistungen«, darunter war die Bereitstellung einiger Wasserhähne, aus denen Süßwasser tropfte, gemeint sowie einer Männerlatrine und einer Damenlatrine, die in der Regel viel zu klein war, sodass sich davor immer Warteschlangen bildeten. Als Campingplätze im üblichen Sinn des Wortes ließen sich diese Einrichtungen kaum bezeichnen, vielmehr waren kilometerlange, absolut kahle Küstenstreifen in verschiedenen Gegenden auf der Krim in gigantische Parkplätze verwandelt worden, auf denen außer den Autos noch die bunten Zelte ihrer Besitzer standen. Durch die Gedrängtheit sah das Ganze wie ein riesiges, wildes Lager aus. Mit zusätzlichen Planen und Stoffstücken bedeckte man das Auto und den Zwischenraum zwischen Wagen und Zelt, um sich gegen die glühend heißen Sonnenstrahlen zu schützen. Nahrungsmittel – hauptsächlich Fleischdosen und Gemüse – kauften wir auf dem Markt ein, doch oft steuerten Lastwagen unseren Parkplatz an und belieferten uns an Ort und Stelle mit Lebensmitteln. Das Essen kochten wir vor dem Zelt auf zwei Benzinbrennern, für die wir den Sprit aus dem Tank unseres Autos verwenden konnten. Ungemütlich und hektisch wurde es bei stürmischem Wetter, dann waren auf dem Parkplatz alle panikartig damit beschäftigt, ihre windigen Stoffbehausungen zusätzlich zu befestigen.

Auf die Krim fuhren wir oft zu fünft: Auf dem Rücksitz saßen Waljas jüngere Schwester Tamara und mein Sohn Shenja, während die kleine Tanja zwischen ihnen klemmte, mit dem Kopf auf Tamaras und den Füßen auf Shenjas Schoß. Auf dem Beifahrersitz, die Füße auf dem Geschirr, saß meine Frau. Zelt und Decken waren auf dem Dachgepäckträger befestigt, und wenn wir, am Strand angekommen, auspackten, umringten uns unsere Nachbarn und wunderten sich, dass sich so viele Sachen in einem so kleinen Wagen verstauen ließen. Das Leben am Strand war raue Romantik ohne jeglichen Komfort, doch glaube ich, dass ich den Urlaub nirgends so intensiv erlebte wie auf den Parkplätzen am warmen Schwarzen Meer. Wir befanden uns ständig im Wasser, tauchten, fingen Krabben und spielten Ball. Für die Kinder – auch Tamara war noch Schülerin – war es ein besonderes Erlebnis. Sie lernten dort schnell schwimmen und kehrten braun gebrannt und gut erholt aus den Ferien zurück.

Zu den Träumen, die der einfache Sowjetbürger zu träumen wagte, gehörten auch Reisen ins westliche Ausland. Wollte man fremde Länder besuchen, gab es zwei Möglichkeiten: Entweder wir kamen auf persönliche Einladung eines Bekannten dorthin oder wir mussten über eine Reiseagentur buchen – das war die teurere Variante. Leider waren Staat und Partei nicht daran interessiert, dass allzu viele Sowjetbürger ins westliche Ausland reisten. Man konnte zu viel Gutes dort sehen: Ordnung, Demokratie, hohen Lebensstandard. Gelegentlich setzten sich auch Touristen ins Ausland ab, was immer etwas peinlich für die Sowjetpropaganda war. Außerdem fügte jeder Auslandstourist dem Staat einen kleinen finanziellen Verlust zu: Um von westlichen Touristen, die die Sowjetunion besuchten, harte Währung abzuschöpfen, hatte die sowjetische Staatsbank den Wechselkurs Dollar-Rubel so niedrig gesetzt, dass Westler für einen US-Dollar nur 0,63 Rubel erhielten. Umgekehrt musste nun die Staatsbank für die wertlosen zweihundert Rubel, die jeder Sowjetbürger, der ins Ausland reisen durfte, in harte Währung umtauschen konnte, ganze dreihundertzwanzig US-Dollar berappen. Kurz gesagt, der sowjetische Staat hatte durchaus gute Gründe, die Reisemöglichkeiten seiner Bürger zu beschränken, und er griff zu komplizierten Ausreiseprozeduren, die oft Monate in Anspruch nahmen. Ehepaare durften in der Regel nicht gemeinsam ausreisen. Entweder fuhr die Frau oder der Mann. Wenn sich aus irgendwelchen Gründen nicht verhindern ließ, dass doch beide fuhren, mussten die Kinder im Land bleiben. Eine positive Empfehlung von der Arbeitsstelle war unbedingt notwendig, und die bekam man nur, wenn Chef, Parteiorganisation, Personalabteilung und der Sicherheitsdienst des Betriebs nichts dagegen hatten. Biografie und Kaderakte durften keine schwarzen Flecken aufweisen. In Gebieten gelebt zu haben – selbst als Kind –, die während des Krieges von Deutschen besetzt waren, wurde einem übel genommen, und Großeltern, die während der Oktoberrevolution als Großbauern enteignet worden waren, konnten auch zum Hindernis werden. Wer in einem Rüstungsbetrieb arbeitete, hatte überhaupt keine Chance auf eine Auslandsreise. Vorteilhaft waren dagegen Parteimitgliedschaft und gesellschaftliche Posten wie Gewerkschafts- oder Komsomolfunktionär. Schwierigkeiten lauerten auch bei der medizinischen Untersuchung auf einen. Auf der Bescheinigung, die man dem OWIR zur Reise ins Ausland vorzuweisen hatte, mussten die Unterschriften des Therapeuten, des Psychiaters, des Nervenarztes, des Chirurgen, des Zahnarztes, des Augenarztes, des Laryngologen und des Hautarztes stehen, bei Frauen zusätzlich die des Gynäkologen. Etwas einfacher war es, ein kommunistisches Land zu besuchen, jedoch auch hier konnte man auf verborgene Riffe stoßen.

Ich reichte zu jener Zeit einmal ein Gesuch auf eine Reise in ein befreundetes sozialistisches »Bruderland« ein, doch dabei war mir kein Glück beschieden: Kurz nach Beendigung meines Studiums lud mich Dietmar Selle, ein ehemaliger Kommilitone aus der DDR, zu sich nach Hause ein. Mit dieser Einladung wandte ich mich an den Genossen Dawydow vom Gebiets-OWIR, um eine Ausreisebewilligung zu beantragen. Als ich ihn ansprach, schrieb er schweigend an seinem Dokument weiter, ohne aufzuschauen, so als hätte er meine Anwesenheit gar nicht bemerkt. Schließlich fragte ich ihn gereizt, ob er jetzt nicht zufällig Sprechstunde hätte. Er blickte mich verwundert an, als hätte ich ihn aus dem Schlaf gerissen. Ich erklärte Dawydow, ich hätte hier eine Einladung von einem guten deutschen Freund, mit dem ich mehrere Jahre zusammen in Charkow studiert hatte. Dawydow erwiderte betont grob, die Bekanntschaft mit einem Studenten sei noch kein Grund für eine Auslandsreise, es wäre ja unsinnig, alle seine Kommilitonen zu besuchen. Ich begriff schnell, dass ich kein Ausreisevisum erhalten würde, und ließ mich auf keine weitere Diskussion ein.

Auch wenn für mich damit eine gute Möglichkeit vereitelt war, vielleicht meine Heimatstadt Berlin wieder zu sehen, warf mich diese Absage nicht um. Schon in den ersten Jahren nach meiner Übersiedelung in die Sowjetunion hatte ich gelegentlich zu spüren bekommen, dass ich trotz Sowjetpass noch kein vollwertiger Sowjetbürger war und folglich nur beschränktes Vertrauen genoss. Deshalb war es auch nicht ungewöhnlich, dass ich mir mit meinem Gesuch, dessen Bewilligung von meiner »politischen Zuverlässigkeit« abhing, eine Absage einhandelte. Irgendwann jedoch, das spürte ich, würde ich Deutschland wiedersehen. Ich musste nur Geduld haben.

Wie übertrieben die Wachsamkeit des Staates gegenüber seinen eigenen Bürgern und wie absurd die Durchführung vieler Sicherheitsmaßnahmen war, mögen die folgenden beiden Erlebnisse illustrieren:

Anfang der sechziger Jahre rief mich mein ehemaliger Mitstudent Wladimir Strach an und teilte mir mit, er würde bald nach Erewan umsiedeln und ich könnte doch seine gut bezahlte Arbeitsstelle als Konstrukteur im Werk Nr. 4 übernehmen. Da ich etwas zu früh zum vereinbarten Termin mit seinem Vorgesetzten eintraf, wartete ich geduldig am Eingangstor und sah mit Interesse zu, wie ganze Familien mit Kindern, Opas und Omas unbehelligt an der uniformierten Pförtnerin vorbei durch das Werktor marschierten. Ich fragte sie, was dieser fröhliche Menschenstrom bedeutete. Sie lächelte verlegen und erklärte mir, dass es in diesem Stadtviertel mit der Warmwasserversorgung schlecht stehe, und da kämen die Familien der Arbeiter eben ins Werk, um sich zu duschen. So etwas war neu für mich. Das Gespräch mit dem Chef des Konstruktionsbüros verlief sehr erfreulich, ich sollte schon drei Tage später eingestellt werden. Als ich allerdings am ersten Arbeitstag ins Werk kam, erklärte mir der Personalchef mit Bedauern, im Augenblick gäbe es hier keine vakante Stelle. Erst nach und nach wurde mir klar, warum. Obwohl das Werk seit Kriegsende nur Heizkörper für den Wohnungsbau herstellte, war es formell noch immer ein Rüstungsbetrieb. Und Rüstungsbetrieb und in Deutschland geborener Chinese: das passte nicht zusammen. Mich tröstete der Gedanke, dass mich die guten Leute zumindest für eine warme Dusche hereinlassen würden.

Die zweite Geschichte ereignete sich 1973. Ich arbeitete damals im Allunions-Forschungsinstitut für Klimatechnik in der Abteilung für wissenschaftlich-technische Information. Eines Tages erwarteten wir eine DDR-Delegation aus Dresden. Internationale Zusammenarbeit in den RGW-Ländern – den Ländern des Rats für gegenseitige Wirtschaftshilfe – war zu jener Zeit groß geschrieben, von ihr versprach man sich durch Informationsaustausch und die Weitergabe von technischem Know-how beschleunigten Fortschritt. Gegen Mittag dröhnte plötzlich die Stimme von Kulikow, unserem Direktor, durch die Gänge der Abteilung: »Die deutschen Gäste stehen schon unten, Dmitrij Iwanowitsch muss sofort verschwinden!« Mit Dmitrij Iwanowitsch, oder kurz Dima, war natürlich ich gemeint. Aus irgendwelchen Gründen sollten mich die Deutschen besser nicht zu sehen bekommen. Gerade weil ich gut hätte dolmetschen können, waren meine Kollegen äußerst erstaunt über die Anweisung des Direktors und ihre nicht eben rücksichtsvolle Formulierung. Mich verwunderte sie nicht. Kulikow war ein typischer Parteibonze, ängstlich und vorsichtig, der seine Stellung weniger seinem Wissen als seinem Parteibuch zu verdanken hatte. Es ging das Gerücht, den mathematischen Teil seiner Dissertationsarbeit – er war Kandidat der technischen Wissenschaften – hätten zwei junge, ihm untergebene Mitarbeiter des Instituts für ihn geschrieben. Ich zog mich artig zurück und las die Zeitung, bis die DDR-Delegation das Institut wieder verlassen hatte.

Noch ganze anderthalb Jahre danach ließ man mich nicht an die Deutschen heran, bis wir eines Tages wieder Besuch vom Dresdner Institut für Luft- und Kältetechnik bekamen und Genosse Rushitzkij, ein Abteilungsleiter, kategorisch erklärte: »Es ist doch vollkommener Unsinn, für technische Gespräche Dolmetscherinnen vom ›Intourist‹ einzusetzen. Von jetzt an wird unser Kollege, Dmitrij Iwanowitsch, dolmetschen. Ich übernehme die Verantwortung dafür.« Mit diesen Zauberworten wurde ich mit einem Schlag zuverlässiger Bürger und durfte mich nicht nur an den Verhandlungen und Besprechungen sowie an der Erstellung von Protokollen und Plänen zukünftiger technisch-wissenschaftlicher Zusammenarbeit beteiligen, sondern auch an den fröhlichen Schaschlik-Ausflügen und üppigen Saufgelagen, welche die russische Seite am Vortag der Abfahrt der DDR-Delegation immer liebevoll organisierte.

Übrigens verlief die technisch-wissenschaftliche Zusammenarbeit träge, obwohl das Allunions-Forschungsinstitut für Klimatechnik in Charkow und das Dresdner Institut für Luft- und Kältetechnik meines Erachtens für solch eine Zusammenarbeit ausgezeichnet zueinander passten. Unsere beiden Institute waren für die Entwicklung von neuen Erzeugnissen zuständig und führten in ihren Laboratorien entsprechende technisch-wissenschaftliche Forschungen für die ständige Verbesserung von Technologie und Produktion aus. Deshalb war von einem organisierten und regelmäßigen Informations- und Erfahrungsaustausch zwischen den sowjetischen und deutschen Kollegen Nutzen für beide Seiten zu erwarten. Leider blieb er aus. Ich hatte das Gefühl, die Zusammenarbeit wurde von den Partnern als eine im Rahmen des RGW

»von oben« oktroyierte Maßnahme betrachtet, die nur zusätzlichen Arbeitsaufwand verursachte. Langwierige Verhandlungen führten zu keiner Übergabe von Know-how an den Partner, und die Ausarbeitung von gemeinsamen technischen Standards blieb auf halbem Wege stecken. Die seltenen gegenseitigen Besuche sowjetischer und DDR-Spezialisten fanden durchschnittlich einmal im Jahr statt, was für eine engere Zusammenarbeit natürlich völlig ungenügend war. Andererseits wäre die sowjetische Seite finanziell kaum imstande gewesen, ihre Spezialisten öfter in die DDR zu schicken.

Für mich als Dolmetscher waren die Besuche unserer Dresdner Partner jedes Mal anstrengende Arbeit, aber sie machten auch viel Spaß und gaben mir die Gelegenheit, Deutsch zu sprechen. Bei diesen Anlässen befreundete ich mich mit Fritz Schlender, der aus Cossebaude bei Dresden stammte. Von ihm erfuhr ich auch etwas über das Leben in Ostdeutschland, das insgesamt doch weitaus besser zu sein schien als unsere Existenz hier in der Ukraine.

Angenehm und entspannend nach Tagen intensiver Arbeit waren die Abschiedsbankette, obwohl ich manchmal Schwierigkeiten hatte, die ausgetüftelten Tischreden zu übersetzen, in denen technische Fachausdrücke mit hochtrabenden Begriffen wie Völkerfreundschaft zu unförmigen Trinksprüchen kombiniert wurden. Es wurde lange und viel getrunken, und das Maß der Betrunkenheit konnte man bei manchen an der Salonfähigkeit ihrer Witze ablesen. Ein besonderes Problem hatte ich mit dem Direktor unseres Instituts, der nicht verstehen konnte oder wollte, warum sich seine auf Wortspielen basierenden Witze nicht übersetzen ließen. Er wurde zornig und befahl mir regelrecht: »Du bist unser Dolmetscher und hast alles, was ich jetzt gesagt habe, wörtlich zu übersetzen.« Darauf erzählte ich gewöhnlich einen ganz anderen

Witz auf Deutsch, und die Gäste lachten, worauf der Direktor zufrieden war.

Nach rund zwanzig Jahren, die ich in der Sowjetunion verbracht hatte, spürte ich nun, wie ich langsam »integriert« wurde. Eines Tages bekam ich von der Institutsleitung die ehrenvolle Aufgabe, allwöchentlich im Institut über die Lage in der Welt zu referieren. Damit sollte das politische Bewusstsein der Mitarbeiter wach gehalten werden, und die Übertragung dieser Aufgabe war so etwas wie ein Vertrauensbeweis in meine politische Loyalität. Ich hätte mir nichts Langweiligeres vorstellen können, als während der Mittagspause vor Mitarbeitern, die ihre Butterbrote aßen oder Kreuzworträtsel lösten, über die Weltereignisse zu sprechen, für die sich die einen gar nicht interessierten, während die anderen selbst schon alles aus den Zeitungen wussten. Wahrscheinlich hatte man niemand anderen für diese Aufgabe gefunden. Aber ich sagte zu, denn es gehörte in der Sowjetgesellschaft zum guten Ton, irgendwelche ehrenamtlichen Aufgaben zu übernehmen. Zudem musste ich mich dafür nicht eigens vorbereiten, da ich die Presseberichte regelmäßig verfolgte, besonders was die außenpolitische Situation anbelangte. Eines allerdings setzte ich mir zum Ziel: Ich wollte meine Rede jeweils so kurz wie möglich halten, um die Zuhörer nicht unnötig zu strapazieren. Nach jedem Vortrag erntete ich Beifall von ihnen – ob aus Dankbarkeit für die Kürze der Rede oder für die inhaltlichen Ausführungen, blieb ihr Geheimnis.

Außerdem durfte ich mich nun als Wahlhelfer betätigen und hatte dabei die Bewohner der Arbeiterwohnheime dazu zu bewegen, ihre Stimmzettel rechtzeitig abzugeben. Auch dies galt als gesellschaftliche Tätigkeit und brachte mir »politische Punkte« ein. Als schwache Vortäuschung von Demokratie in einem der totalitärsten Länder der

Welt spielten die Wahlen zu den Ämtern in den Sowjets natürlich nur eine rein formelle Rolle in der Verwaltung und Leitung des Staates. Eine Opposition zur Regierung wurde nicht geduldet und war deshalb auch nicht vorhanden, und die Wahlkandidaten – egal ob Kommunisten oder Parteilose – wurden alle ohne Ausnahme von der Partei aufgestellt.

Von einem Wahlkampf, von einer Alternative zwischen verschiedenen politischen Plattformen und Programmen konnte deshalb nicht die Rede sein. Das einzige Plakat, das überall ausgehängt war, rief die Menschen dazu auf, zu den Wahlurnen zu gehen und ihre Stimmen für den »Block der Kommunisten und Parteilosen« abzugeben. Pauschal, sozusagen. Das taten die meisten auch ohne Aufruf: Sie warfen ihre Stimmzettel in die Wahlurnen, ohne irgendjemanden an- oder auszukreuzen, was von der absoluten Gleichgültigkeit der Wähler zeugte. Die kurzen biografischen Hinweise zu den Kandidaten sagten höchstens etwas über deren Fähigkeiten aus, sich in die politische Elite hochzuarbeiten, und gültig waren die Stimmzettel so oder so. Bei dem bestehenden Wahlsystem wurden die von Partei und Regierung erwünschten Wahlergebnisse unfehlbar erreicht. Etwas schwieriger war die Sicherung einer fast hundertprozentigen Teilnahme der Bevölkerung an den Wahlen, worauf die Partei anscheinend großen Wert legte. Das forderte den Einsatz von einem ganzen Heer von freiwilligen Helfern, die am Vorabend der Wahlen und am Wahltag selbst die Wohnhäuser und Wohnheime mit ausführlichen Namenslisten durchkämmten und jeden einzelnen Bewohner baten, manchmal buchstäblich anflehten, *so früh wie möglich* ins Wahllokal zu kommen und seine Stimme abzugeben. *So früh wie möglich* deshalb, weil der Helfer erst dann nach Hause gehen durfte, wenn alle Bewohner des von ihm betreuten

Hauses gewählt hatten. Ich hatte diese Aufgabe wie gesagt mehrmals in den Arbeiterwohnheimen zu erfüllen, in denen die Hälfte der jungen Arbeiter schon am Vorabend zu Verwandten aufs Land gefahren waren. Mir blieb dann nichts anderes übrig, als den Zurückgebliebenen einen Stoß Stimmzettel in die Hände zu drücken und sie zu bitten, für ihre Kameraden zu wählen. Das war zwar Wahlmanipulation, aber was machte es letztlich für einen Unterschied? Selbst die Frauen im Wahlausschuss drückten ein Auge zu, da auch sie mit ihrer Arbeit frühzeitig fertig werden wollten. Laut Presseberichten betrug in der Sowjetunion die Wahlbeteiligung in der Regel 99,8 oder 99,9 Prozent, fantastische Resultate, die als Beweis der politischen Aktivität der Sowjetbürger betrachtet wurden. Als Helfer bekam ich für meine Arbeit zwei freie Tage, auf Russisch »otguli« genannt, die ich später abbummeln konnte.

Otguli konnten wir uns übrigens auf verschiedene Weise erwerben. Für Blutspenden, bei denen uns fast ein halber Liter Blut abgenommen wurde, bekamen wir gratis eine Flasche Rotwein, ein Mittagessen in der Werkkantine und drei Tage frei. Regelmäßig geleisteter Dienst als »Freiwilliger Milizhelfer«, den wir einmal pro Woche nach der Arbeit auszuführen hatten, indem wir in Gruppen bis zehn Uhr abends Rundgänge durch einen uns zugewiesenen Stadtteil machten und mit unseren roten Armbinden allen Bösewichten einen furchtbaren Schreck einjagen sollten, wurde uns teilweise durch Freizeit abgegolten. Für jeden Ernteeinsatz an Samstagen oder Sonntagen bekamen wir einen *otgul*. Genau genommen waren otguli eine Belohnung für außerberufliche, hauptsächlich gesellschaftliche, Tätigkeiten. Dafür wurden dann Arbeitstage geopfert.

Endlich wieder zu Hause

Als Mensch mit nostalgischen Anwandlungen – die mich glücklicherweise nicht hinderten, mit meinen aktuellen Problemen fertig zu werden – war es mir immer wichtig gewesen, den Kontakt zu den Freunden und Bekannten aus meiner Jugendzeit aufrechtzuerhalten, auch wenn dies unter den gegebenen Bedingungen meist sehr schwierig war. Oft brachen diese Verbindungen aus verschiedenen Gründen – Krieg, Wohnortwechsel, Adressenverlust – für längere Zeit einfach ab, doch hatte ich Geduld und fand immer wieder Wege, sie neu herzustellen. Mein reger Briefwechsel, den ich aus dem zerbombten Chongqing mit der Schule in Schwarzsee führte, hörte 1941 mit meiner Fahrt in die von aller Welt abgeschnittene Rote Hauptstadt Chinas, Yanan, plötzlich auf. Erst sieben Jahre später, als ich mich im nationalistischen Shanghai befand, konnte ich meiner damals in München lebenden ehemaligen Mitschülerin Beatrice Reventlow wieder ein Lebenszeichen von mir senden. Mein Brief vom 26. August 1948 fing mit den Worten an: »Dear Beatrice, suddenly you will find a letter from China on your front porch and you will wonder who sent it ...« Da ich seit meinem Verlassen Europas kaum Deutsch gesprochen hatte, war es im Moment für mich etwas leichter, meine Briefe auf Englisch zu schreiben. Es folgte ein recht lebhafter Schriftwechsel, in dem Beatrice und ich uns ausführlich über alles, was wir in den vergangenen acht Jahren erlebt und durchgemacht hatten, Bericht erstatteten. Beatrice schrieb wunderbare Briefe, und wenn ich sie las, hatte ich das Gefühl, ich säße neben ihr in Versoix oder in Schwarzsee und hörte ihren Erzählungen zu. Damals arbeitete sie in einem Labor in München und studierte Chemie. Ich berichtete ihr von meiner Arbeit, meinen Eindrücken von China, meinen Schwierigkeiten und Plänen, konnte ihr jedoch aus dem nationalistischen Teil des Landes weder schreiben noch verständlich machen, dass ich sechs Jahre im Roten China verbracht hatte. Ein Thema, über das wir als ledige Menschen viel diskutierten, war die Ehe. Am 23. April 1949 schrieb Beatrice: »Wenn ich im letzten Brief etwas scharf oder ausfallend in der Formulierung wurde, so zum Teil aus der Stimmung heraus oder weil die hiesigen Männer durch ihre Art zu sein einen zu dieser Einstellung bringen. Du magst es vielleicht nicht glauben. Aber abgesehen von einigen ganz, ganz wenigen Ausnahmen sind sie wirklich in jeder Hinsicht ungenießbar: borniert, eingebildet, brutal und primitiv.« Ob sie Recht hatte, konnte ich nicht beurteilen, es ging ja um deutsche Männer. Mir wiederum waren die Schüchternheit und Gehemmtheit der jungen chinesischen Frauen vollkommen fremd.

Mit dem Einzug der kommunistischen Truppen in Nanjing im April 1949 brach meine Verbindung mit Deutschland erneut ab, da zwischen dem Roten China und dem Westen längere Zeit keine oder eine nur sehr unzuverlässige Postverbindung bestand.

Ein paar Jahre später bat ich Eva Siao, die als Fotoreporterin gelegentlich die DDR besuchte, meine Verbindung mit Beatrice von dort aus wieder aufzunehmen. Eva war 1949 mit ihren Kindern aus Russland zurückgekehrt und wohnte jetzt in Peking, wo ich sie fast täglich besuchte, wenn ich in den Sommerferien bei meinem Vater war. Am 16. Mai 1955 schrieb sie meiner Schulfreundin aus Ost-Berlin: »Liebe Beatrice Reventlow! Ihr früherer chinesischer Schulkamerad Zhiang Sheng bat mich, mich zu erkundigen, ob Sie noch in München leben und wie es Ihnen geht. Er selbst studiert zur Zeit in Harbin ...« Wenn Beatrice, die inzwischen umgezogen war und nicht mehr unter ihrem Mädchennamen Reventlow lebte, sondern Beatrice del Bondio hieß, diesen Brief doch erhielt, so hatten wir es der findigen Deutschen Bundespost zu verdanken. Die Post wandte sich an Else Reventlow, die Mutter von Beatrice, und fragte nach, ob sie nicht zufällig eine Beatrice Reventlow kenne ... Beatrices Antwort vom 7. Juni 1955 erreichte mich nicht mehr in China, da ich inzwischen in die Sowjetunion ausgesiedelt war. So ging es mir mit meinen Briefwechseln die ganze Zeit über: Mal flackerten sie auf, mal waren sie kurz vor dem endgültigen Erlöschen. Aber ich brauchte sie, und nicht nur zum Gedankenaustausch. Sie waren meine Verbindungsfäden zu den Stätten meiner Herkunft, sie weiteten meinen Horizont und hielten meine Hoffnung auf ein Wiedersehen mit meinen Freunden und vielleicht sogar auf eine Rückkehr nach Westeuropa am Leben. So oft sie auch gekappt wurden oder sich scheinbar im Nichts verloren, so beharrlich flickte ich daran, bis sich mein großer Lebenstraum nach vielen Jahren verwirklichte. Mit Beatrice verhielt es sich genauso. Die mühevoll wiederhergestellte Verbindung musste ich 1956 abbrechen und nahm sie erst 1965 wieder auf. Ich hatte zwar keine Belege dafür, dass Briefe in der Sowjetunion zensiert wurden, aber die politische Atmosphäre im Land deutete auch nach Stalins Tod darauf hin, dass eine Zensur höchstwahrscheinlich war, und ich wollte nicht riskieren, als »neuer Sowjetbürger« gleich auf die schwarze Liste des staatlichen Sicherheitsdienstes zu kommen. Erst nach neun Jahren entschied ich mich, ihr wieder zu schreiben. In ihrem Brief vom 22. Dezember 1965 antwortete Beatrice: »Da tauchst du endlich wieder aus der Versenkung auf. Ich habe in all den Jahren gewusst, dass eines Tages wieder irgendein Lebenszeichen von dir da sein würde, und jetzt, wo ich es in der Hand habe, bin ich auf eine stille, gar nicht aufgeregte Weise sehr, sehr froh …«

Mein erstes Wiedersehen mit ihr fand im Sommer 1976 statt. Da für mich eine Reise nach Westdeutschland auf Grund der politischen Situation nicht möglich war, buchte Beatrice zusammen mit ihrem Freund Günther eine Reise nach Sotschi im Kaukasus. In meinem Lada-2102, den ich mir im Frühling als Gebrauchtwagen gekauft hatte, fuhr ich mit meiner Frau Walja, Tochter Tanja und Sohn Shenja etwas früher nach Sotschi, um herauszufinden, wo wir dort am besten campen konnten. Ein Zimmer zu mieten, war für uns zu teuer, und wir vermieden es gewöhnlich, wenn wir irgendeine Möglichkeit fanden, im Zelt zu übernachten. Unsere Wahl fiel auf Mamajka, einen Vorort von Sotschi, wo wir unser Zelt neben einem kleinen Bergbach aufstellten. Während eines starken Regens verwandelte sich das Bächlein allerdings innerhalb weniger Minuten in einen reißenden Strom, der alles mit sich riss, und wir schafften es mit Mühe, den Wagen und unser Zelt samt Sachen auf einem kleinen Hügel in Sicherheit zu bringen. Als ich diesen historischen Moment mit meiner Spiegelreflex-Kamera festhalten wollte, sah mich ein Sicherheitsmann und verlangte von mir, dass ich den Film vor seinen Augen aus dem Apparat herausnahm und belichtete. In Russland waren auch Naturkatastrophen tabu.

Am 21. August traf Beatrice im Hotel Primorskaja in Sotschi ein. Als ich mich an der Rezeption nach ihr erkundigen wollte, wurde mir jegliche Auskunft verweigert. Dann sah ich Beatrice plötzlich die Treppe herunterkommen. Sie winkte mir energisch zu und bat mich mit einer einladenden Geste zu sich ins Zimmer hinauf. Da erklärte ihr der Portier höflich, das Hotel sei nur für Ausländer bestimmt, Russen hätten in ihm keinen Zutritt. Das löste bei meiner temperamentvollen Freundin Verwunderung und mächtige Empörung aus. Sie sagte, sie hätte für ihren Aufenthalt im Hotel bezahlt und verlange, dass alle ihre Gäste hereingelassen würden. Daraufhin wurde ich in ein kleines Zimmer geführt, wo ein Mann in Zivil mich über meine Beziehungen zu Beatrice del Bondio und die Umstände unserer Bekanntschaft ausfragte. Angaben aus meinem Pass wurden niedergeschrieben und telefonisch Meldung an eine höhere Instanz gemacht. Danach bekamen auch Walja und meine Kinder freien Zutritt zum Hotel, doch fanden wir es dort wenig gemütlich, weil wir immer das Gefühl hatten, beobachtet oder belauscht zu werden. Deshalb trafen wir uns gewöhnlich am Strand, wo wir sicher waren, zumindest nicht abgehört zu werden.

Zusammen mit Beatrice und Günther verbrachte meine Familie in Sotschi einige wunderschöne Tage. Wir schwammen in den warmen Wellen des Schwarzen Meers, besuchten Konzerte russischer Volksmusik, zu denen Beatrice mit harter Währung Tickets ergattern konnte, und machten mit dem Bus Ausflüge zum klaren, eiskalten Riza-See hoch oben in den Bergen und nach Pizunda an der Meeresküste. Diese Ausflüge hätten Beatrice und Günther eigentlich gar nicht unternehmen dürfen, als Ausländer hatten sie sich innerhalb eines begrenzten Radius um Sotschi herum aufzuhalten. Ein lästiger Herr, der im Bus neben uns saß, zeigte während der ganzen Fahrt fast krankhaftes Interesse für meinen Aufenthaltsort in Sotschi, offensichtlich, um mich für die gesetzwidrige Rundfahrt mit meinen ausländischen Freunden anzuzeigen. Wir waren jedoch auf der Hut und ließen ihn im Nebel stochern, bis er unverrichteter Dinge abzog. Meine Gespräche mit Beatrice schienen endlos, nach sechsunddreißig Jahren hatten wir uns viel zu erzählen. Ohne Angst vor der Zensur konnte ich ihr nun ausführlich über meine in Yanan und anderen Gebieten Rotchinas verbrachten Jahre und meinen Übergang ins nationalistische Gebiet berichten. Beatrice schilderte mir ihr Leben nach ihrer Rückkehr aus der Schweiz ins nationalsozialistische Deutschland. Von ihr erfuhr ich auch über das Schicksal einiger unserer ehemaligen Mitschüler aus der Ecole d'Humanité: über Ilse und Werner Guttmann, Rosemarie Varga, Ernst Ohly, Otto, Susanne und Heinz Jacoby, Nora Rosen, Inés Rhonheimer und andere, die während des Zweiten Weltkriegs oder danach nach England, in die USA oder in andere Länder ausgewandert waren. Wir sprachen lang und lebhaft über vergangene Zeiten und über das Leben danach.

Nach der Begegnung mit meiner alten Schulkameradin Beatrice, die mir über die Jahre zur richtigen Freundin geworden war, flammte mein Traum, Deutschland zu besuchen, es nach so langer Zeit endlich wieder zu sehen, noch heftiger auf. Dies war zwar über die ganzen Jahre eines meiner großen Ziele geblieben, doch nun wurde der Wunsch in mir noch stärker. Umso glücklicher war ich, als Fritz Schlender, mit dem ich mich während der Zusammenarbeit mit dem Dresdner Institut für Luft- und Kältetechnik befreundet hatte, mir und meiner Familie im Frühling 1979 eine offizielle Einladung schickte, ihn im Sommer bei sich zu Hause in Cossebaude bei Dresden zu besuchen. Im Gegensatz zum Beginn der sechziger Jahre standen meine Chancen für eine DDR-Reise diesmal nicht schlecht, da meine Bekanntschaft mit Fritz Schlender auf der offiziellen Basis einer internationalen Zusammenarbeit zustande gekommen war und es nun bei den Behörden keinen wirklich nachvollziehbaren Einwand mehr gegen meine Reise nach Deutschland gab. Genosse Dawydow vom OWIR nahm in seiner mürrischen Weise meinen Antrag für eine Ausreisebewilligung entgegen und diktierte mir eine Liste von Dokumenten und Formularen, die ich vorzuweisen oder auszufüllen hatte. Wir mussten über zwei Monate warten, bis wir kurz vor Reiseantritt die nötigen Dokumente erhielten. Das Ausreisevisum war zwar nur für zwei Wochen gültig, doch ich war im siebten Himmel vor Freude. Ich fuhr gleich darauf zur Verkehrspolizei und holte für meinen Wagen neue Nummernschilder mit lateinischen Buchstaben, wie sie in der Sowjetunion für Auslandsfahrten vorgesehen waren.

Reisen wollten wir mit dem Auto, um auf unserer Fahrt so viel wie möglich von den Städten und Ländern, die wir durchfuhren, zu sehen. Unsere Route führte über Kiew nach Weißrussland. Wegen des schlechten Zustands der Straßen, die mit Schlaglöchern übersät waren und auf denen sich in Zusammenhang mit den bevorstehenden Olympischen Spielen 1980 Baustelle an Baustelle reihte, war die Fahrt für uns drei, für Walja, unsere Tochter Tanja und auch für mich, sehr zermürbend. Die Grenze nach Polen wollten wir in Brest, dem ehemaligen Brest-Litowsk, überqueren. Am Grenzübergang wurden Fahrzeuge und Insassen mit viel bürokratischem Aufwand untersucht, und man ließ immer nur wenige Autos durch. Wir erreichten Warschau deshalb erst gegen Mittag und hatten dort leider wenig Zeit zum Bummeln. Die polnisch-deutsche Grenze passierten wir in der kleinen Stadt Zgorzelec/Görlitz, die durch die Neiße in einen polnischen und einen deutschen Teil getrennt ist. Es war schon spät in der Nacht, als wir dort ankamen, und da empfand ich es als besonders angenehm, dass wir nicht aus dem Wagen aussteigen und vor den Beamten strammstehen mussten. Ein polnischer Grenzbeamter machte eine kurbelnde Bewegung mit der Hand, ich ließ die Fensterscheibe herunter und überreichte ihm unsere Reisedokumente durchs Seitenfenster. An einem Schalter ein paar Meter weiter vorne bekam ich sie gestempelt von einem deutschen Grenzbeamten zurückgereicht. Hurra, nach sechsundvierzig langen Jahren war ich wieder in Deutschland! Eine unheimliche innere Aufregung überkam mich, und mir fielen plötzlich rührende Filmszenen über russische Heimkehrer ein, die beim Betreten ihres Geburtslandes auf die Knie fielen und die Heimaterde küssten. Auch wenn ich innerlich sicher ebenso aufgewühlt war, war ich doch noch nicht Russe genug, um es ihnen gleichzutun. Das Wichtigste war jedoch: Ich war endlich wieder in Deutschland.

In Bautzen machten wir auf einem Campingplatz Halt, in dem schon alle in tiefen Schlaf versunken waren. Wir dösten nur ein paar Stunden auf unseren Sitzen mit zurückgeklappten Rückenlehnen und fuhren am frühen Morgen vollkommen unausgeruht und zerknautscht weiter. Da wir schon nah an unserem Reiseziel waren, wollten wir es so schnell wie möglich erreichen. Dresden und sein Vorort Cossebaude waren leicht zu finden, nur wo dort die Straße »Am Kirschberg« war, wusste niemand. »Sagen Sie uns doch lieber, wen Sie suchen«, riet man uns in einem Geschäft. Ich nannte den Namen Fritz Schlender, und schon wetteiferten mehrere Leute darum, uns zu erklären, wie wir am besten zu ihm gelangten. Zweimal um die Ecke und dreißig Meter bergauf. Cossebaude war wie ein gemütliches kleines Dorf, in dem sich die Leute gegenseitig kannten. Bald hatte sich hier auch die Nachricht des Tages herumgesprochen: Fritz Schlender hat Besuch aus der Sowjetunion.

Bei den Schlenders lernten meine Frau und meine Tochter zum ersten Mal das Leben in einer deutschen Familie kennen. Das war eine ganz neue Erfahrung für sie. Das gemütliche Haus unserer Gastgeber stand am Rand der Ortschaft, und zwar so unmittelbar, dass Rehe sich nachts bis an die Wiese vor dem Haus wagten und an der Rinde der jungen Bäume nagten. Viel Zeit zum Ausruhen nach der langen Fahrt hatten wir allerdings nicht, dazu war unsere sowjetische Ausreiseerlaubnis zu kurz, und so machten wir uns bald an die Besichtigung der großen Sehenswürdigkeiten von Dresden. Wir besuchten verschiedene Ausstellungen im Zwinger, genossen die Aussicht von den Brühl'schen Terrassen auf die Elbe mit ihren Kähnen und Booten und sahen uns die zerstörte Frauenkirche an. Hier bekam ich einen Eindruck von der blindwütigen Zerstörung der Stadt durch die Bomben der Alliierten und eine Ahnung davon, dass auch die Deutschen, trotz der unermesslichen Schuld, die sie auf sich geladen hatten, im Zweiten Weltkrieg viel Leid ertragen mussten. Fritz organisierte außerdem eine Besichtigung der VEB Turbowerke Meißen für mich, wo er als Leiter der Abteilung Forschung und Entwicklung arbeitete. Da er in seinem Werk auch für Aktivitäten der Gesellschaft für Deutsch-Sowjetische Freundschaft verantwortlich war und, wie er mir sagte, für sie schon lange keinen Finger gerührt hatte, wurde meine Besichtigung des Werkes offiziell als »Besuch eines sowjetischen Spezialisten« dargestellt. Damit konnte Fritz sie sich als »Aktivität« anrechnen lassen. Man spielte in allen kommunistischen Ländern dasselbe Spiel der gesellschaftlichen Aktivität. Komisch an der Situation war lediglich, dass der Sowjetspezialist, unter dem man sich in der DDR normalerweise einen Russen vorstellte, ein Chinese war und nicht Russisch, sondern Deutsch sprach.

Noch vor der Reise hatte ich mir vorgenommen, während meines DDR-Besuchs Johanna Zorn in Berlin zu besuchen und sie endlich etwas näher kennen zu lernen, als ich dies als Fünfjähriger konnte. Über sie und darüber, wie ich durch ihre Empfehlung in die Odenwaldschule kam, hatte mir mein Vater so oft erzählt, dass ich nicht vollkommen ausschloss, dass sie für ihn etwas mehr als eine Parteigenossin gewesen war. Die Fahrt durch Berlin schafften wir mit Mühe. Ich hatte keine Karte der Stadt, und der Verkehrsstrom schob uns einfach vor sich her. Da ich durch Straßen mit Halteverbot fuhr und mich vor der roten Ampel durchs Seitenfenster beim linken Nachbarn über den Weg erkundigen musste, befand ich mich vor Kreuzungen oft in der falschen Spur und irrte mehr durch das Straßengewirr als dass ich zielstrebig vorankam. Einmal wandte ich mich an eine Gruppe Straßenarbeiter und bat um Auskunft. Einer von ihnen antwortete lachend: »Wat, 'n oller Berliner und hat keene Ahnung, wo Pankow is ...« Ich konnte zu der Zeit schon lange nicht mehr berlinern, aber ein leichter Akzent muss dennoch irgendwie durchgeschlagen haben.

Als wir die gesuchte Adresse endlich gefunden hatten, umarmte Johanna Zorn mich herzlich, ich war sehr gerührt. Ich konnte mich kaum an sie erinnern, es war seit den dreißiger Jahren zu viel Zeit verflossen. Aber auch mit ihr hatte ich, wie mit einigen anderen, immer wieder per Brief in Verbindung gestanden, und sie sah aus wie auf dem Foto, das sie mir geschickt hatte. Als wir uns nun in ihrer netten Wohnung in Pankow begegneten, erzählte sie über ihre Erinnerungen an meinen Vater und Geschehnisse aus meiner Kindheit, darunter die Geschichte, wie sie, mein Vater und ich bei Hamburg, wo Johanna Zorn Verwandte hatte, mit einem Paddelboot umkippten. An dieses Erlebnis konnte ich mich noch verschwommen erinnern, obwohl ich zu der Zeit gerade mal vier Jahre alt gewesen sein muss – vielleicht hatte der erlebte Schrecken die Erinnerung wach gehalten. Es war wohl mein Vater, der mich damals schnell aus dem Wasser zog. Über politische Themen unterhielt ich mich mit Frau Zorn fast nicht. Ich wusste, dass sie eine überzeugte und loyale Kommunistin war, und fühlte mich als apolitischer oder politisch nicht genügend bewusster Sohn ihres ehemaligen Gesinnungsgenossen auf diesem Gebiet etwas unwohl in meiner Haut. Umso mehr wunderte ich mich, als sie während eines Spaziergangs durch die Stadt auf die Berliner Mauer zeigte, mich mit hochgezogenen Augenbrauen anblickte und fragte: »Schau dir das an. Was sagst du dazu?« Der Ton ihrer Stimme war eindeutig. Sie missbilligte dieses Bauwerk von ganzem Herzen. Ich war überrascht. Von Johanna Zorn hatte ich eine Stellungnahme in dieser Form nicht erwartet. Es klang beinahe so, als säße der Stachel »Berliner Mauer« in ihr wie in einer offenen Wunde. Ich selbst aus meiner Charkower Sicht hatte bis dahin übrigens nur eine vage Vorstellung vom Problem der Mauer. In der sowjetischen Presse wurde sie einfach als ein »effektiver Schutz gegen westliche Provokationen« bezeichnet. Erst durch Johanna Zorn begann ich, mir mehr Gedanken über dieses »sozialistische Bollwerk« zu machen, das meine Geburtsstadt, eine einst pulsierende Metropole, in zwei Teile zerriss, und ich erkannte die ganze Absurdität dieses Zustands. Ja, in gewisser Weise empfand ich nun die gleiche Wut über diese Teilung wie Johanna Zorn. Dennoch war ich glücklich, wieder hier zu sein. Die Atmosphäre ähnelte noch in vielem dem, was ich in Erinnerung hatte. Die Berliner sind frech, witzig und schlagfertig, ihre ulkige Sprache klang in meinen Ohren wie Musik. Die Stadt sah zwar jetzt etwas moderner aus als in den frühen dreißiger Jahren, doch viele Häuser aus der Vorkriegszeit standen noch immer da, mit abgerissenen Balkonen und sichtbaren Kriegsschäden: Löcher von Bomben und Granaten. Aber gerade diese Häuser versetzten mich zurück in das gute alte Berlin. Ich besuchte auch kurz die Langenbeckstraße, doch unser Haus stand nicht mehr. Ich erkannte jedoch die Wiese, auf der wir als Jungs im Winter gerodelt waren, und die niedrige Metallumzäunung der Rasenflächen schien noch immer vom gleichen Typ wie damals zu sein. Kurz hatte ich auch wieder das Bild vor Augen, als meine kleine Berliner Spielgefährtin Lore Zimmerlich und ich gemeinsam Fahrrad fahren gelernt hatten, auf einem Rad, das Lore sich von einer Freundin ausgeliehen hatte. Von der Kunsteisbahn, die sich zu jener Zeit am Ende der Langenbeckstraße befunden hatte, wusste mir niemand etwas zu erzählen, bis ich eine alte Frau traf, die mich zuerst verwundert anschaute und dann herausplatzte: »Wie weeßt du denn, det hier 'ne Kunsteisbahn war? Det wissen doch heutzutache nur noch echte Berliner, aber die jibt's ja fast nich mehr. Und die Eisbahn ist ooch schon lange weg.«

Im Telefonbuch bei Frau Zorn entdeckte ich zu meiner großen Freude den Namen Alice Zimmerlich. Zimmerlich war ein seltener Nachname, und ich hatte keinen Zweifel, das dies die Genossin sein musste, in deren Familie ich damals in Berlin so viele Wochen untergebracht gewesen war – zuletzt noch kurz vor meiner Ausreise aus Deutschland. Ich erinnerte mich noch gut daran, dass sie mich wie ein eigenes Kind behandelt hatte. Ich rief sie an und besuchte sie noch am selben Abend. Ihre Tochter Lore, mit der ich so oft durch den Friedrichshain gestreift war, war auch gekommen. Ich konnte es kaum glauben: vor mir stand Lore, die ich in der Schweizer Emigration lange nicht vergessen konnte. Obwohl sie Kommunisten gewesen waren, hatten die Zimmerlichs die Verfolgungen während der Nazizeit glücklicherweise also überlebt. Es wurde ein langer Abend, und erst um zwölf Uhr nachts verließ ich mit Walja und Tanja Berlin und kehrte nach Dresden zurück.

Diese erste Deutschland-Reise war für uns ein unvergessliches Erlebnis, ein Ausflug aus dem grauen Alltag. Für Walja und meine Tochter, die noch nie die Ukraine verlassen hatten, war sie die Entdeckung einer vollkommen anderen Welt, für mich eine traumhafte, flüchtige Rückkehr in die Vergangenheit.

In späteren Jahren, besonders nach 1990, habe ich noch mehrmals das Ausland besucht. Es wurde mit jedem Mal einfacher für mich. Einerseits, weil der Eiserne Vorhang langsam gehoben wurde – Sowjetrussland konnte nicht ewig in vollkommener Isolation verharren –, andererseits, weil ich die erste Prüfung durch die Behörden bestanden hatte und nun im OWIR offensichtlich als zuverlässig und »ungefährlich« eingestuft war.

Unter Gorbatschow war es überhaupt kein Problem mehr, das Land zu verlassen. Wer die Geduld hatte, auf die Ausstellung eines Reisepasses zu warten, bekam ihn auch, und wer es sehr eilig hatte, konnte die Prozedur mit etwas Bargeld beschleunigen. Dagegen wurde es immer schwieriger, ein Einreisevisum vom Besuchsland zu erhalten. Der Westen fürchtete sich vor den sowjetischen Touristenhorden, die in kurzer Zeit alles aufholen wollten, was sie jahrzehntelang nicht gedurft hatten: sich die Welt anzusehen. Ich musste zweimal nach Moskau fahren und drei Monate warten, bis ich von der portugiesischen Botschaft für Walja und mich Einreisevisen bekam. Während unseres Aufenthalts in Portugal wurde ich zu den Behörden bestellt und hatte eine Verpflichtung zu unterschreiben, dass wir das Land termingemäß verließen. So beliebt waren im Westen die Gäste aus den GUS-Staaten.

Ende April 1983 musste Shenja zum Militärdienst. Er war schon über dreiundzwanzig Jahre alt und bis jetzt wegen seines Asthmas nicht einberufen worden, doch die Armee brauchte billige Arbeitskräfte, und so wurde er in diesem Jahr zum Dienst in ein so genanntes Arbeitsbataillon geschickt. In diesen Einheiten dienten Jungen, die von der Ärztekommission als untauglich für den regulären Armeedienst erklärt worden waren. Sie wurden hauptsächlich für Bauarbeiten eingesetzt, die oft noch anstrengender waren als der normale Armeedienst. Als Soldat arbeitete Shenja die ganze Zeit im Sportstadion des ZSKA Moskau, dem Stadion der Roten Armee, wo er als Kältetechniker und Schweißer die Rohrleitungen unter der Kunsteisbahn reparierte. Ich war besorgt um ihn, da in der Sowjetarmee bekannterweise eine berüchtigte Tradition gepflegt wurde, auf Russisch »dedowtschina«: Nach ihr wurden die jungen Rekruten von den älteren Soldaten systematisch ausgebeutet und gedemütigt, und das mit der Duldung, ja schweigenden Zustimmung der Offiziere, die zu träge waren, sich um die Sicherheit der jüngeren Soldaten zu kümmern. Die jungen Rekruten wurden von ihren älteren Kameraden gezwungen, für sie die Wäsche zu waschen, oft wurden ihnen die Essenspakete von zu Hause abgenommen, sie bekamen Prügel. Alljährlich kamen Hunderte von jungen Soldaten um: Sie wurden von ihren älteren Kameraden erschlagen oder begingen Selbstmord, wenn sie die Demütigungen nicht mehr ertrugen, und diese Todesfälle wurden von den Offizieren leichtfertig als Unglücksfälle dargestellt.

Anfang September 1983 nutzte ich die Gelegenheit einer Dienstreise nach Moskau, um meinen Sohn in der Kaserne zu besuchen und mich mit Werner Guttmann, einem ehemaligen Schulkameraden aus Versoix-Zeiten, zu treffen. Werner war anlässlich der Moskauer Internationalen Büchermesse als offizieller Vertreter eines englischen Verlags nach Moskau gekommen.

Erst einmal wollte ich jedoch Shenja aufsuchen. Samstagabend fand ich seine Kaserne. In einem kleinen Wartezimmer saß außer mir noch ein Ehepaar, die Eltern eines Soldaten. Auch sie machten sich Sorgen um ihren Sohn, der sich angeblich bei einem Unfall in der Toilette den rechten Arm und das linke Bein gebrochen hatte. Als Shenja ins Wartezimmer kam, fragten sie ihn, wie so etwas möglich sein konnte. Shenja erklärte ihnen, ihr Sohn sei einfach ausgerutscht. Mir verriet er später, sein Kamerad wäre während des Schlafes zusammengeschlagen worden, weil er sich den dienstälteren Soldaten nicht hatte fügen wollen, doch sollten seine Eltern davon lieber nichts erfahren, da eine Beschwerde ihrerseits für den Jungen noch schwerere Folgen haben konnte. Shenja selber sah bedrückt aus, doch versuchte er, es nicht zu zeigen. Der Fähnrich erlaubte ihm, die Nacht und den Sonntag mit mir außerhalb der Kaserne zu verbringen. Sonntagabend sollte er wieder zurück sein. Wir bummelten den ganzen Tag in der Stadt herum, doch vor seiner Rückkehr in die Kaserne bat er mich, ihm meinen englischen Freund vorzustellen. Also fuhren wir zusammen zum Hotel Kosmos, wo ich mit Werner verabredet war. Werner Guttmann wartete bereits vor dem Hotel, und Shenja fragte mich beim Abschied schüchtern, ob mein alter Schulfreund ihm nicht eine englische Zigarette zum Probieren schenken könne. Ich übersetzte die Bitte. Werner schmunzelte und gab Shenja gleich eine ganze Schachtel, die dieser in der Kaserne mit seinen Kameraden teilen wollte. Doch dazu sollte es nicht kommen. Nachdem Werner und ich im Hotel verschwunden waren, wurde Shenja noch vor dem Haupteingang von Sicherheitsbeamten in Zivil festgenommen und zum Verhör abgeführt. Auf der Suche nach geheimen Informationen, die der Engländer eventuell dem sowjetischen Soldaten übergeben hatte, zermahlten sie jede einzelne Zigarette sorgfältig, ohne jedoch fündig zu werden. Verärgert über den Verlust der teuren Zigaretten erklärte mein Sohn den Sicherheitsbeamten, als Spion hätte er doch zum Treffen mit einem britischen Agenten keine sowjetische Uniform angezogen. Vielleicht wurde ihnen nun die Lächerlichkeit der Situation bewusst, jedenfalls ließen sie Shenja gehen, nachdem er ihnen meinen Namen und meine Adresse mitgeteilt hatte. Seine Kaserne erreichte er mit großer Verspätung und vor allem ohne Zigaretten, das war seine größte Strafe.

Da ich die Aufgaben meiner Dienstreise früh erledigt hatte, konnte ich mir es leisten, zwei Tage auf der Buchmesse zu verbringen. Dabei suchte ich auch den chinesischen Stand auf. Als ich ihn in der Riesenhalle endlich fand, bot sich mir ein eindrucksvolles Bild. Von den Buchumschlägen blickten mich Hunderte von Mao-Porträts an. Ich fragte die nette junge chinesische Vertreterin vorsichtig, was in China zur Zeit von Mao gehalten wurde, und bekam die belehrende Antwort: »Mao ist der Führer der Weltrevolution.« In der offiziellen staatlichen Politik der Volksrepublik China schien sich trotz der verheerenden Folgen des »Großen Sprungs nach vorn« und der »Kulturrevolution« auch nach Maos Tod 1976 nicht viel geändert zu haben. Das wunderte mich nicht. Die kommunistischen Parteien hatten nicht die Gabe, Fehler einzusehen und zu gestehen, selbst wenn sie den Tod von Millionen Menschen zur Folge hatten. Chruschtschows Auftritt gegen den Personenkult 1956 schien die große Ausnahme zu sein, obwohl ein gewisser Verdacht bestand, dass Chruschtschow damit nicht den Personenkult als typische Erscheinung in der kommunistischen Bewegung brandmarken wollte, sondern nur gezielt den Personenkult Stalins, um ihn durch seinen eigenen zu ersetzen. Die politischen Entwicklungen in China verfolgte ich all die Jahre mit Interesse in der Presse, und es freute mich, dass die dortigen Ereignisse weit weg von Charkow verliefen. Doch keines von ihnen verwunderte mich: weder der hysterische Rummel um die Mao-Bücher noch die Anti-Rechts-Kampagne, weder die Kulturrevolution noch die Verurteilung der Viererbande. In der Geschichte der Kommunistischen Partei Chinas waren sie keine neuen Erscheinungen, sie waren eher Aufgüsse in einer extremeren Form. Indoktrination, Demütigung der Intellektuellen und verdienter Parteikader, rücksichtsloser Machtkampf innerhalb der Partei, Aufhetzung gewaltiger Menschenmassen gegeneinander – all das hatte ich in Yanan schon einmal erlebt. Als ich in einer sowjetischen Zeitung einmal zufällig auf eine Fotografie von meinem ehemaligen Vorgesetzten in Yanan Yang Shangkun stieß, auf der er mit gefesselten Händen und einem großen beschrifteten Schild vor der Brust, das ihn irgendeines Vergehens beschuldigte, von jungen Burschen durch die Straßen getrieben wurde, war ich nicht im Geringsten erstaunt. Das Bild passte zu meiner Vorstellung vom damaligen Roten China, in dem politische »Vergehen« gegen die Linie Maos brutal bestraft werden konnten. Yang Shangkun hatte allerdings Glück, und 1988 wurde er sogar Präsident der Volksrepublik China.

Doch selbst wenn ich in vermeintlich sicherem Abstand zu den Vorkommnissen in Rotchina lebte, indirekt hatten sie auch mich eine Zeit lang betroffen. Dafür sorgten meine Stiefmutter Anna und mein in Chongqing geborener Halbbruder Midong, die die 1966 von Mao eingeleitete Kulturrevolution noch während ihres frühen Heranreifens in Peking zu spüren bekamen. Chinas Politik wurde in den späten fünfziger Jahren im Zuge des »Großen Sprungs nach vorn« immer stärker anti-sowjetisch und anti-westlich. Und da meine Stiefmutter Europäerin mit einem sowjetischen Pass und die Biografie meines Vaters für die chinesischen politischen Gegebenheiten vielleicht zu eng mit der europäischen kommunistischen Bewegung verbunden war, erschien es mir durchaus erklärlich, warum mein Bruder, der schon zwei Jahre an der Moskauer Lomonosow-Universität studiert hatte, nach einer intensiven Gehirnwäsche in Peking in den Sommerferien 1960 nicht mehr nach Moskau zur Fortsetzung des Studiums geschickt wurde. Im Frühling 1961 erhielt ich von Anna einen Brief aus Peking, in dem sie mich anflehte, sie und Midong aus China rauszuholen. Wegen der damaligen politischen Spannungen zwischen China und der Sowjetunion konnte selbst meine Stiefmutter als Sowjetbürgerin das Rote China nicht so einfach verlassen, noch dazu mit ihrem Sohn, der Chinese war. Zudem war sie die Frau eines chinesischen Kommunisten im Generalsrang. Ich schickte den beiden also eine offizielle Einladung zu einem Besuch in die Sowjetunion, die es ihnen ermöglichte, nach Moskau zu reisen. Sie waren froh, als sie die Ausreisepapiere endlich in Händen hielten und China verlassen konnten. Anschließend fuhren sie nicht mehr nach China zurück. Midong wurde trotz seines vagen Status – er war weder sowjetischer noch von der chinesischen Regierung entsandter Student – von der Universität wieder aufgenommen, und seine Mutter wohnte längere Zeit zusammen mit ihm in einem Zimmer im Studentenheim der Universität, bis sie eine eigene Wohnung zugewiesen bekam.

Während der Kulturrevolution verlor ich den ohnehin

losen Kontakt zu meinem Vater völlig, sodass mir über sein Geschick in der Zeitspanne zwischen 1966 und 1978, dem Jahr seines Todes, praktisch nichts bekannt ist. Wurde auch er ein Opfer der repressiven Maßnahmen oder hatte ihn die Kulturrevolution verschont? Anna Kapeller und mein Bruder Midong hatten die Verbindung mit meinem Vater vermutlich nie ganz verloren, weigerten sich jedoch unter dem Vorwand, zu viel Post aus der UdSSR könnte meinem Vater schaden, mir seine Adresse zu geben. Annas schon beinahe krankhaft zu nennende Abneigung gegen mich war unbegründet, hatte ich doch seit der Geburt meines Bruders 1941 nicht mehr in meiner Familie gelebt und war ihr und Midong nie im Weg gestanden, hatte auch in keiner Hinsicht mit meinem Halbbruder um die Gunst unseres Vaters gewetteifert. Aber Anna war eine Stiefmutter par excellence, und ich fand es manchmal sogar erhellend, sie in dieser Rolle zu beobachten. Neid und Eifersucht sind angeborene Instinkte, mit denen der erwachsene Mensch fertig werden muss, um nicht daran kaputtzugehen. Anna hat es nicht geschafft. Midong hatte nichts gegen mich, wollte aber, wie er mir einmal vertraulich erklärte, nicht gegen den Willen seiner Mutter handeln.

1978 starb mein Vater in China – an Lymphogranulomatose. Anna und Midong erfuhren von seinem Tod, konnten aber erst Jahre später nach Peking fahren. Von dort brachten sie mir ein Fotoalbum mit, das mein Vater vor seinem Tod für mich angefertigt hatte. Nach dem Tod seiner Mutter 1994 schrieb mir mein Bruder öfter oder wir telefonierten miteinander, und unser Verhältnis normalisierte sich zusehends, wurde beinahe so, wie es unter Brüdern üblich ist. Als ich Midong im Februar 2000 in Moskau anrufen wollte, sagte mir seine Frau, dass er am 24. Januar an derselben Krankheit wie unser Vater gestorben war. Damit hatte ich mein einziges Geschwister verloren und mit ihm die letzte Informationsquelle, die mir ein zuverlässiges und ausführliches Bild von der Tätigkeit meines Vaters nach seiner Rückkehr nach China hätte liefern können.

Bedeutend friedlicher als in China, jedoch nicht ohne bewegende Momente, verlief das politische Leben in der Sowjetunion. Als ich nach Charkow kam, war Nikita Chruschtschow gerade dabei, alle Hebel der Macht zu übernehmen. Auf mich machte er den Eindruck eines energischen und waghalsigen, manchmal auch schwärmerischen und exzentrischen Mannes. Sein Verständnis von Wirtschaft und Politik hatte wenig mit der Realität zu tun, manche seiner Ideen zeugten geradezu von kindlicher Träumerei. So ist auch seine Losung »Amerika einholen und überholen« und das Versprechen, »die jetzige Generation wird noch den Kommunismus erleben«, womit eine schlaraffenlandähnliche Gesellschaftsordnung gemeint war, in der sich jeder nach eigenen Bedürfnissen aus dem überfließenden Füllhorn bedienen konnte, unter dem Stichwort Utopie einzuordnen. Für die sowjetische Bevölkerung, die sich nach besseren Lebensverhältnissen sehnte, hatten solche Losungen große Anziehungskraft, bis man feststellte, dass sie einfach nicht durchführbar waren. Kennzeichnend für Chruschtschows Politik war auch seine Inkonsequenz. Auf der einen Seite leitete er eine Periode des »Tauwetters« gegenüber dem Westen ein und sprach von »friedlicher Koexistenz«, die 1963 zur Unterzeichnung des »Vertrags über das Verbot von Kernwaffenversuchen« führte, andererseits ließ er es mehrmals beinahe zum Ausbruch des Dritten Weltkriegs kommen, wie bei der Niederschlagung des Ungarnaufstands 1956, dem Bau der Berliner Mauer 1961 oder der Kubakrise

1962. Dennoch kam nach vielen Jahrzehnten sowjetischen Totalitarismus durch Chruschtschow frischer Wind in die UdSSR. Die Beziehungen zum Westen tauten tatsächlich etwas auf, und die Zensur wurde gelockert. Doch Chruschtschow blieb insgesamt unberechenbar und widersprüchlich.

Chruschtschows Ablösung – lies Sturz – im Oktober 1964 verlief reibungslos. Während er im Urlaub war, hatte das Politbüro seine Absetzung und die Ernennung Leonid Iljitsch Breschnews zum Generalsekretär der KPdSU beschlossen. Breschnew war in meinen Augen ein typischer sowjetischer Parteibonze. Ich fand ihn absolut farblos, und obwohl man seinen Namen mit dem Einmarsch in Afghanistan, dem Wettrüsten der Atomwaffen, der Intervention in anderen kommunistischen Ländern und der Senkung des sowjetischen Lebensniveaus assoziierte, fielen dem Volk hauptsächlich seine menschlichen Schwächen auf. Unter Breschnew blühte der Personenkult à la Stalin erneut auf, in den Reden von hohen Funktionären auf Parteitagen und zu anderen Anlässen wurde der Name Leonid Iljitsch fast so häufig verwendet wie Satzzeichen.

Der Einmarsch der Warschauer-Pakt-Staaten in die ČSSR 1968 und die gewaltsame Niederschlagung des Prager Aufstands wurden Breschnew in Russland nicht besonders übel genommen. Viele Menschen im Land glaubten noch an die sowjetische Unterscheidung in »gut« und »böse« und sahen in den Prager Ereignissen, wie auch in den ungarischen von 1956, einen »reaktionären« Putschversuch, der natürlich verhindert werden musste. Nur hinter vorgehaltener Hand wurde davon gesprochen, dass es in Wirklichkeit Volksaufstände gegen die kommunistische Diktatur gewesen waren.

Wegen seines fortschreitenden Größenwahns wurde

Breschnew schon bald nicht mehr sonderlich ernst genommen. Im friedlichen Jahr 1976 ließ er sich zum Marschall der Sowjetunion ausrufen, und von 1966 bis 1981 verzierte er sein Jackett mit vier »Held der Sowjetunion«-Orden. Seine Unfähigkeit, besonders in späteren Jahren, die kürzesten Ansprachen ohne Spickzettel zu halten, brachte ihm eine Menge bissiger Witze ein. Anfang der achtziger Jahre fuhr Breschnew nach Baku, um der Stadt den Rotbannerorden zu verleihen. Vor der feierlichen Ansprache listete er zunächst die großen Verdienste der Stadt auf, las anschließend seine Rede vom Blatt ab und ging zum Banner, um den Orden anzuheften. Vor dem Banner begann er dann erneut, die ruhmreichen Verdienste Bakus aufzuzählen. Plötzlich stockte er mitten im Satz und sagte: »Übrigens scheint mir, das habe ich schon erzählt.« In diesem Moment wurde das Mikrofon ausgeschaltet, und der Kommentator ergriff das Wort.

An die beiden Nachfolger Breschnews, Juri Andropow und Konstantin Tschernenko, erinnere ich mich nur schlecht. Sie starben bald nachdem sie den Posten des Generalsekretärs übernommen hatten und kamen kaum dazu, bedeutsame Spuren in der Geschichte der Sowjetunion zu hinterlassen.

1985 wurde Michail Gorbatschow Generalsekretär der KPdSU. Mit »Perestroika« und »Glasnost«, seinem wirtschaftlichen und politischen Reformprogramm und seinem Einsatz für Transparenz und Offenheit in den Medien, erstaunte er sein Volk und den Westen. Gorbatschow machte äußerlich einen sympathischeren Eindruck als seine Vorgänger, doch verhielten sich viele skeptisch gegenüber seinen Initiativen. Da er Schützling von Michail Suslow, dem reaktionären Parteiideologen, war, konnte ich mir schwer vorstellen, dass er ernsthaft vorhatte, die Partei zu demokratisieren. Viele hielten es für möglich, dass er ihr nur ein menschlicheres Antlitz verleihen wollte. Wie dem auch sei, Gorbatschow verlor bei seinen Experimenten die Kontrolle über die Entwicklung. Für das auf Diktatur basierende kommunistische System war auch ein bisschen Demokratie schon zu viel. Es genügte, dem Volk Glasnost zu geben, und schon drückte es seine Unzufriedenheit mit der Partei in aller Deutlichkeit aus. Zeitungsartikel erschienen, die Korruption in der Elite, wirtschaftliche Ineffizienz, unsinniges Wettrüsten und andere negative Erscheinungen des Systems an den Tag brachten. In manchen Sowjetrepubliken entstanden Abspaltungsbewegungen, und die meisten osteuropäischen »Bruder-Staaten« vollzogen nach und nach den Ausstieg aus dem sozialistischen Lager.

In Gorbatschows Amtszeit fällt auch der bisher folgenschwerste Unfall in der Geschichte der Kernenergie. Am 26. April 1986 geriet im Block 4 des Kraftwerks von Tschernobyl ein Reaktor außer Kontrolle und eine Wasserstoffexplosion zerstörte das Reaktorgebäude. Die dabei freigesetzten radioaktiven Stoffe führten in Teilen von Russland, Weißrussland, der Ukraine und im übrigen Europa zu unterschiedlich starken Belastungen. Nach offiziellen sowjetischen Angaben kamen während dieses Unfalls einunddreißig Menschen ums Leben, die Zahl der durch die Strahlung verursachten Todesfälle ist bis heute nicht bekannt. Aus dem unmittelbaren Gefahrenbereich wurden rund hunderttausend Menschen evakuiert.

Am Tag des Unfalls und auch die beiden Tage darauf befand ich mich mit meiner Familie im Jacht-Klub meines Forschungsinstituts knapp fünfzig Kilometer von Charkow entfernt. Zum Baden war es noch zu kühl, aber wir genossen die wärmenden Strahlen der Frühlingssonne auf unserer Haut. Viele Mitarbeiter des Instituts lagen auf der Wiese am Strand oder spielten Badminton wie ich, bis wir vom Regen überrascht wurden. Keiner von uns hatte auch nur die leiseste Ahnung von der radioaktiven Gefahr, die von diesem Regenschauer ausging. Noch am nächsten Tag wurden in Kiew Kinder und Erwachsene auf die Straßen geschickt, um den Teilnehmern eines internationalen Radrennens zuzuwinken, während zur gleichen Zeit bereits die schwarzen Limousinen mit den Familien der Partei- und Regierungselite heimlich und panikartig die Stadt verließen. Die ganze Tragweite des Unglücks wurde trotz Glasnost und Perestroika in den Medien geschickt heruntergespielt, und wir begriffen das Ausmaß und den Ernst der Lage erst nach Tagen.

Als Resultat von Gorbatschows Reformversuchen verloren die Kommunisten schließlich die Macht im Lande, bröckelte die Sowjetunion auseinander und wurde der Warschauer Pakt aufgelöst. Ich betrachte dies noch heute als außerordentliches, schwer zu überschätzendes Verdienst Gorbatschows, das er sich sozusagen aus Versehen erworben hat. Doch bei allen Fehlschlägen seiner Reformversuche zeigte Gorbatschow genügend Menschlichkeit und Vernunft, es dabei nicht zu einem Blutbad kommen zu lassen. Er unterließ es, in den Ländern des Warschauer Paktes die dort stationierten sowjetischen Truppen zur Unterstützung der wankenden kommunistischen Regierungen einzusetzen. Im Zuge dieser Entwicklung kam es nach dem Fall des DDR-Regimes 1989/90 auch zur Wiedervereinigung der beiden deutschen Staaten.

Im Sommer 1990 lud mich abermals Fritz Schlender ein. Die Ausreiseerlaubnis mit einem Dreimonatsvisum bekam ich nun als Rentner verhältnismäßig schnell und ohne Schwierigkeiten. Unter Gorbatschow waren die OWIRs kooperativer und freundlicher geworden. Vor der Reise erhielten wir von ihnen nicht mehr die langwierige

Unterweisung, wie man sich im Ausland zu benehmen habe, um dem guten Ruf des Sowjetbürgers nicht zu schaden. Auch die kleinen tückischen Fragen über die von der Partei ausgerufenen politischen Richtlinien wurden einem nicht mehr gestellt. Und selbst die medizinische Untersuchung der Ausreisenden war nicht mehr notwendig. Am 25. Juni landete ich in einer Aeroflot-Maschine auf dem Dresdner Flugplatz, und ich freute mich schon darauf, Deutschland nach den bewegenden Ereignissen der letzten Monate wieder zu sehen.

Sechs Tage nach mir kam auch die D-Mark nach Dresden. Und über Nacht veränderten sich die Schaufenster der Kaufhäuser und Geschäfte der Stadt. Am 1. Juli waren plötzlich so viele westliche Waren ausgestellt, dass man den Eindruck hatte, sie seien wie von Zauberhand herbeigeschafft worden. Sie waren zwar merklich teurer als die DDR-Erzeugnisse, aber wunderschön verpackt, und das schmeichelte dem Auge. Nach dem, was ich so auf der Straße und in den Geschäften zu hören bekam, wollte man jetzt nichts mehr von der DDR-Ware wissen, sogar die Kartoffeln, Tomaten und Nudeln aus dem Westen schienen viel besser zu sein und anders satt zu machen als die Ost-Ware. In vielen Geschäften begann ein geradezu hysterischer Ausverkauf der DDR-Produkte, unter denen ich übrigens auch ganz anständige Sachen sah, und ich bedauerte, dass ich kein Geld zum Einkaufen hatte. Mir schien, vor allem die jungen Leute erwarteten Wunder von der bevorstehenden deutsch-deutschen Einigung, vielleicht einen automatischen, bruchlosen Übergang zum westdeutschen Lebensstandard. Bei der älteren Generation hingegen schimmerte auch Besorgnis durch, hauptsächlich über die Rente zerbrach man sich den Kopf. Man hatte Jahrzehnte in einem staatlichen, »volkseigenen« Betrieb gearbeitet, und jetzt sollte dieser Staat, von dem man

die Rente erwartete, zusammen mit seinen Betrieben noch
vor dem Rentenalter »abgewickelt« werden, also verschwinden. Das waren meine sehr subjektiven und ober-
flächlichen Eindrücke von der Stimmung in diesen Tagen.
Auch meine Gastgeber waren etwas bedrückt von der Ungewissheit, die sie erwartete, obwohl sie überzeugte Gegner des kommunistischen Systems und froh waren, dass
die DDR aufhörte zu existieren.

Da die Grenzkontrollen zwischen der Bundesrepublik
und der DDR jetzt weggefallen waren und somit auch der
Eisenbahnverkehr zwischen Ost- und West-Deutschland
offen war, wollte ich die Gelegenheit nicht verpassen, einen Abstecher nach München zu machen, obwohl ich
dazu keine Erlaubnis von den Sowjetbehörden hatte. Ich
rief Beatrice in München an, und sie machte eigens eine
Erkundungsfahrt nach Dresden, um auszukundschaften,
ob im Zug selbst Passkontrollen durchgeführt wurden.
Das war wichtig für mich, damit ich in meinen Pass keinen verräterischen West-Stempel bekam, der mir zu
Hause hätte Schwierigkeiten bereiten können. Mein
Freund Fritz besorgte mir dafür eine Rückfahrkarte – mit
meinem Sowjetpass wollten sie mir am Schalter aus unverständlichen Gründen kein Ticket verkaufen. Die Pässe
wurden während der Fahrt tatsächlich nicht kontrolliert.
Nun hatte auch für mich die Teilung Deutschlands aufgehört zu existieren. Als wir die ehemalige Grenze nach Bay-
ern passierten, die nun verwaist aussah, änderte sich mit
einem Mal auch der Radlauf des Eisenbahnwaggons. Wir
glitten jetzt schön leise dahin, nichts ruckelte mehr.

Beatrice holte mich auf dem Münchner Hauptbahnhof
ab. Wie viele Jahre hatte ich auf den Tag gewartet, wo ich
sie in München besuchen würde! Die bayerische Landes-
hauptstadt übertraf alle meine Erwartungen. Dresden,
das im Vergleich mit Charkow so zivilisiert, ordentlich

und gut versorgt aussah, kam mir jetzt wie ein vernachlässigtes deutsches Provinznest vor. Am westdeutschen Lebensstandard konnte ich deutlich die Effizienz der bei uns viel kritisierten kapitalistischen Marktwirtschaft ablesen. Nur die Atmosphäre in der DDR fand ich angenehmer und gemütlicher. Das menschliche Miteinander schien mir dort einfacher und herzlicher zu sein. Vielleicht lag dies daran, dass die Menschen unter schlechteren Lebensbedingungen gewöhnlich fester zusammenhalten. Ich wohnte bei Beatrice in Bogenhausen am Rande des Herzogparks. Wenn ich die Isar überquerte, war ich gleich im Englischen Garten. Im großen, modernen München fühlte ich mich nicht ganz »parkettsicher«. Kleinere Schwierigkeiten wie die Nutzung von Münzautomaten, das korrekte Abknicken und Einstecken von Streifenkarten in die Automaten der öffentlichen Verkehrsmittel, das Lesen von Fahrplänen und Öffnen der Straßenbahntüren durch Knopfdruck bewältigte ich gerade noch, doch gab es darüber hinaus viel Ungewohntes für mich, und mir wurde immer wieder bewusst, dass ich aus dem ukrainischen »Dorf« Charkow stammte. Zum Glück hatte ich in Beatrice einen ausgezeichneten Stadtführer. Zusammen mit ihr bummelte ich durch München, besuchte Galerien, Ausstellungen und Buchhandlungen, machte kleine Ausflüge mit dem Fahrrad und Spaziergänge im Park, kurz gesagt: Ich fühlte mich rundum wohl und lebte mich ein bisschen in dieser schönen Großstadt ein.

Eines Abends fand im Garten vor Beatrices Haus ein schönes, kleines Fest statt, zu dem alle Hausbewohner eingeladen waren. Zum Essen gesellte sich etwas verspätet noch ein Berliner dazu, und meine Freundin stellte mich ihm mit den Worten vor: »Hier haben wir noch einen Gast aus Berlin: Han Sen.«

»Na, det sieht man doch gleich«, sagte der Mann trocken. Da war sie wieder, die typische Berliner Schnauze: schlagfertig, kess, frech, so wie ich sie von meinen Freunden, den kleinen Jungs aus der Langenbeckstraße in Erinnerung hatte.

Am 24. September fuhr ich zurück nach Dresden und von dort ging's mit dem Flugzeug weiter nach Moskau. Eine direkte Fluglinie Dresden–Charkow gab es nicht. Die Rückkehr aus dem Westen in den grauen sowjetischen Alltag war immer etwas hart für mich; je öfter ich die Grenze jedoch überquerte, umso leichter fiel mir die Umstellung. Ich kam nach Charkow und sagte mir: »Vergiss alles Schöne, was du gesehen und erlebt hast, jetzt bist du wieder zu Hause.« Es half. Zumindest vorübergehend.

Noch bevor die Sowjetunion Ende 1991 formell aufhörte zu existieren, fand am 1. Dezember in der Ukraine ein Referendum statt, in dem über neunzig Prozent der Wähler für die am 24. August 1991 ausgerufene Unabhängigkeit des Landes ihre Stimmen abgab. Viele Menschen glaubten fest daran, die Ukraine, die viel gepriesene Kornkammer der Sowjetunion, könnte jetzt ohne Abgaben an Moskau viel besser zurechtkommen. Bald aber merkten wir, dass die ukrainische Kornkammer ohne russisches Benzin und Dieselöl kein Korn produzieren konnte und die Elektrizitätswerke des Landes ohne russisches Erdgas nicht imstande waren, die Industrie mit genügend Strom zu versorgen. Schlimm war auch, dass der sozialistische Wirtschaftsblock aufgelöst war und die einstigen sozialistischen Länder, die früher in einem gegen den Westen abgeschotteten Wirtschaftsraum existierten, es jetzt mit der westlichen Konkurrenz zu tun bekamen. Auch die Ukraine bekam nach ihrer Unabhängigkeitserklärung die Folgen dieser Entwicklung zu spüren. Ihre Riesenwerke, die für die Belieferung des ganzen Sowjetreiches mit Traktoren, Werkbänken, Turbinen, Generatoren, Flugzeugen und vielem mehr ausgelegt waren, fanden keinen Absatz für ihre Erzeugnisse mehr. Im Rahmen der sozialistischen Planwirtschaft war die Charkower Industrie eng mit der russischen verbunden gewesen. Arbeitsteilung und Kooperation – zum Beispiel bei der Herstellung von Flugzeugen, Raketen und Panzerwagen – spielten eine wichtige Rolle in der Versorgung der Charkower Betriebe mit Aufträgen. All das war mit dem Zerfall des Sowjetreichs verschwunden. In vielen Großbetrieben Charkows sank die Produktion um achtzig bis neunzig Prozent, manche Betriebe kamen praktisch zum Stillstand. In den menschenleeren Fabrikhallen herrschte Totenstille, von den schlecht bewachten technischen Ausrüstungen verschwanden wertvolle Teile und tauchten auf dem Schwarzmarkt auf. Von Zeit zu Zeit besuchte ich meine ehemaligen Kollegen im Forschungsinstitut für Klimatechnik, doch nach Forschung roch es hier nicht. Bei einem meiner Besuche sah ich auf dem Flur der siebten Etage Haufen von Stoffrollen verschiedener Farben. Das war die Barterzahlung eines Textilbetriebs für klimatechnische Dienstleistungen, die er von einer der kleinen Firmen erhalten hatte. Jetzt bombardierte die Sekretärin der Firma die Konfektionsindustrie tagelang mit Telefonanrufen, um einen Käufer für den Stoff zu finden. Als Folge eines gestörten Finanzkreislaufs war im Land nicht genug Geld vorhanden, und viele Geschäfte wurden auf Barterbasis abgewickelt. Man zahlte nicht mit Geld, sondern mit Ware, die der Partner entweder für den eigenen Gebrauch entgegennahm oder gezwungen war, durch weitere Geschäfte mit anderen Partnern in Geld zu verwandeln. Auch die Arbeiter in zahlreichen Unternehmen erhielten ihr Gehalt in der Form von Fabrikerzeugnissen, die sie dann auf der Straße direkt vor dem Fabriktor billig zu verkaufen suchten.

Im Dezember 1993 verglich ich in einem Brief an Beatrice die Kaufkraft meiner Rente vor dem Zerfall der Sowjetunion – sie betrug damals hundertzwanzig Rubel – mit der Kaufkraft meiner momentanen ukrainischen Rente in Höhe von hundertvierzigtausend Coupons. Eine einfache Rechnung zeigte, dass ich jetzt für meine Rente nur noch rund zwölf Prozent der Menge an Fleisch und Kartoffeln bekam, etwa fünfzehn Prozent an Butter und gerade einmal vier Prozent Benzin im Vergleich zu vorher. Während der Hyperinflation, die erst Mitte der neunziger Jahre einigermaßen unter Kontrolle kam, stiegen die Preise sprungweise um dreihundert, fünfhundert und gelegentlich tausend Prozent. In den nichts oder fast nichts produzierenden Betrieben verloren die Arbeiter ihr Einkommen, doch wurden sie nicht entlassen, da in diesem Fall der Arbeitgeber den Entlassenen laut Gesetz ein zweimonatiges Gehalt auszuzahlen hatte, wozu die finanziellen Mittel gewöhnlich nicht ausreichten. Unerklärlich daran war, dass Tausende von Arbeitnehmern monatelang weiterarbeiteten, ohne dabei auch nur eine einzige Kopeke zu verdienen. Vielleicht gaben sie sich der trügerischen Hoffnung hin, dass der Betrieb später wieder einmal auf die Beine kommt, vielleicht waren sie auch einfach nur zu träge und glaubten nicht daran, in der gegebenen Situation irgendwo anders eine Arbeit zu finden, oder sie erlagen dem Trieb der Lemminge und wollten die Krise im »eigenen Kollektiv« überstehen.

Leute mit Fantasie, Initiative und Unternehmungsgeist probierten ihre Fähigkeiten im Privathandel. Wer etwas Kapital besaß – manche fingen mit ein paar hundert amerikanischen Dollars an – fuhr zum Beispiel in die Türkei und kaufte dort Billigware ein, die er hier auf dem Markt anbot. Als Resultat wurde Charkow in relativ kurzer Zeit mit Waren hauptsächlich aus China und der Türkei überschwemmt.

Wie in jeder einschneidenden gesellschaftlichen, politischen und wirtschaftlichen Umbruchphase gelang es einer winzigen Bevölkerungsschicht, in kurzer Zeit steinreich zu werden. Dies waren hauptsächlich jene Leute, die schon zu Sowjetzeiten die Hebel der Wirtschaft in den Händen hielten und direkten oder indirekten Zugang zu Geld und Gütern hatten: Funktionäre der staatlichen Verwaltung, Werkleiter, Bürokraten des Handels – besonders des Außenhandels – und andere. Sie verkauften Staatseigentum, etwa Metallreserven, zu niedrigen Preisen ins Ausland und ließen das erworbene Geld auf ihre eigenen Konten fließen; sie kamen mithilfe betrügerischer Privatisierungsverfahren zu Spottpreisen an Immobilien; sie unterschlugen von Deutschland erhaltene Entschädigungsgelder, die für ehemalige ukrainische Zwangsarbeiter bestimmt waren, oder eigneten sich vom Ausland gespendete Hilfsgüter an. Mit dem ergatterten Geld wurde in der Regel nichts für die Rettung des sinkenden Bruttosozialprodukts getan. Bedeutend einfacher war es, Geschäfte und Tankstellen aufzumachen und sich durch Handel zu bereichern, als die Herstellung von Waren zu organisieren und Arbeitsplätze zu schaffen.

In dieser Situation hatte meine Familie es auch nicht leicht, aber meine Frau arbeitete noch und ich verdiente etwas Geld durch privaten Sprachunterricht und Übersetzungen für verschiedene Organisationen und Firmen hinzu. Ein paar Wochen dolmetschte ich im russischen Belgorod für eine Gruppe deutscher Agrarökonomen, die im Auftrag der Weltbank eine Wirtschaftlichkeitsstudie der dortigen landwirtschaftlichen Betriebe erstellten. Ein anderes Mal hatte ich ein paar Tage in der Tschechischen Republik zu tun. Wie alle Pensionäre in der Ukraine erhielt ich jetzt eine Standardrente, deren Höhe unabhängig vom früheren Einkommen war. Sie reichte gerade mal für die Miete aus. Meinen früheren Kollegen erging es nicht besser, doch jeder hatte seinen eigenen individuellen Ausweg gefunden, um sich in der Krise über Wasser zu halten. Gemeinsam war den Menschen nur die durch ständige Entbehrungen erworbene Fähigkeit des *homo sowjeticus*, mit einem Minimum an Versorgung und Komfort auszukommen, und die Bereitschaft, jede beliebige Arbeit auszuführen. Trotz aller materiellen Schwierigkeiten: das Leben ging weiter, und ich bemühte mich, es so gut wie möglich auszukosten. Inzwischen hatte Beatrice Verbindungen mit vielen ehemaligen Kameraden der Ecole und der Odenwaldschule in verschiedenen Ländern der Welt wiederhergestellt, auch mit Freunden, die jetzt in Israel lebten. 1992 bekam ich von Nora Kronstein und Ernst Schetzer, mit denen ich zusammen in Versoix gelernt hatte, sowie von Uri Dotan und Erich Steinitz unerwartet eine Einladung plus Flugticket nach Israel. Das war eine besonders schöne Überraschung für mich, da ich noch nie auf die Idee gekommen war, Israel zu besuchen. Mein Weg führte mich hauptsächlich nach Westeuropa, hier waren letztendlich meine Wurzeln. An Uri Dotan, ein ehemaliger Odenwaldschüler, und Erich Steinitz, ein früherer Mitarbeiter an der Schule, konnte ich mich nicht mehr erinnern, da ich damals noch ein winziger Knirps war. Dagegen konnte ich mich sehr gut der kleinen Szene entsinnen, die mir Erich Steinitz in seinem Brief vom 11. August 1991 – er war damals über neunzig Jahre alt – schilderte:

»Lieber Han Sen! Die erste Frage: Erinnerst Du Dich an mich? Es war am 15. 10. 1929, als ich Dich von Berlin zur OSO brachte. Ich hatte Dich einige Tage vorher beim Stadtrat Cassirer kennen gelernt, und als ich Dich fragte, ob es Dir in der OSO gefällt, antwortest Du – mit einem etwas finstren Gesicht: ›Der Haferbrei schmeckt mir nicht!‹ Und

dann war es am Anhalter Bahnhof, dass Dein Vater Dich hinbrachte und mit uns in den Zug ging. Doch als er sich verabschieden wollte, hast Du furchtbar geschrieen und an die Scheiben geschlagen. Aber bist ganz schnell ruhig geworden und hast die ganze Reise die Mitreisenden durch Deine lustige Gesprächsweise amüsiert!!! Und ich glaube, Du bist ganz gern in der OSO gewesen ...«

Am 19. Oktober 1992 traf ich in Tel Aviv ein, wo mich Nora am Flugplatz abholte. Einen ganzen Monat verbrachte ich in Israel – im modernen Tel Aviv, in einem Moshav, einer landwirtschaftlichen Gruppensiedlung, im Dorf Moledet und in einem Jerusalemer Viertel, in dem vor allem orthodoxe Juden lebten; ich besuchte die umstrittenen Golan-Höhen und flog nach Elat ans Rote Meer. Von meinen Freunden erfuhr ich viel Interessantes über das heutige Israel und seine Vergangenheit, es war wie ein Intensiv-Kurs in Geschichte. Das Land fand ich in jeder Hinsicht exotisch: auf einem Stück wasserloser Wüste war ein moderner Staat mit einer auf Export ausgerichteten Landwirtschaft entstanden, kapitalistische Marktwirtschaft existierte hier neben urkommunistischem Kibbuzwesen, und man bediente sich einer Schrift, die ohne Vokale auskommen musste. Israel hinterließ einen tiefen Eindruck bei mir: Hier rang ein lebenstüchtiges Volk in unwirtlicher Landschaft und umgeben von unfreundlichen Nachbarn erfolgreich um seine Existenz. Und natürlich war ich begeistert vom Wiedersehen mit meinen alten Freunden. Beim Abschied meinte Nora, ich müsse unbedingt alles, was ich während meines Besuchs über meine Erlebnisse erzählt hatte, zu Papier bringen, und sie schenkte mir kurzerhand eine Schreibmaschine. Gute Idee, doch sollten noch ein paar Jahre vergehen, bis ich mich wirklich dazu entschließen konnte.

Als ich Tel Aviv am 18. November wieder verließ, war es noch immer sehr warm, die Temperatur betrug einunddreißig Grad im Schatten. In Borispol, am Kiewer Flughafen, wo ich zwei Stunden später landete, wehte ein eiskalter Wind und machte mir schlagartig klar, dass ich wieder zu Hause in der Ukraine war.

Was mich seit meinem Verlassen Europas 1940 immer wieder aufbaute und mir Kraft gab, war die Verbindung mit Menschen in Westeuropa, mit Menschen, die mir nahe waren und mich sozusagen an meine Herkunft erinnerten. Daran, dass diese Verbindungen aufrechterhalten blieben oder immer wiederhergestellt wurden, setzte ich viel Energie, weil ich ganz tief in meinem Inneren spürte, dass mein Lebensnerv davon abhängig war und davon zehrte. Am engsten blieb dabei mein Kontakt mit Beatrice. Nicht nur schrieben wir uns, wenn die Möglichkeit dazu bestand, wir trafen uns bei jeder sich bietenden Gelegenheit: 1976 in Sotschi, 1987 in Berlin, 1989 in Portugal bei Fritz Trechsel. Im September 1989 traf ich sie in Moskau vor ihrem Antritt einer Sibirienreise als Reiseleiterin einer SPD-Gruppe. 1990 war ich bei ihr zu Gast in München, und im Juli 1992 fuhr ich auf die Kurische Nehrung bei Kaliningrad, wo sie eine Gruppe von Deutschen, die vor dem Krieg in dem früheren Königsberg gelebt hatten, als Reiseleiterin begleitete. Noch im Oktober desselben Jahrs trafen wir uns bei Nora in Israel. Bei den großen Entfernungen und den vorhandenen Reiseschwierigkeiten hatten wir es nicht leicht, ein Treffen zu arrangieren, und die Häufigkeit, mit der es uns gelang, zeugte von einem starken gegenseitigen Bedürfnis, uns über vieles auszusprechen und alte Erinnerungen an eine schwere, aber schöne Zeit, die Zeit unserer Jugend aufzufrischen. In gewisser Weise waren wir ein bisschen wie enge Geschwister, die sich gelegentlich auch heftig streiten konnten, ohne dass dies im Herzen Narben hinterließ. Viel zur Befestigung unserer Verbindung hatte Beatrices Mutter beigetragen, indem sie uns bei ihren Besuchen der Ecole jedes Mal daran erinnerte, dass unsere Väter auf den spanischen Schlachtfeldern beide die Republik verteidigten. Nun waren schon vier Jahre seit meinem letzten Besuch in München verflossen und Beatrice meinte, dass ich 1994 unbedingt für längere Zeit nach Deutschland kommen sollte und sie versuchen würde, ein feierliches Treffen von alten Ecole-Kameraden zu veranstalten.

Für uns Bürger der GUS-Staaten – die 1991 gegründete Gemeinschaft Unabhängiger Staaten war ein lockerer Verbund ehemaliger Staaten der Sowjetunion – war eine offizielle Einladung für die Einreise in ein westliches Land unbedingt notwendig. Damit verpflichtete sich der Einladende, sämtliche anfallenden Aufenthaltskosten seines Gastes zu übernehmen und ihm im Notfall auch ein Ticket für die Rückreise zu kaufen, sollte er schon all sein Geld für Schnaps oder Klamotten losgeworden sein. Diese Eventualität wollte der reiche Gaststaat in keinem Fall auf sich nehmen. Beim Konsulat in Kiew ein deutsches Einreisevisum zu erhalten, war gar nicht so einfach. Zuerst musste man sich persönlich einen Empfangstermin geben lassen, zu dem man seinen ausgefüllten »Antrag auf Erteilung eines Visums« einzureichen hatte. Reichte man den Antrag dann ein, erfuhr man den Tag, an dem man sein Visum abholen konnte – oder von einer Absage erfahren würde. Das bedeutete, dass man für ein Visum allein drei Reisen nach Kiew auf sich zu nehmen hatte; dreimal von Charkow hin und zurück machte das immerhin dreitausend Kilometer oder rund sechzig Stunden Fahrt mit der Bahn. Als ich endlich mein Visum in der Tasche hatte, buchte ich eine Busfahrt Kiew–München–Kiew für weniger als dreihundert D-Mark, das war bedeutend billiger als zu fliegen. Doch die Reise stellte mich auf eine harte Probe. Als ich am 10. Mai 1994 meine Fahrt nach München antrat, merkte ich zu spät, dass auf dem Dach des Fahrzeugs das Klimagerät fehlte. Das bekamen wir Passagiere am nächsten Tag zu spüren, als die pralle Sonne unseren Bus in ein fahrendes Treibhaus verwandelte. Die Toilette funktionierte auch nicht. Weder durch Knopfdruck noch durch Fluchen konnte die Spülung in Gang gesetzt werden. Die ungemütliche und ermüdende Fahrt dauerte über dreißig Stunden, und ich war froh, als ich am Langwieder See bei München das schrottreife Gefährt verlassen konnte. Das Busunternehmen hatte zwar einen deutschen Namen, wurde aber, wie sich später herausstellte, von russischen Aussiedlern mit alten Fahrzeugen betrieben. Etwas später kamen meine Frau Walja und meine Enkelin Tanja auf dieselbe Weise nach.

In München verbrachte ich eine schöne Zeit. Die rührige Beatrice organisierte indessen ein Treffen von ehemaligen Ecole-Kameraden »aus der näheren Umgebung« – sprich Europa – unter dem netten Anlass, mein Wiederauftauchen in Westeuropa nach langer Verschollenheit zu feiern. Wir waren nun schon alle ein paar Tage älter und freuten uns auf die Zusammenkunft nach so langer Zeit.

Am 2. Juli fand im Münchner Restaurant »Dalmatiner Grill« in Bogenhausen das »historische« Treffen statt. Historisch war es hauptsächlich für mich, denn alle anderen hatten sich in den vergangenen Jahrzehnten zu verschiedenen Zeiten gesehen. Gekommen waren: Werner Guttmann aus London mit seiner Frau; Eva Zäumer, geborene Gärtner, aus Frankfurt am Main, die legendäre Handballspielerin; Rosemarie Varga, geborene Rose, aus Goldern im Berner Oberland, die an den großen Putztagen in der Ecole die Reinigungsutensilien an uns ausgegeben hatte; Inés Rhonheimer, geborene Breuhaus, aus Zürich; Stéphane Korach aus Paris; Viola Luyken, mir bekannt als »Lisi«, vom Starnberger See mit Mann und Sohn; Beatrice, die nach ihrer Heirat del Bondio hieß, aus München mit Tochter und Schwiegersohn und Han Sen aus Charkow mit Frau und kleiner Enkelin.

Ich freute mich sehr darüber, dass meine alten Kameraden die Reise nach München nicht gescheut hatten, um mich zu begrüßen. Wir saßen im gemütlichen Garten an drei zusammengestellten Tischen, und zuerst konnte ich mich gar nicht an den Gesichtern satt gucken. Nur an den grauen Haaren sah ich, wie viel Zeit vergangen war, seitdem wir uns das letzte Mal gesehen hatten, und ich versuchte mir vorzustellen, was die anderen in diesem Moment von mir dachten. Doch allmählich änderte sich das Bild vor meinen Augen, aber nicht wegen des guten Weines, den wir tranken. An den Stimmen, den Gesten und der Mimik erkannte ich unfehlbar meine Schulkameraden aus guten alten Zeiten, und ich vergaß zeitweilig, dass wir jetzt über fünfzig Jahre älter geworden waren. Bald unterhielten wir uns lang und ausführlich über »damals«. Und um uns besser mit jedem Einzelnen unterhalten zu können, wechselten wir andauernd unsere Plätze am Tisch. Die legendären, fast familiären Beziehungen, die unter den Schülern der Odenwaldschule – ob aus Deutschland oder der Schweiz – auch nach Jahrzehnten noch vorhanden waren, zeigten ihre magische Wirkung. Ich war glücklich. In den übelsten Zeiten in China und in Russland hatte ich oft auf solch ein Wiedersehen gehofft, und jetzt war mein Traum Wirklichkeit geworden.

Mein guter Freund Fritz Trechsel war leider nicht dabei, aber er hatte mich kurz zuvor in München besucht. Außerdem hatte er nicht viel übrig für lärmende Kameradentreffen und gab einem ruhigen und gemütlichen Tête-à-tête mit mir den Vorzug. Nach mehreren in Spanien,

Portugal und Marokko verbrachten Jahren kehrte Fritz Trechsel 1996 in seine Heimat, die Schweiz, zurück. Das brachte uns geografisch näher und gab mir die Möglichkeit, ihn noch in demselben Jahr in Spreitenbach zu besuchen.

In der Schweiz hatte ich bis 1940 ganze sieben Jahre gelebt, die Hälfte davon unter deutschen Kindern in einer mir gewohnten und angenehmen Umgebung, und alles, was danach kam, war für mich eine vollkommen fremde Welt und ein endloser ungewollter Anpassungsprozess, bei dem ich die eigenen Gefühle und Bedürfnisse ständig unterdrückte. Deshalb freute mich das Wiedersehen mit der Schweiz nicht weniger als meine erste Fahrt nach Deutschland 1979. In den sechsundfünfzig Jahren meiner Abwesenheit hatte sich das Land wesentlich verändert, viel stärker als Ost-Berlin, in dem mich bei meinem ersten Besuch noch viele Stadtbilder an das Berlin der Vorkriegsjahre erinnerten. Die Schweiz war jetzt supermodern und so gepflegt, dass sie auf mich den Eindruck eines Disneylands in vergrößertem Maßstab machte. Unverändert geblieben waren zum Glück die unbeschreiblich schönen Seen und Berge mit ihren schneeweißen Gipfeln sowie die typischen Silhouetten der weltbekannten Schweizer Städte. Im Vergleich zu den Ausmaßen der Ukraine war die Schweiz ein Miniaturland, und man konnte mit dem Auto jede Stadt gemütlich in einem Tagesausflug besuchen und noch rechtzeitig zum Abendbrot zurück sein.

Ich konnte es kaum erwarten, die Orte wieder zu sehen, in denen ich in der Schweiz gelebt hatte. Vor allem zog es mich nach Genf, wo ich hoffte, meine Schule »La Roseraie« wiederzufinden, obwohl ich befürchtete, dass man das alte Gebäude schon lange abgerissen hatte. Fritz Trechsel und ich fuhren am Genfer See entlang, und schon von weitem sah ich eins der Wahrzeichen der Stadt: den fast hundert Meter hohen Wasserstrahl, der sich aus dem See erhob. Als wir die Montblanc-Brücke passierten, auf der ich mir in den dreißiger Jahren viele Sommertage neben anderen Anglern die Zeit vertrieben hatte, dachte ich an den Tag, an dem mich Lisbeth Haas dort entdeckte. Mir kam die Brücke etwas breiter als früher vor, aber vielleicht irrte ich mich. Heutzutage angelte niemand auf der Brücke. Obwohl das Wasser unter ihr genau so klar war wie damals, konnte ich darin keinen einzigen Barsch mehr entdecken.

Mit Mühe schlängelte sich unser Wagen bald darauf durch die mit Verkehrszeichen gespickten engen Genfer Gassen, bis wir endlich die Schule erreichten. Da stand sie, genau so wie vor sechzig Jahren, nur mit einem kleinen hässlichen Anbau an der linken Seite und dicht von Neubauten umringt, als wollten diese die Schule von ihrem Standort verdrängen. Innerhalb der niedrigen Granitmauer mit den dicken aufgesetzten eisernen Stäben, die den Schulhof umzäunten, standen jene Bäume, die uns beim Ballspielen einst als Tore dienten, wie früher – nur etwas größer. Ich konnte nicht anders, als die Mauer sanft mit der Hand zu streicheln. Vielleicht hatte ich sie als Schuljunge genau an dieser Stelle schon einmal berührt. Ich war neugierig herauszufinden, ob mein Besuch der Schule in den dreißiger Jahren im Schularchiv irgendwelche Spuren hinterlassen hatte. Im Parterre des Gebäudes stieß ich auf eine freundliche Lehrerin, die bereit war, mir das Archiv zu zeigen. Sie verschaffte mir eine Leiter und ließ mich im oberen Teil eines Wandschranks in den verstaubten Pappschachteln herumstöbern. Und dort fand ich, nach so vielen Jahren, meine Schüler-Karte! Darin las ich unter anderem die folgenden Daten: Nachname – Ling; Vorname – Han Sen; geboren: 6. 10. 25 in Berlin; Nationalität – China; Adresse – avenue Marc Monnier, 5.

Ich wollte mir eine Kopie davon machen lassen, aber man schenkte mir freundlicherweise das Original. Die Wahrscheinlichkeit, dass sich außer mir noch jemand irgendwann mal für die Schüler-Karte von Ling Han Sen interessieren würde, war gering.

Auf der Rückfahrt nach Spreitenbach wollte ich einen kurzen Blick auf das Ecole-Gebäude in Versoix werfen, doch konnten wir es nicht finden. Die Gegend, in der früher nur vereinzelte Häuser gestanden hatten, war jetzt so stark bebaut, dass sie nicht wieder zu erkennen war. Erst ein paar Jahre später, 2000, fuhr mich Rosemarie Varga in ihrem Wagen noch mal nach Versoix, und da entdeckten wir das Haus, in dem wir die Entstehung der Ecole d'Humanité erlebt hatten. Es sah beinahe noch alles so aus wie vor über sechzig Jahren. Selbst die scheußliche Birke, an der ich 1937 in voller Fahrt mit der Lenkstange meines Fahrrads hängen geblieben und gestürzt war, stand noch vor dem Hauseingang. Mehr als einen gehörigen Schrecken und ein paar Hautabschürfungen brachte mir der Unfall damals jedoch nicht ein.

Auf einem anderen Ausflug schafften Fritz und ich gleich zwei Reiseziele: Schloss Greng und den Schwarzsee. Viel war vom schönen Schloss leider nicht zu sehen, da es jetzt hinter einer hässlichen hohen Mauer verborgen war, über die nur der obere Teil des Daches hervorragte. Der schmale Fußweg vom Schloss zum Murtensee existierte nicht mehr, und das fest umzäunte Bauerngrundstück, auf dem ich noch als Junge Heu geerntet hatte, verwehrte den Zugang zur vertrauten Badestelle. Doch nicht nur das, was ich sah, sondern auch das, was ich vermisste, genügte, um in mir eine Welle der Erinnerungen auszulösen.

Der von Bergen umgebene Schwarzsee empfing uns an einem sonnigen Tag, und auf der ruhigen Wasseroberfläche spiegelten sich die hohen Gipfel und der fast wolkenlose blaue Himmel. Ich erinnerte mich noch gut an den Winter, an dem wir Kinder hier auf Schlittschuhen übers Eis geglitten waren. Nun hatte sich mit meiner Rückkehr zum See auch geografisch der große Kreis geschlossen, den ich in mehr als einem halben Jahrhundert zurückgelegt hatte. Vor meinen Augen verschwammen die Bilder meiner Kindheit und Jugend zu einem einzigen großen Panorama: die hohen Schweizer Berge und Schloss Greng, die Montblanc-Brücke in Genf und die Heuernte bei den Bauern, Oma Sarahs Kartoffelpuffer und die wilden Rodelfahrten mit meinen Berliner Freunden im Volkspark Friedrichshain, die Bootspartie mit den Zimmerlichs auf dem Wannsee, der Asphalt, der im Sommer an meinen nackten Fußsohlen klebte, und nicht zuletzt die wunderschönen Ausflüge mit unserer Erzieherin Agaath durch die Wälder rund um die Odenwaldschule in Oberhambach. Und ganz allmählich überkam mich eine feierliche Ruhe, ein Gefühl tiefer Dankbarkeit und großer Freude bei dem Gedanken, dass meine Odyssee zu Ende und mit meiner Reise in die Vergangenheit mein Traum in Erfüllung gegangen war.

Epilog

Diese Lebenserinnerungen sind keine Memoiren. Sie sind lediglich die Schilderung einer langen, ungewöhnlichen Reise, als die ich mein Leben betrachte. Für meine Generation war Emigration nichts Ungewöhnliches. Politische und rassische Verfolgung, Krieg und andere Gründe veranlassten viele Menschen, ihre Heimat zu verlassen und ihr Glück oder ihre Rettung in fremden Ländern zu suchen. In der neuen Umgebung fühlten sich allerdings nicht alle immer wohl. Manche hatten wie ich Schwierigkeiten, ihre Heimat zu vergessen, wenn man unter diesem Begriff nicht das Land der Ahnen, sondern dasjenige versteht, in dem man aufgewachsen ist. Dennoch haben mich meine nostalgischen Gefühle nie daran gehindert, mein Leben dort zu meistern, wohin das Schicksal mich verschlug. Ganz im Gegenteil erinnerten sie mich in den elendsten Momenten an eine liebe Vergangenheit und stärkten meinen Glauben, dass es sich lohnte durchzuhalten: in der Hoffnung auf ein Wiedersehen mit zu Hause.

Nachwort
von Gerd Ruge

Das schien mir eine ganz unglaubliche Geschichte, was ich da um Mitternacht im D-Zug las. Ein Kollege hatte mir nach einem Vortrag das Manuskript in die Hand gedrückt: fünfundzwanzig Seiten Zusammenfassung eines aufregend-ungewöhnlichen Lebens zwischen Deutschland, China, der Sowjetunion und der Ukraine. Ich hatte die Seiten nur kurz durchblättern wollen, aber dann war ich hellwach und fasziniert. Das wollte ich doch genauer wissen, diese abenteuerlichen Erlebnisse, diese ganz eigenartigen Erfahrungen, die hinter der knappen Zusammenfassung stecken mussten.

Dieser Chinese aber, der so gut Deutsch schreiben kann und in Charkow, einer Industriestadt an der Ostgrenze der Ukraine lebt, findet sein Leben gar nicht besonders bemerkenswert, erzählte mir sein deutscher Bekannter. Besondere Kenntnisse über den Lauf der Geschichte habe er ja nicht, meinte Han Sen, und so lohne es kaum, dass er seine Erlebnisse ausführlicher zu Papier bringe. Das fand ich nun gerade nicht, aber es passte zu dem Bild, das ich mir von dem Mann nach seinen ersten Aufzeichnungen machte. Er hatte das Abenteuer seines Lebens so nüchtern zusammengefasst, als ob alles selbstverständlich gewesen sei. Seine Freunde hatten es nicht leicht gehabt, ihn überhaupt zum Schreiben zu überreden. Was ich später im fertigen Manuskript las, war so spannend, wie ich erhofft hatte. Aber manches kam mir dann wieder ganz unwahrscheinlich vor. Wie er sich durch die Fronten des Bürgerkriegs in China geschlagen hatte, wie Han Sen das Leben der kommunistischen Führer in Yanan, dem Hinterlandsstützpunkt Maos, schilderte, hatte ich so noch nie gelesen. Das entsprach so gar nicht den offiziellen Darstellungen von Heroismus und Askese. Aber dann fiel mir ein, dass eine Deutsche, Anna Wang, vor vierzig Jahren einmal in einer Nebenbemerkung erwähnt hatte, dass sie Mao und Zhou Enlai in Yanan das Tango-Tanzen beigebracht hatte. Und was Han Sen über die deutsche Fotografin Eva Siao berichtete, hatte ich von ihr selbst in den späten siebziger Jahren gehört, als sie nach siebenjähriger Haft in Peking wieder auf freiem Fuß war. Den deutschen Arzt Dr. Hans Müller, den Han Sen erwähnt, hatte ich ebenso in Peking getroffen wie Pater Hüngsberg, der dem jungen Chinesen vor fünfzig Jahren in Peking weiterhelfen wollte und dann selbst lange, schreckliche Jahre in China festgehalten wurde. Dieser Han Sen hat ein enorm genaues Gedächtnis, merkte ich an solchen Stellen. Das überzeugte mich von Seite zu Seite mehr, auch wo es um Zeiten und Zustände ging, die mir natürlich ganz fremd waren. Wo hätte ich so etwas über die linke Szene Berlins um 1930, das Leben kommunistischer Berufsrevolutionäre lesen können, wie es hier mit den Augen eines Kindes gesehen eine in ihrer Privatheit ganz plastische Dimension gewinnt. Anderes wiederum, die Zeit an der Odenwaldschule und in der Schweiz, deckte sich mit dem, was ich früher von Bekannten gehört hatten, aber es brachte mir zugleich die Umstände und die Atmosphäre jener Jahre

näher. Mir wurde auch verständlicher, welche Kindheits-
erfahrungen den Charakter dieses ungewöhnlichen Mannes geformt hatten. Seine autobiografischen Erinnerungen sind – bei aller Zurückhaltung, in der sich trockene
berlinische Ironie mit unsentimentaler chinesischer Gelassenheit mischen – auch die Dokumentierung eines schweren Schicksals, das dem chinesischen Jungen aus Deutschland immer wieder abverlangte, sich nicht nur auf
gefährliche Situationen, sondern überhaupt immer wieder
von neuem auf ganz fremde, unheimliche Lebensum-
stände einzustellen.

Sein Vater bringt ihn aus dem vertrauten Europa nach
China, dessen Sprache und Lebenswelt ihm fremd sind
und bleiben. Mit einer russischen Familie zieht er von
China nach Sibirien, um so Europa näher zu kommen. Er
schlägt sich in die Ukraine durch, schafft es, dort studieren und arbeiten zu können und erlebt Umbruch und
Ende der Sowjetunion mit. Was er schildert, ist einerseits
die unerwartete Innenansicht geschichtlicher Ereignisse
und andererseits die Normalität, mit der die Betroffenen
sie hingenommen haben – auch er selbst.

Die Schiffsreise mit dem Vater nach China, die Begegnung mit der Familie des Großvaters und das Leben auf
dem Lande unter chinesischen Gutsbesitzern müssen eine
unerwartete, erschreckende Erfahrung gewesen sein für
einen Jungen aus Berlin, der kaum Chinesisch verstand.
Wie er damit fertig wurde, wie er sich auf das unbere-
chenbare chinesische Leben in Krieg, Revolution und
Umbruch einstellte, das bleibt erstaunlich, aber Han Sen
verzichtet auf psychologische oder politische Erklärungs-
muster. Scheinbar unberührt von ideologischem Fanatismus und nationaler Begeisterung schlug er sich durch
die Welt und blieb hierbei immer sich selbst treu. Sein
Ziel, nach Europa zurückzukehren, stand ihm stets vor

Augen. Dass dieses Europa für ihn bereits an der Grenze von China und Russland begann, gehört zu der besonderen Perspektive des Buches, die den Leser nachdenklich machen kann.

Han Sen, der Berliner Chinese, erzählt die Geschichte eines Mannes, der immer in der Fremde war. Das erklärt den Abstand, mit dem er die Ereignisse schildert. Aber wie ein fremder, wie ein nur zuschauender Beobachter erzählt er natürlich nicht. Er war Betroffener und Handelnder, wenn er sich durch die verwirrende Wirklichkeit schlug, die sein Leben war. Wenn man nach »Geschichte von unten« fragt, nach einer Darstellung, die nicht nur die großen politischen Linien der Historie umreißt, dann hat Han Sen das geleistet. Dabei hat er Geschichte aus der Mitte des wirklichen Lebens erzählt. Gerade seine Erfahrungen mit dem Umbruch in China machen vorsichtig gegenüber großflächigen Verallgemeinerungen und gegenüber viel älteren historischen und autobiografischen Berichten über das Reich der Mitte, die den europäischen Blick seit Jahrhunderten, seit Marco Polo oder der Begeisterung für die Chinoiserie, geprägt haben.

»Wenn sich China erhebt, erzittert die Welt«, soll Napoleon gesagt haben, und der französische Diplomat, in dessen Schriften ich diesen Satz fand, zitierte um 1970 diese Bemerkung des Kaisers als eindrucksvollen Beweis seiner prophetischen Kraft. Aber eigentlich ist dies auch nur eine jener vielen großen und verallgemeinernden Aussagen, die aus der Ferne über den ältesten und volkreichsten Staat der Welt gemacht wurden, gleichgültig, ob sich das Reich der Mitte gerade in einer Phase der Stagnation, des Zerfalls oder eines Aufbruches befand. Wie sich China in der Mitte des zwanzigsten Jahrhunderts verändert oder erhoben hat, wie sich dieser Prozess keineswegs als zielbewusste Verallgemeinerung darstellte, kann man bei Han

Sen lesen, der dabei war und doch das Glück geistiger Distanz hatte.

Oft haben Europäer und Amerikaner ihre eigenen Hoffnungen oder Stimmungen auf ihr Urteil über China übertragen – so als seien die vielen hundert Millionen Chinesen eine große Mauer, die als Projektionswand fremder Vorstellungen diente. Immer hat China die Fantasie, auch die politische, der ausländischen Betrachter und Besucher angeregt. Begeistert oder entsetzt, liebevoll oder auch mit Verachtung kamen sie zu Urteilen unterschiedlicher Richtigkeit und Qualität, die ebenso viel über sie selbst aussagten, wie über das riesige und ferne Land. Manche beschrieben dieses China im letzten Jahrhundert als ein Land des Verfalls und der Korruption, andere später als planwirtschaftlich organisierten Industriestaat. In den siebziger Jahren begeisterte sich ein Teil der China-Reisenden am Aufbruch der Massen in die Utopie der Kulturrevolution, während konservativere Deutsche die strenge Ordnung, den Fleiß und den antisowjetischen Nationalismus lobten. Schließlich hat man es wieder als Neuland der amerikanisch-westlichen Marktwirtschaft entdeckt. Es scheint, als bestehe eine Beschreibung Chinas zumeist aus persönlich gefärbten Momentaufnahmen, die einzelne Abschnitte eines Prozesses widersprüchlicher Veränderungen und Verwandlungen illustrieren. Selbst wo ausländische Beobachter dem wechselnden Bild der Propaganda misstrauten, konnten sie selten auf Jahre hinaus gültige Beschreibungen und kaum zuverlässige Voraussagen liefern, auch wenn sie unterschiedliche Elemente und Kräfte sichtbar machten, die Chinas Entwicklung beeinflussen. Sie taten dies jedoch meist in dem Glauben, historische Entwicklungen als nachweisbare, europäisch-logische Auswirkung kausaler Abläufe darzustellen. Bei einem Land mit Chinas Geschichte und Größe, mit der

Vielfältigkeit seiner geistigen und ethnischen Traditionen und der Widersprüchlichkeit der politischen und wirtschaftlichen Entwicklung ist das besonders schwierig. Liest man ein Stück dieser Geschichte, wie sie sich in den Erlebnissen und Erfahrungen von Han Sen widerspiegelt, dann wird erst recht deutlich, dass sich ihre scheinbar kausalen und erklärbaren Zusammenhänge in Wirklichkeit aus unzähligen, unberechenbaren kleinen Einzelschicksalen und Handlungen zusammensetzen. Geschichte besteht eben auch aus unglaublichen Geschichten, wie Han Sen sie erzählt.

Wenn ich lese, wie er sich durch die Fronten der Ideologien, durch die Bürgerkriege und Kriege des zwanzigsten Jahrhunderts geschlagen hat, dann fällt mir der Mann ein, den Grimmelshausen durch die Wirren des Dreißigjährigen Kriegs führte. Mit Simplicissimus, denke ich, ist der Berliner Chinese Han Sen über die Jahrhunderte am nächsten verwandt.